生态林业建设与农业废弃物利用

谢学军　张亚雷　王书可　著

中国农业出版社

北　京

图书在版编目（CIP）数据

生态林业建设与农业废弃物利用 / 谢学军，张亚雷，王书可著 . —北京：中国农业出版社，2023.3
　　ISBN 978 - 7 - 109 - 30516 - 8

　　Ⅰ.①生… 　Ⅱ.①谢… ②张… ③王… 　Ⅲ.①林业经济－经济建设－研究－黑龙江省②农业废物－废物综合利用－研究 　Ⅳ.①F326.273.5②X71

中国国家版本馆 CIP 数据核字（2023）第 045062 号

生态林业建设与农业废弃物利用
SHENGTAI LINYE JIANSHE YU NONGYE FEIQIWU LIYONG

中国农业出版社出版
地址：北京市朝阳区麦子店街 18 号楼
邮编：100125
责任编辑：吕　睿
版式设计：杨　婧　　责任校对：吴丽婷
印刷：北京通州皇家印刷厂
版次：2023 年 3 月第 1 版
印次：2023 年 3 月北京第 1 次印刷
发行：新华书店北京发行所
开本：787mm×1092mm　1/16
印张：11.25
字数：260 千字
定价：65.00 元

前　　言

　　黑龙江是国家重要商品粮基地，粮食总产量、商品量和调出量均居全国首位。为进一步保障国家粮食安全、探索新型农业生产关系，黑龙江提出建设"黑龙江两大平原农业综合开发试验区"（以下简称试验区），2013年6月获国务院批准上升至国家发展战略规划。试验区位于黑龙江腹地，是世界仅存的三大黑土资源分布区之一，包括11个市的51个县（市、区），面积$28.9×10^4 km^2$，占黑龙江省国土面积的63%；耕地面积1.62亿亩①，占黑龙江省耕地面积的80%；粮食产量占黑龙江省的90%，占全国商品粮的8.8%，对"千亿斤粮食产能工程"实现、保障国家粮食安全、探索社会主义新农村建设具有重要战略意义。但试验区现实生态环境不断退化，林业资源匮乏，森林覆盖率仅为12.3%，生态防护能力弱，危及粮食增产增收潜力和地区可持续发展。森林作为陆地上最大的生态调节系统，对试验区生态环境改善、保障粮食生产具有极为重要的防护作用。所以，对试验区生态林业及其建设体系的研究尤为必要。

　　本书首先在对国内外现有研究成果进行梳理的基础上，从生态林业建设对地区生态环境改善，尤其是保障"千亿斤粮食产能工程"、保障国家粮食安全、增加农民收入、促进地方经济可持续发展、探索建设社会主义新农村建设的战略意义方面切入，独占研究视角。

　　其次，通过对试验区生态现状、生态林业资源情况的实地调研、探查，对省级农、林业主管部门，两大平原农业综合开发试验区地方管理部门以及农、林科研院所走访、调研、访谈，收集摸清了试验区林业等相关资源的本底数据。在走访调查的基础上，分析了试验区生态林业建设现状，找到了生态及生态林业建设存在的主要问题：林业建设水平不高，主要表现为林业资源存量不足、水土流失加剧、土壤沙化严重、林业资源质量不高；林业建设体系不完善，主要表现为生态效益补偿不足、林权改革尚需深化、林业产业

---

① 亩为非法定计量单位，1亩≈666.67m²。——编者注

布局不合理、林业发展政策引导缺失、林业服务体系不健全。

再次，依据调研的科研数据，从生态学角度分析了生态林业建设对农业生产的作用。研究表明：生态林业建设能够有效调节农业生产的生态要素（如空气温湿度、土壤温湿度等），可有效提高农作物产量、降低粮食污染水平、改善区域生态环境。在此基础上，对生态林业建设的经济机理进行了分析。研究发现由于市场失灵的存在，生态林业产品（主要是林业生态效益）的供求存在矛盾，需要通过政府干预解决供求失衡的问题；在经济学假设的基础上，对生态林业建设参与者之间的利益关系及参与生态林业生产的行为进行了博弈分析，并最终定位了农户参与林业生产的决策均衡点。

第四，运用面板数据模型定量分析了试验区生态林业发展的影响因素。从林业科研部门、高校和林业行政主管部门以及基层林业科技推广部门选取专家进行咨询，采用德尔菲法确定了影响试验区生态林业建设的指标体系，结合调研得到的本底数据进行了定量分析。研究发现：试验区生态林业的权属问题、粮食主产区的生态补偿问题、林业建设的资金投入问题以及林业社会化服务体系问题是制约试验区生态林业建设的主要影响因素。

第五，针对影响试验区生态林业建设的影响因素，构建了试验区生态林业"一体两翼"建设体系。"一体"即以林业产权制度为主的制度体系。建议导入农业生产经营责任制，以农业家庭承包经营为借鉴，进一步规范林地流转机制、完善森林资源评估及抵押体系、健全相关的深化改革配套政策，并结合宾县和鹤岗市的林业建设情况，进行了实证分析。"两翼"即以粮食主产区的生态补偿为主的补偿体系和以林业社会化服务体系为主的服务体系。对于补偿体系，建议构建粮食主产区生态补偿制度，通过对林业生态产品的价值补偿，激励农户、林业企业等参与林业生产；对于服务体系，从林业社会化服务机构的构成、服务的内容及对象进行了分析，分别从林业科研推广体系、森林资源保护体系、投资中介、行业协会以及林业项目建设方面进行了阐述，并创造性地构建了科研示范林区、林业专家大院、林业致富项目、农民培训和林业科技副县长"五位一体"的林业科技合作共建模式，促进林业科技成果转化。

最后，构建了以林业资金投入为主的试验区生态林业建设体系保障机制与措施，分别从思想保障、组织保障、资金保障、科技保障、法制保障等方面进行了阐述，系统构建了试验区生态林业建设保障机制，保证生态林业建设体系的科学有效。

目　　录

第一章 概 述

本章主要对本书背景、研究目的及意义进行了阐述。在国内外研究的整理分析基础上，对研究的现状进行了分析与评述。同时，对本研究所用的研究方法、技术路线及创新之处进行了阐述。

第一节 黑龙江两大平原农业综合开发试验区情况

一、黑龙江省人民政府作出建立松嫩、三江平原现代农业综合配套改革试验区的决定

黑龙江粮食生产主要集中在松嫩-三江平原。这两大平原土地面积为 $28.9 \times 10^4 km^2$，占黑龙江省国土面积的 63.6%；耕地面积 1.6 亿亩，占黑龙江省耕地面积的 90%；2012年粮食产量为 521.5 亿 kg，占黑龙江省产量（586 亿 kg）的 90%以上，占全国产量（5 895.5 亿 kg）的 8.8%，是我国重要的粮食主产区和商品粮生产基地。

两大平原的农业生产，对国家粮食安全、黑龙江粮食生产与社会主义新农村建设至关重要。2009 年 4 月，基于两大平原的重要战略地位，黑龙江省提出建立"黑龙江省两大平原农业综合开发试验区"，该区划已于 2013 年 6 月经国务院批准，正式列入国家重大项目建设规划，现代农业建设的相关政策及改革优先在此区域进行试点实施。

2011 年 2 月，为加快推进农业发展方式转变，引领黑龙江省乃至全国农业现代化进程，巩固黑龙江省在保障国家粮食安全中的重要战略地位，探索解决黑龙江省农业发展方式转变制约瓶颈的可行之路，黑龙江省人民政府决定，在黑龙江省最重要的粮食主产区松嫩平原、三江平原建立松嫩、三江平原现代农业综合配套改革试验区。

（一）试验区建设的指导思想、目标任务和基本原则

1. 指导思想 全面深入贯彻落实科学发展观，进一步更新观念、积极进取，坚持把促进农民增收和提高农民富裕程度作为出发点和落脚点，坚持把改革创新作为根本动力。围绕转变农业发展方式，研究、设计、制定、实施指向具体、长效有力、积极稳妥、协调配合的农业发展制度，破解制约现代农业发展的体制性障碍，通过生产关系的调整，最大限度地解放和发展农业生产力，把两大平原农业建设成基础稳固、技术先进、装备良好、优质安全、资源节约、环境友好、机制灵活的现代化大农业，在全国率先实现农业现代化，真正使两大平原成为国家稳定的粮食核心产区和可靠的"大粮仓"，为保障国家粮食安全提供强有力的支撑，为全国粮食主产区的科学发展蹚出新路子、提供新经验，同时为黑龙江省对两大平原的改革试验上升为国家战略奠定坚实基础。

2. 目标任务 通过两大平原现代农业综合配套改革试验区的建立，探索出与现代

农业发展相适应的新型生产关系，进而促进农业发展方式的变革，实现由传统农业向现代农业的根本转变。同时，解决广大农民最关心、最直接、最现实的问题，实现城乡政策平等、产业发展互补、国民待遇一致，让广大农民共享改革发展成果，不断提高幸福指数。使整个区域经济社会全面、协调、可持续发展。力争使黑龙江省粮食生产能力稳定在 500 亿 kg 以上，并逐年增加，年提供商品粮超过 400 亿 kg，成为国家稳固可靠的"大粮仓"。

3. 基本原则 一是有利于粮食增产，确保国家粮食安全。二是有利于两大平原及周边地区加快发展，提升区域竞争力。三是有利于广大农民增收致富，体现党为民服务的宗旨。

（二）试验区建设的主要任务

1. 创新粮食主产区利益补偿机制，提高农业可持续发展能力 一是在争取国家提高粮食最低收购价的前提下，将黑龙江省的玉米、大豆和小麦纳入最低收购价范围。同时，探索建立科学合理的粮食价格形成机制，逐步完善农资综合补贴动态调整机制，加大补贴力度，提高粮食生产成本收益率。力争使黑龙江省粮食生产成本收益率达到25%～30%。二是争取国家在黑龙江省开展设立粮食安全基金试点，探索国家和粮食主销区对于粮食商品量较多、为国家粮食安全做出较大贡献的粮食主产区予以补贴支持的相关政策。三是探索建立与提高粮食综合生产能力相适应的投入机制，加大新增产粮大县奖励资金对粮油生产和产业项目建设的扶持力度，重点用于完善粮食收购、仓储、流通、加工等方面工作的支出。

2. 创新农业经营组织形式，提高农民组织化程度 一是鼓励和支持农民兴办发展农机合作社，充分利用国家大型农业机械补贴政策，组建大中型农机合作社，农民可以以土地使用权入股，采取集约经营、统一核算、按股分红的经营管理方式，促进土地经营规模化，提高农业劳动生产率，推动农业生产实现机械化、规模化和标准化。二是鼓励和支持农民兴办发展水利合作社，农民、企业等市场主体可以单独或联合建设水利设施，通过合作社的方式参与建设和经营管理，调动农民自我管理水利工程和自我服务的积极性和自觉性。国家或集体投资建设的中小型水利工程可以委托给水利合作社经营管理。国家或集体投资购置建设的大型喷灌等水利机械设备，也可以委托给水利合作社管理。三是鼓励和支持农民兴办发展农产品营销服务合作社，帮助农民搜集信息，规范农产品标准，充分发挥农产品营销服务合作社对农产品的集散功能，提高农业生产的信息化水平。

3. 创新农村土地流转和管理制度，推进适度规模经营 一是积极培育土地承包经营权流转市场，抓好对农村土地有形市场的规范运营。发挥市场配置农地资源的积极作用，探索建立土地流转交易所、土地托管运营中心等，为供需双方提供流转交易平台。二是鼓励和支持以种植大户为载体发展土地规模经营，鼓励其联合连片承租农户、村集体和农林牧场的土地。省里在大型农机、深松整地、农田水利配套建设等方面的补贴上，对试验区内土地规模经营的农民予以适当的倾斜。三是鼓励和支持以各类合作社为载体进行土地规模经营，农民以土地入股成为股东，由合作社对社员入股土地进行统一经营，农民作为股东取得经营红利，承担经营风险。四是鼓励和支持以经济条件较好的村集体为载体组织土地规模经营，主要依靠村集体机耕队对全村或部分农户土地进行整合，实现统一经营。对于整村实现土地流转的，地方政府对其给予必要的扶持，同时对流转土地的农民在享受合作医疗、小额贷款等方面给予从优待遇。五是鼓励和支持以龙头企业为载体带动土地规模经营。龙头企业以建设自己的原料基地为目标承租农村土地，也可以在国有农牧场承租土地，建设自己的"第一车间"。六是鼓励和支持以场县共建为载体扩展规模经营，主要是发挥垦区农场在机械、技术、资本等方面的优势，带动周边农村地区实现土地规模经营，通过农场为农户代耕、农场租赁农户土地等形式开展规模经营。七是鼓励和支持各类工商企业投资非农民承包土地，建设大农场、大种植园、大养殖场等现代农业企业。

4. 创新粮食市场流通机制，建设现代粮食流通体系　一是强化政府粮食流通产业发展推进机制。按照粮食工作政府行政首长负责制原则，健全粮食流通体制改革与产业发展的统一组织推进工作体系、机制，强化粮食产业化经营、粮食产业园区建设等重点工作的专题推进，建立黑龙江省粮食市场安全调控和流通产业发展长效机制。二是推进发展现代粮食交易方式。加强与国内三大期货交易所的合作，建设其所需要的标准期货粮食产品交割库，促进两大平原地区粮食现货辐射能力的进一步提升，在此基础上发展玉米、非转基因大豆、粳稻等大宗农产品期货市场。三是全面加强粮食市场建设。加强产地型粮食市场等农产品批发市场、区域性粮食市场等农产品集散中心和农村乡镇粮食市场等农产品集贸市场的建设，加强信息服务，提高市场组织化程度，加速粮食等农产品流通。改造提升哈尔滨国家粮食交易中心服务功能，积极创办哈尔滨稻米交易所，建立短中远期现货合约交易平台。发展粳稻（大米）短中远期现货合约交易方式，发现和形成价格，规避农民和企业风险，提高交易效率和效益，使黑龙江省粳稻在全国更好地发挥稳定市场、平抑物价、保障供应的重要作用。四是整合粮食企业。加快国有粮食企业资源战略性重组，提高粮食经营企业组织化程度，组建大型粮食企业集团，推动粮食流通产业战略升级。加快重点大型粮食物流节点建设。支持有条件的国有粮食购销企业实施"退城进郊"，发展一批粮食产业园区和加工龙头企业。五是在加强中央储备粮油调控粮食市场作用的同时，完善省市两级粮食储备体系，并实施农民粮食产后减损和安全储粮工程。六是完善粮食安全监测预警和粮食市场供求及价格、质量等信息公共服务平台。七是探索将货币银行运行机制引入粮食流通业，依托重点粮食龙头企业，在两大平原开展粮食银行试点建设。八是积极争取国家扩大省粮食产业集团、北大荒集团等粮食企业的进出口配额并争取产地直接出口权，增加两大平原精品粮在国际上的市场份额。

5. 创新农村金融制度，完善农村金融服务体系　一是进行农村现代金融体系创新试点。按照资本充足、主体多元、功能健全、竞争有序、运行安全的基本要求，整合和优化地方金融资源，组建辐射范围广、服务效率高、产品成本低的农村银行机构和保险机构。二是增加为农业和农民服务的农村金融主体，在有效防范金融风险的前提下，适当降低设立农村金融机构门槛，引导农户发展资金互助组织，大力发展农村微小型金融机构，特别是要加快培育村镇银行、小额贷款公司等适应农村需要的金融组织。力争在两大平原多数县（市）建立村镇银行和小额贷款公司，以有效支撑现代农业建设和粮食核心产区建设。三是借鉴发达国家发放中长期贷款支持农业发展的成功经验，开展农业开发和农业基础设施建设中长期政策性信贷业务，探索建立、增加农业中长期信贷资金投入机制，增加中长期信贷资金的投放。四是根据两大平原人均耕地相对国内其他地区较多的实际情况，探索以货款额度不超过贷款农户承包土地面积的 1/3 为界限开展农地抵押贷款。五是积极开展政策性农业保险试点工作，探索建立由普惠保险、补充保险、商业保险三级农业保险机制构成的农业保险体系，加强各级政府对政策性农业保险工作的领导，对经办政策性农业保险的机构给予适当的税收优惠。特别是要采取措施，壮大阳光农业相互保险公司的实力，扩大其保险的业务范围和服务领域，以提高农业生产者承担风险的能力。

6. 创新农业社会化服务体系，提高发展现代农业的支撑能力 一是探索建立健全农业技术服务体系。强化公益型农业技术推广机构，在黑龙江省普遍健全乡镇或区域性农业技术推广、动植物疫病防控、检验检测等公共服务机构。二是鼓励和支持社会力量开展农业技术服务。吸引社会资本和社会组织参与农业科技推广，支持供销合作社、农业专业合作社、专业服务公司、专业技术协会、农民经纪人、龙头企业等提供多种形式的生产经营和技术服务。三是全面完成县乡农业技术推广体制的改革，建立职能明确、体制顺畅、设置合理、布局优化、运转协调的多元化基层农业技术推广体系。四是鼓励农业科技人员以租赁、承包、技术入股等形式，开展农业技术服务。五是建立健全以国家标准为主体、以省级标准为补充的农业标准体系，鼓励和支持国有农场、龙头企业等参与地方农业的标准化建设工作，推进两大平原的农业标准化生产。

7. 积极开发农业的多种功能，充分释放农业的发展潜力 一是大力开发农业的生态保护功能，推动国家建立对地方的农业生态专项补偿制度，重点是对农业地力消耗和水资源消耗的专项补偿，在两大平原先行试点。二是探索发行农业生态环保债券，培育和发展农业生态资本市场。三是积极开展低碳农业试点，探索建立碳汇农业和虚拟水交易市场，面向国内和国际社会开展相关交易。四是大力开发农业的社会保障功能，按照"先保后征"的原则，积极争取开展新型农村社会养老保险试点，做好被征地农民的社会保障工作。探索土地换低保、换养老、换就业、换房产等各种办法和措施，维护农民的切身利益和农村社会的和谐稳定。五是加快两大平原生态建设，全面改善两大平原的生产和生活环境，形成结构配置合理、生态功能完善的山水田林路、山川平原相衔接的多层次、立体化的森林生态防护体系。调动农民用地与养地积极性，实现耕地的永续利用。增强现代农业防灾、减灾能力。六是大力开发农业的文化传承功能，增添农业和农村发展的文化内涵，推动休闲农业的发展。

8. 创新场县共建运行机制，推动优势互补利益双赢 一是充分发挥垦区农场农业机械优势，对农场周边农村土地实施代耕代种、承包租赁或托管制等经营形式，并由一家一户逐渐向整村整乡推进。二是场县共建现代农业示范园区、开发园区、龙头企业和基地，共建双方的开发园区可以互相利用，政策共享。三是场县共建小城镇和基础设施，在充分考虑服务于双方需求和利益的基础上，实现有效衔接，尤其是农场在进行水利设施建设时，要充分考虑周边农村农民的需要。四是场县共建社会事业，统筹规划场县教育网点，完善义务教育就近入学制度，实现双方相互招生、就近入学、互免借读费。场县医院及医疗机构共建医疗协作关系，双方可互为医保定点医院，农场医院可作为新型农村合作医疗的定点机构，场县卫生部门共同制定公共卫生应急预案，相互协作，提高应急能力。场县各种文化体育场馆互相开放，共同保护和传承历史文化和自然遗产，共同塑造区域形象。

（三）保障措施

1. 成立领导小组及办公室　成立由省政府主要领导为组长、省有关部门负责同志为成员的松嫩、三江平原现代农业综合配套改革试验工作领导小组，负责综合配套改革试验重大问题协调推进工作，审定专项改革方案。同时，组织实施争取将黑龙江省的改革试验区上升为国家级试验区的工作。领导小组下设办公室，办公室日常工作由省发改委承担，负责拟定综合配套改革试验区总体实施方案，统筹协调专项改革的实施，跟踪、督促、评估改革试验进展情况及重大改革事项，及时协调解决试验中遇到的重大问题，向省政府报告改革试验的有关情况。实施试验的各市、县政府也要成立相应机构，具体抓好实施工作。

2. 成立专家咨询组　聘请国家有关部门的领导，国内及黑龙江省知名专家、学者为咨询顾问。主要为改革试验方案编制和实施提供咨询、建议，对改革试验方案实施中出现的问题进行分析研究，对改革的效果进行跟踪和评估。

3. 明确分工，营造氛围　各有关市、县政府是实施两大平原现代农业综合配套改革的责任主体，要把这项工作纳入重要工作日程，精心组织、全力推进。省直各有关单位要结合自身职能，抓紧制定和落实各项配套政策措施。要大力宣传建立试验区的重大意义，形成全社会高度重视、大力支持和广泛参与的良好氛围。

伴随多年农业开发和生产，两大平原地区生态环境不断退化、恶化，可持续发展受到阻遏。2008 年黑龙江两大平原农业综合开发试验区森林覆盖率仅为 9.26%，由于缺少森林植被这一重要生态屏障的保护，松嫩平原地区沙化土地面积达 $56 \times 10^4 hm^2$，明显沙化趋势土地达 $40 \times 10^4 hm^2$，水土流失面积达 $1\,328 \times 10^4 hm^2$，每年黑土流失近 3 亿 m^3；三江平原的"北大仓"因此每年粮食产量减少近 $15 \times 10^8 kg$。到 2012 年，松嫩-三江平原地区水土流失面积增加到 $1\,441 \times 10^4 hm^2$，其中耕地面积 $298 \times 10^4 hm^2$，因水土流失每年损失粮食 $20 \times 10^8 \sim 25 \times 10^8 kg$，折合人民币 18～20 亿元。到 2012 年年底，黑龙江两大平原地区森林覆盖率为 12.3%，林业资源不足致使生态屏障脆弱。

二、生态文明建设新要求

（一）国家层面，对于生态文明建设有了新的要求

面对资源约束趋紧、环境污染严重、生态系统退化的严峻形势，必须树立尊重自然、顺应自然、保护自然的生态文明理念，走可持续发展道路。

《中共中央国民经济和社会发展第十二个五年规划》把生态环境质量明显改善确定为"十二五"时期经济社会发展的主要目标内容之一，提出"必须树立尊重自然、顺应自然、保护自然的生态文明理念，把生态文明建设放在突出地位，融入经济建设、政治建设、文化建设、社会建设各方面和全过程，努力建设美丽中国，实现中华民族永续发展"。

2012 年 11 月，党的十八大从新的历史起点出发，做出"大力推进生态文明建设"的战略决策，从 10 个方面绘制出生态文明建设的宏伟蓝图。十八大报告不仅在第一、第二、第三部分分别论述了生态文明建设的重大成就、重要地位、重要目标，而且在第八部分用整整一部分的宏大篇幅，全面深刻地论述了生态文明建设的各方面内容，从而完整描绘了今后相当长一个时期内我国生态文明建设的宏伟蓝图。2015 年 5 月 5 日，《中共中央　国

务院关于加快推进生态文明建设的意见》发布。2015 年 10 月，随着十八届五中全会的召开，加强生态文明建设首度被写入国家五年规划。2018 年 3 月 11 日，第十三届全国人民代表大会第一次会议通过的宪法修正案，将宪法第八十九条"国务院行使下列职权"中第六项"（六）领导和管理经济工作和城乡建设"修改为"（六）领导和管理经济工作和城乡建设、生态文明建设"。

生态文明建设其实就是把可持续发展提升到绿色发展高度，为后人"乘凉"而"种树"，就是不给后人留下遗憾而是留下更多的生态资产。生态文明建设是中国特色社会主义事业的重要内容，关系人民福祉，关乎民族未来，事关"两个一百年"奋斗目标和中华民族伟大复兴中国梦的实现。党中央、国务院高度重视生态文明建设，先后出台了一系列重大决策部署，推动生态文明建设取得了重大进展和积极成效。

十八大报告指出，要大力推进生态文明建设。建设生态文明，是关系人民福祉、关乎民族未来的长远大计。面对资源约束趋紧、环境污染严重、生态系统退化的严峻形势，必须树立尊重自然、顺应自然、保护自然的生态文明理念，把生态文明建设放在突出地位，融入经济建设、政治建设、文化建设、社会建设各方面和全过程，努力建设美丽中国，实现中华民族永续发展。坚持节约资源和保护环境的基本国策，坚持节约优先、保护优先、自然恢复为主的方针，着力推进绿色发展、循环发展、低碳发展，形成节约资源和保护环境的空间格局、产业结构、生产方式及生活方式，从源头上扭转生态环境恶化趋势，为人民创造良好生产生活环境，为全球生态安全做出贡献。优化国土空间开发格局。国土是生态文明建设的空间载体，必须珍惜每一寸国土。发展海洋经济，保护海洋生态环境，坚决维护国家海洋权益，建设海洋强国。全面促进资源节约。节约资源是保护生态环境的根本之策。要节约集约利用资源，控制能源消费总量，加强节能降耗，推进水循环利用。加大自然生态系统和环境保护力度。良好的生态环境是人和社会持续发展的根本基础。扩大森林、湖泊、湿地面积，保护生物多样性。加快水利建设，增强城乡防洪抗旱排涝能力。加强防灾减灾体系建设，提高气象、地质、地震灾害防御能力。加强生态文明制度建设，保护生态环境必须依靠制度。积极开展节能量、碳排放权、排污权、水权交易试点。我们一定要更加自觉地珍爱自然，更加积极地保护生态，努力走向社会主义生态文明新时代。

十八届三中全会指出，建设生态文明，必须建立系统完整的生态文明制度体系，用制度保护生态环境。要健全自然资源资产产权制度和用途管制制度，划定生态保护红线，实行资源有偿使用制度和生态补偿制度，改革生态环境保护管理体制。

习近平总书记在十九大报告中指出，人与自然是生命共同体，人类必须尊重自然、顺应自然、保护自然。我们要建设的现代化是人与自然和谐共生的现代化，既要创造更多物质财富和精神财富以满足人民日益增长的美好生活需要，也要提供更多优质生态产品以满足人民日益增长的优美生态环境需要。必须坚持节约优先、保护优先、自然恢复为主的方针，形成节约资源和保护环境的空间格局、产业结构、生产方式、生活方式，还自然以宁静、和谐、美丽。一是要推进绿色发展。加快建立绿色生产和消费的法律制度和政策导向，建立健全绿色低碳循环发展的经济体系。构建市场导向的绿色技术创新体系，发展绿色金融，壮大节能环保产业、清洁生产产业、清洁能源产业。推进能源生产和消费革命，构建清洁低碳、安全高效的能源体系。推进资源全面节约和循环利用，实施国家节水行动，降低能耗、物耗，实现生产系统和生活系统的循环链接。倡导简约适度、绿色低碳的生活方式，反对奢侈浪费和不合理消费，开展创建节约型机关、绿色家庭、绿色学校、绿色社区和绿色出行等行动。二是要着力解决突出环境问题。坚持全民共治、源头防治，持续实施大气污染防治行动，打赢蓝天保卫战。加快水污染防治，实施流域环境和近岸海域综合治理。强化土壤污染管控和修复，加强农业面源污染防治，开展农村人居环境整治行动。加强固体废弃物和垃圾处置。提高污染排放标准，强化排污者责任，健全环保信用评价、信息强制性披露、严惩重罚等制度。构建政府为主导、企业为主体、社会组织和公众共同参与的环境治理体系。积极参与全球环境治理，落实减排承诺。三是要加大生态系统保护力度。实施重要生态系统保护和修复重大工程，优化生态安全屏障体系，构建生态廊道和生物多样性保护网络，提升生态系统质量和稳定性。完成生态保护红线、永久基本农田、城镇开发边界三条控制线划定工作。开展国土绿化行动，推进荒漠化、石漠化、水土流失综合治理，强化湿地保护和恢复，加强地质灾害防治。完善天然林保护制度，扩大退耕还林还草规模。严格保护耕地，扩大轮作休耕试点，健全耕地草原森林河流湖泊休养生息制度，建立市场化、多元化生态补偿机制。四是要改革生态环境监管体制。加强对生态文明建设的总体设计和组织领导，设立国有自然资源资产管理和自然生态监管机构，完善生态环境管理制度，统一行使全民所有自然资源资产所有者职责，统一行使所有国土空间用途管制和生态保护修复职责，统一行使监管城乡各类污染排放和行政执法职责。构建国土空间开发保护制度，完善主体功能区配套政策，建立以国家公园为主体的自然保护地体系。坚决制止和惩处破坏生态环境的行为。生态文明建设功在当代、利在千秋。我们要牢固树立社会主义生态文明观，推动形成人与自然和谐发展现代化建设新格局，为保护生态环境作出我们这代人的努力。

（二）地方层面，生态文明建设有了新举动

黑龙江于 2003 年提出"生态大省建设"规划，2008 年 5 月出台《黑龙江省委省政府关于加快推进黑龙江省造林绿化工作的意见》《黑龙江省 2008—2012 造林绿化工作总体规划》，提出"要大干三年，打一场植树造林的人民战争，黑龙江省总动员，各行各业都参战，一年准备，两年大干，完成或基本完成平原绿化和城镇、村庄的绿化工作，五年基本绿化龙江大地"的目标和要求。十八届三中全会提出，紧紧围绕建设美丽中国深化生态文明体制改革，加快建立生态文明制度，健全生态环境保护的体制机制。

1. 黑龙江省生态文明建设的现状　黑龙江省是我国的资源大省、生态建设示范省，在生态文明建设中具有重要地位。自从 2000 年黑龙江省被确立为全国第三个生态省建设试点以来，黑龙江省生态环境进一步改善，环境污染防控、治理水平得到进一步提高，有利于生态环境建设与发展的体制机制进一步形成，生态建设与发展取得了较大成效。主要表现在：一是森林生态环境恶化趋势得到控制。截至 2009 年，全省森林经营面积 3 175万 km^2，森林面积 2 007 万 km^2，活立木蓄积 16.5 亿 m^3，森林覆盖率 43.6%，森林面积和蓄积均居全国首位，森林覆盖率增加了 1.8 个百分点。二是草原生态环境综合治理初见成效。2008 年，全省草地面积 433.3 万 km^2，草原长势良好，产草量比上年增加 17 万吨；湿地生态环境建设进展较快，目前全省湿地面积 576.34 万 km^2，其中天然湿地434.19 万 km^2，占全省土地面积的 9.2%。三是水土流失治理效果明显。2000 年以来，黑龙江省加强水土流失治理工作，以大流域为骨干，以小流域为单元，抓重点工程，进行山水林路综合治理，累计治理水土流失面积达 167.33 万 km^2。四是农村生态环境保护取得突破。绿色食品种植面积逐年快速扩大，产量由 2000 年的 380 万 t，上升到 2008 年的 2 650 万 t，增长 5.97 倍。五是污染防治效果比较突出。万元 GDP 废水排放量、万元 GDP 的 COD（化学需氧量）排放量和万元 GDP 工业废气排放量呈现逐年下降趋势。六是水生态环境治理效果比较理想。2008 年，全省河流 I～III 类水质占 26.9%，IV 类水质占 49.3%，劣 V 类水质占 13.4%，湖泊、水库各水期均以 III 类水质为主。七是自然生态保护区建设水平提升。2008 年，全省自然保护区总数已达 190 个，面积为 618.1 km^2，涌现出拜泉、虎林、庆安等一批全国有影响的生态保护、恢复和建设典型。

2. 存在的问题 一是城乡居民生态文明知识储备不足。大多数人听说过生态文明这一名词，但却不能描述什么是生态文明，对生态文明相关知识的认识非常模糊。被问到"最希望获得的生态文明知识"时，答案的种类很多，"生态工业""生态农业""生态旅游""生态消费""污染防治""生态村建设""相关法律法规"等内容都包括在内，说明城乡居民迫切需要获得多种生态文明知识，在生态文明知识的普及上仍需加大力度。其中"生态旅游"和"污染防治"选择率最高，分别达到了 23.2% 和 21.6%。二是生态文明意识仍需提高。通过近些年的环保建设和生态文明宣传，城乡居民生态文明意识有了大幅度提高。59.3% 的城乡居民认为个人的生态保护意识对整个社会的影响"很大"。25.8% 的城乡居民对居住地的生态环境"很在意"。但与此同时，仍有 18.4% 的受访者回答"不太在意，但会考虑"，还有 0.3% 的受访者选择了"无所谓"。三是生态文明建设沟通渠道不畅。对"您是否愿意为生态文明建设做出自己的贡献"这一问题，57.3% 的城乡居民表示"很愿意，因为生态文明建设人人有责"，突出体现了人们对建设生态文明的认同。但同时，仍有 37.2% 的城乡居民表示"愿意，但不知道通过什么渠道做点什么"，说明当前普通群众参与生态文明建设的渠道不够畅通。四是生态文明行为与思想存在差距。在对"您认为作为一名普通公民，自己应该在生态文明建设过程中做哪些努力"的回答中，有 44.8% 的人选择了"纠正其他人的不文明行为"，30.1% 的人选择了"从小事做起，以生态文明的标准要求自己的日常行为"。但在"遇到别人破坏生态环境时您是否主动劝阻"的回答中，仅有 18.8% 的人选择了"总是会"，有高达 72.2% 的人选择了"有时会"，还有 9% 的人选择了"从来不会"。在对"您是否注意节水节能，保护环境"的回答中，有 12.1% 的人回答"不太注意"。从这些调研结果不难看出，人们对保护环境、建设生态文明的认识虽然有了一定的水平，但在行为上还不能严格要求自己，责任感和使命感不强，思想与行为还存在一定差距。五是生态文明满意度不高。认为本地生态环境"很好，保护得力"的仅有 8%，回答"一般"的有 51.7%，回答"很差"或"较差"的有 20.5% 之多。对生态文明教育工作，46.9% 的人"不满意"，11.5% 的人"不知道学校和政府做了哪些工作"。对生态文明宣传，仅有 9% 的人认为"做得很好"，有高达 81.9% 的人认为做得"一般"或"做得不好"，还有 9% 的人回答"没接触过任何有关宣传活动"。这说明无论是生态文明宣传教育还是生态文明建设，都需要大力加强。

3. 加强黑龙江省生态文明建设的对策 一是加强生态道德建设，培育生态文化。要推行低碳生活方式。节能减排，建设低碳社会，已成为未来一段时间我国经济社会发展的主要方向。自生态文明理念提出以来，通过党和国家及各级政府的不断宣传，人们对保护生态环境、建设生态文明有了一定程度的了解，但低碳远远没有走进人们的生活。比如，改革开放前，我国是"自行车王国"，骑车出行是人们的首选。然而，随着市场经济的不断发展、人们生活水平的提高、汽车价格的下降，购买私家车、驾车出行似乎成为一种时尚，成为身份和财富的象征。随之而来的，是环境的污染、交通的拥堵。推行低碳生活方式的关键是政府部门的大力推介和倡导，可通过政策措施鼓励居民骑车出行或乘公交、地铁出行，使之成为一种为民众接受的文化。要培养环保行为习惯，保护环境、建设生态文明是一项崭新的事业，人们对它的认识需要一个逐步深化的过程。刚开始的时候，需要政府宣传教育，需要命令、引导，但从长远来看，则必须把它变成大家的自觉行动，变成一种生活习惯和社会文化。如"限塑令"公布后，许多百姓不理解，人们已习惯了使用免费提供的塑料袋。但随着国家的强制执行，人们逐渐认识到了环保袋收费的必要性，渐渐养成了去超市购物自带可循环使用的布袋的习惯。要发展生态文化产业。近年来，黑龙江省出台了《黑龙江省"十一五"期间建设边疆文化大省规划纲要》和《黑龙江省文化兴省行动规划》及一系列相关政策文件。从目前情况来看，黑龙江省的文化产业依然存在着发展水平不高、规模不大、产值较小等问题。生态文化产业作为文化产业的一部分，其发展水平、规模、质量和效益更是微乎其微。其主要问题在于人们对文化产业认识不足，只关注文化的教化功能，没有看到其潜在的经济价值，没有把文化作为一个产业来重视和发展。将文化作为产业来发展和经营，是推动文化事业繁荣、提高文化软实力的必由之路。黑龙江省应借助国家加快发展文化产业的良好环境，深入挖掘生态文化内涵，逐步建立起政府投资为主导的多元化生态文化事业投资制度，通过多主体、多样化的渠道，积极鼓励、引导各类资本投资兴办生态文化产业，从而扩大投资规模，为生态文化产业发展提供物质保证。二是开发绿色食品，推进绿色发展。要扩大绿色食品产值。20世纪90年代，黑龙江省率先发展绿色食品，省政府专门成立了绿色食品开发领导小组。黑龙江省绿色食品监控面积、获得标识认证的产品数量均居全国第一位。截至2009年年末，全省有效使用绿色（有机）食品标志的产品1 600个，有26个产品获得了农产品地理标志登记；截至2010年，黑龙江省绿色食品种植面积达到6 100万亩，实现总产值750亿元，生产绿色食品实物总量2 750万t。要针对目前存在的问题，进一步采取相应的措施，实现黑龙江省绿色食品产业突飞猛进的发展。同时，要注重品牌效应。要注重推广和保护好诸如"五常大米""克山土豆""北大荒"等品牌，并使之上升到发展绿色产品的战略高度，以提升竞争力。三是发展清洁能源，推进循环、低碳发展。对清洁能源产业给予政策倾斜。近年来，黑龙江省依托自身资源优势，大力发展新能源和可再生能源，形成了风能、水能、生物质能等低碳能源多元发展格局。但也存在技术瓶颈、资金瓶颈、政策瓶颈、管理瓶颈等问题，还没有形成完整的产业体系。为此，应对清洁能源产业给予政策倾斜，促使这些产业尽快发展壮大。要加大清洁能源投资力度，由于投资较大、成本较高、资本回收期较长，清洁能源产业的发展需要政府在资金方面的大力投入。黑龙江省应立足石油、煤炭等不可再生资源日益枯竭的现实，统筹规划全省清洁能源的开发和使用，调整能源结构，通过资金投入，扶持一批清洁能源产业集团，形成集团优势，加快能源企业重组。加大清洁能源研发力度。黑龙江省是全国最大的商品粮生产基地，每年产生秸秆5 000多万吨，这些秸秆资源为黑龙江省生物质发电提供了原材料。黑龙江省应着力发挥大学和科研院所的作用，加快清洁能源使用研究开发，加大政府对研究和使用清洁能源的项目支持力度。四是加强生态文明制度建设，健全保障体系。要建立健全相关法律制度。保护环境，建设生态文明，不仅需要人们的自觉，更需要法律和法规的保障。一方面，应完善相关的法律法规，加强制度建设。另一方面，应加大法律法规宣传教育的力度，让人们在有法可依的同时，知法、懂法、守法。同时，应加强对违法行为的惩治力度。加强生态文明基础设施建设。应加强基础设施建设，加大投入力度，改善人们的生活环境，创造生态文明建设的良好氛围。要完善生态文明建设资金投入渠道。应充分利用当前国家建设生态文明的机遇和东北老工业基地建设、黑龙江省生态省建设的外部机遇，建立健全资金投入渠道，完善保障措施。按照分级负责、分级投入的原则，积极探索生态文明建设的资金投入机制，保障生态文明建设工作顺利开展。五是加强生态文明基础理论研究。要发挥高校和科研院所研究优势。位于黑龙江省的哈尔滨工业大学、哈尔滨工程大学、东北林业大学、东北农业大学等高校，都有生态文明研究的基础。此外，还有各级各类研究所。应给予这些单位更多的资金和政策支持，设立专项资金，给予专项政策，充分发挥这些高校和科研院所的人才优势，大力开展基础研究、应用研究和人才培养，加强科技成果的转化力度，促进产学研一体化，为生态文明建设提供科技支撑。同时，要扩大生态文明高层论坛影响力。近年来，黑龙江省连续几次成功举办了关于生态省、生态文明的高层论坛，扩大了黑龙江省生态文明建设的影响力，也为黑龙江省学者扩大了视野、拓展了思路。应吸收以往成功经验，进一步吸引更多的学者投身生态文明理论研究，扩大生态文明建设在普通百姓中的关注度。

（三）行业层面，全国平原林业建设现场会对平原林业的作用给予了充分肯定

实践表明，平原林业的发展促进了粮食稳产高产，并在吸收二氧化碳、减少水土流失、涵养水源、防止自然灾害等方面具有十分重要的作用。平原林业的快速发展，使林业的生态、经济和社会效益得到有效发挥，进一步体现了林业的重要地位和独特作用。

改革开放以来，国家重视环境污染防治，大力推行清洁生产，发展循环经济，严格执行环境影响评价和"三同时"制度，开展环境保护专项行动，严厉查处环境违法行为，大气污染、水污染防治工作积极推进，主要污染物减排目标基本实现，环境质量持续改善。环境保护重点也在与时俱进。列宁曾说过，问题是时代的口号。在改革开放初期，经济发展中"有水快流""靠山吃山"的政策影响了环境质量。1984年，国务院制定出台了《关于环境保护工作决定》，对防治污染、资金投入等一系列重大问题做出了明确规定。环境保护纳入"六五"国民经济和社会发展计划。第八届全国人大第四次会议审议通过《国民经济和社会发展"九五"计划和2010年远景目标纲要》，把实施可持续发展确定为现代化建设的一项重大战略。国务院发布《关于环境保护若干问题的决定》，实施《污染物排放总量控制计划》和《跨世纪绿色工程规划》。"十一五"规划纲要，确定主要污染物排放总量控制目标，要求加大污染治理力度，建立节能降耗、污染减排的统计、监测和考核体系和制度。十九大将"坚持人与自然和谐共生"作为新时代中国特色社会主义的基本方略之一，明确提出了推进绿色发展、着力解决突出环境问题、加大生态系统保护力度、改革生态环境监管体制等重点任务。总之，"跨世纪行动""零点行动""向污染宣战""蓝天保卫战""中央环保督察"等行动，均是具有里程碑意义的政治动员。

在环境污染治理上，实现了由末端治理向生产全过程控制转变，由浓度控制向浓度与总量控制相结合转变，由分散治理向分散与集中控制相结合转变。在发展与保护的关系上，从重经济增长、轻环境保护到经济增长与环境保护并重，再到向以环境质量改善为核心、建设生态安全屏障转变。污染治理重点工程从"太湖、巢湖、滇池（三湖）、淮河、海河、辽河（三河）、酸雨和二氧化硫污染控制区（两区）（简称332工程）"到"三河三湖两区"（后又增加渤海、北京市，简称33211工程），再到"二区：京津冀及周边、长三角、珠三角（2018年调整为汾渭平原）"。可持续发展、清洁生产、环境质量管理标准ISO1400等不断推进；环保模范城、生态工业园、生态文明示范市等先行探索，环境管理由政府的单一行政管控，到以命令控制为主、市场化手段为辅，再到命令控制与市场化手段并重。

我国的环境质量进入稳步改善的阶段，主要表现为：一是天更蓝了。自2013年实施《大气污染防治行动计划》以来，大气污染治理效果初步显现，环境空气质量形势总体向好，达标城市数和优良天数有所增加。2017年，全国338个地级及以上城市，空气质量达标的占29.3%，未达标的占70.7%；平均优良天数比例78.0%。颗粒物浓度和重污染天数逐步下降。重点区域细颗粒物浓度有所降低。可吸入颗粒物（PM10）平均浓度比2013年下降22.7%，京津冀、长三角、珠三角细颗粒物（PM2.5）平均浓度分别下降39.6%、34.3%、27.7%，北京市PM2.5平均浓度下降34.8%。二是水更清了。《水污染防治行动计划》《重点流域水污染防治规划（2011—2015年）》相继出台，要求强化源头控制，水陆统筹、河海兼顾，对江河湖海实施分流域、分区域、分阶段科学治理，推进水污染防治、水生态保护和水资源管理。与2012年相比，2017年地表水优良水质断面比例不断提升，劣Ⅴ类水质断面比例持续下降，大江大河干流水质稳步改善。湿地面积8.04亿亩，位居亚洲第一、世界第四。三是山更绿了。加大自然保护区保护力度，建设森林生态系统，保护和恢复湿地，治理和改善荒漠化和沙化土地，生态系统稳定性增强，初步构筑了"两屏三带一区多点"的生态安全屏障。治理沙化土地和水土流失，进行植树造林等生态建设，使森林覆盖率达到21.66%，中国成为同期全球森林资源增长最多的国家。荒漠化土地面积由20世纪末年均扩展1万多km²转变为年均缩减2 400多km²，在世界上率先实现由"沙进人退"到"人进沙退"的历史性转变，中国治理荒漠化的经验为世界提供了重要借鉴。四是海更净了。修订《海洋环境保护法》，印发《海洋生态文明建设实施方案》，为科学谋划海洋空间布局、"多规合一"提供了依据。近岸海域水质总体向好。2017年，全国近岸海域417个海水水质监测点中，达到国家一、二类海水水质标准的监测点占67.8%；与2001年相比，一、二类海水比例提高27.8个百分点，三类海水比例下降8.5个百分点，四类和劣四类海水比例下降19.3个百分点。五是人居环境持续向好。在不少城市，错落分布的公园绿地让老百姓"开窗能赏景，出门能游玩"；在农村，"垃圾靠风刮、污水靠蒸发"等困扰群众的环境问题得到基本解决，2016年，农村卫生厕所普及率80.3%，比2000年提高35.5%，一批批特色小镇、美丽乡村建设起来，越来越多的城乡百姓从中受益。

以绿色发展的生动实践为世界贡献了"中国方案"。在2015年巴黎气候大会上，《中国库布其生态财富创造模式和成果报告》被郑重推向世界。2016年，联合国环境规划署《绿水青山就是金山银山：中国生态文明战略与行动》报告发布；2017年12月，把荒漠变林海的塞罕坝与库布其一起被联合国环境大会授予"地球卫士奖"。联合国规划署执行主任埃里克·索尔海姆对中国的生态文明建设大加赞许，中国用实践证明绿水青山就是金山银山是人类共通的生态文明理念。

（四）市场层面，加快平原地区林业发展有利于缓解木材供需矛盾

经济越发达，对木材的需求越大。目前，全球森林面积以每年 0.1%～0.2% 的速度减少，而世界林产品需求换算成原木，则以每年 1% 的速度增加。据国家林业局（现国家林业和草原局）统计数据显示，2007 年国内林产品折算的木材消费总量约为 3.71 亿 m^3，但国内可供给量只有 2.02 亿 m^3，实际消费缺口达 1.69 亿 m^3，如图 1-1。巨大的供给缺口仅靠进口和节约远远无法补上，迫切需要立足国内平原地区进行木材生产，满足日益增长的需求。

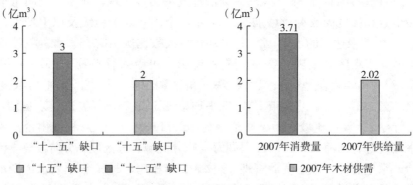

图 1-1　木材供需缺口

中国是世界上最大的木业加工、木制品生产基地和最主要的木制品加工出口国，同时也是国际上最大的木材采购商之一，我国每年的木材生产量都位居世界前列。随着我国经济的不断发展、城市化进程的加快、居民消费能力的不断提升，各行各业对木材的需求量在不断增大，如图 1-2。我国木材主要消耗于造纸、人造板、实木地板、实木家具等行业。

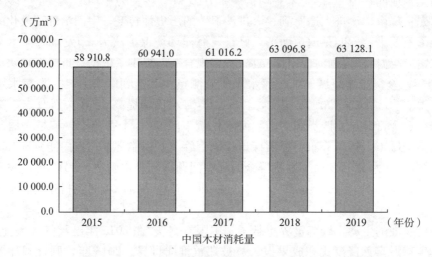

图 1-2　2015—2019 年国内木材消耗量

随着各个行业的快速发展，木材市场需求仍将持续增长。中研研究院《2020—2025年木材市场深度调研报告》对我国木材行业发展前景趋势及现状进行了分析，认为我国林业发展成就举世瞩目，同时资源保护压力日增，国际上赞誉和指责并存。从国内林业发展新要求来看，全方位对外开放格局为林业国际合作提供了广阔空间，发展生态林业和民生林业需要不断深化林业国际合作，推进林业产业可持续发展需要继续利用国际资源和国际市场。我国作为木材进口第一大国，无论是建筑用材还是家具用材，对国外依赖度都相对较大，木材的年进口量高达 5 亿 m³。

木材加工业的大发展促使林业生态各项指标大大提高。2003 年至 2019 年的 15 年间，我国木材产量增长 87%，木材消费量由 1978 年的约 0.5 亿 m³ 发展到 2019 年的约 6.31 亿 m³，其中建筑用木材 2.37 亿 m³，占木材消费量的 37.56%；造纸消费木材约 2.62 亿 m³，占木材消费量的 41.52%；家具市场消费木材约 1 亿 m³，占木材消费量的 15.85%。2019 年我国木材需求的具体情况如图 1-3。

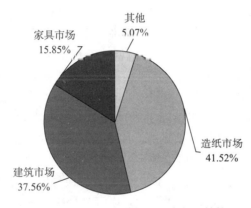

图 1-3　2019 年中国木材需求行业结构

（五）区域层面，黑龙江两大平原地区自然条件优越，是建设速生丰产用材林基地的理想区域

据黑龙江省林业厅 2012 年统计，该地区有荒滩、荒洲、四旁和垸内隙地 200 多万亩，现有林中还有 30% 的低质林需要改造。如果将 200 多万亩土地全部造林，将现有低质林全部改造，10 年后将为黑龙江省增加 4 000×10⁴ m³ 的森林蓄积，对满足黑龙江省乃至全国木材需求具有重要作用。利用平原地区优势生长环境发展平原林业产业，在木材资源趋紧、环境保护刚性要求情况下，可以有效缓解木材供应紧张，增加农民收入，加快县域经济发展。所以，在黑龙江两大平原农业综合开发试验区深入研究林业建设颇为重要。

一进入春天，黑土地的画风天天在变——褪去冬日里的水墨黑白，春风拂过山林江河，一路涂抹出浓淡相宜的花样色彩。一进入新时代的春天，黑龙江人听到的好消息越发多了起来——2020 年一季度，哈尔滨 2 074 台小锅炉"下岗"，各地的蓝天变多了，黑龙江的国家地质公园数量又增加了 3 个。居于祖国"雄鸡"之冠，更得大自然偏爱，黑龙江的山水一直以来都是坐拥美丽生态入怀：森林覆盖率全国排名第九；湿地面积全国排名第四；尽享冰雪亚布力、冷温泉五大连池风光；"中国雪乡""神州北极""神州东极"美名远扬。丰富的自然资源造就了壮美的龙江画卷，形成了突出的整体生态优势。"十三五"期间，黑龙江省委省政府认真贯彻落实习近平总书记"绿水青山就是金山银山""冰天雪地也是金山银山"的发展思想，率领黑龙江人民致力于把天赐良"源"的生态环境优势转化为生态经济优势，加大力度推进生态文明建设，不断满足人民日益增长的优美生态环境需要。

"新时代要实现旅游优质发展、加快建设旅游强省""必须坚持绿色、可持续发展观，突出打好生态牌、念好冰雪经""要发挥旅游业对调整结构、发展经济、增加收入、促进就业的综合功能"。在《全省旅游业"十三五"发展规划》中，这一句句铿锵的话语，表达的正是黑龙江人对总书记指示精神的理解和实践。五年来，黑龙江省委省政府旗帜鲜明地把总书记重要指示精神确立为发展旅游业的理念、主题、灵魂和目标，先后召开一系列会议进行研究部署，出台一系列文件进行顶层设计、统筹谋划、系统发力。在近两年的黑龙江省两会及全国两会上，发展冰雪旅游、生态旅游一直是黑龙江省代表委员讨论的焦点话题。对于充分利用黑龙江整体生态优势，倾力打造两座"金山银山"，全省上下不仅形成共识，而且绘就了宏伟蓝图。在《全省旅游业"十三五"发展规划》《冰雪旅游发展总体规划》《生态旅游发展总体规划》等系列规划的宏观统筹下，黑龙江省"旅游+"融合发展模式持续深入，冰雪游、森林游、湿地游、避暑游、边境游等旅游产业及健康养老等生活性服务业蓬勃发展，与旅游融合发展的业态不断出新。未来黑龙江省在航空方面，通用机场总数和通用航空器总数都将不断上升，低空旅游将成为新热点；在整体提升亚布力、五大连池、汤旺河、太阳岛、凤凰山、回龙湾等6家省级旅游度假区经营水平的同时，还要创建亚布力、太阳岛2个国家级旅游度假区和镜泊湖、神州北极、兴凯湖、小兴安岭、中国雪乡、扎龙湿地、建三江、虎头珍宝岛、连环湖、锦河国际健康城等30个省级旅游度假区。美丽生态释放出巨大吸引力，以森林公园、湿地公园、地质公园、风景名胜区、自然保护区、生态旅游示范区等生态旅游为载体，黑龙江旅游正在向生态体验和生态度假旅游转型，并且得到丰厚回报。

2018年4月12日，在刚开始实施的环保税的首个征期，农垦北大荒奶牛养殖有限公司开出哈尔滨市首张环境保护税税票。这个"动作"的完成，标志着黑龙江省推动绿色发展进入了一个新阶段。近两年来，黑龙江省围绕统筹"五位一体"总体布局和协调推进"四个全面"战略布局，全面落实创新、协调、绿色、开放、共享的新发展理念，积极响应人民群众对生态环境保护日益鲜明、强烈的诉求，从保护好黑龙江整体性生态化重大利益的角度，加强生态文明建设和环境保护工作。严格贯彻执行国家"大气十条"和大气污染防治三年行动工作方案：2017年，全省淘汰城市建成区内10t/h及以下燃煤锅炉4 721台，完成目标任务的138.6%；集中开展工业企业大气污染治理，对101家（次）企业进行了行政处罚；全省淘汰7万辆黄标车。"保护生态环境就是保护黑龙江发展基础""守护绿水青山就是守护人民宝贵财富"——坚持在保护中发展、在发展中保护，严守底线、不越红线，全省上下积极探索以生态优势促进结构优化的绿色发展新路。坚持各级党委、政府对本地环境保护工作负总责，党政主要领导对环境保护工作负全面领导责任，分管生态环境和资源保护工作的领导负重要领导责任，具体工作部门负直接责任；县级以上地方各级政府每年向本级人大或人大常委会报告环境状况和环境保护目标完成情况，把生态环境保护责任和压力层层传导下去。黑龙江省着力保护好自然保护区和重要生态功能区原生态资源，整合专项资金，完善生态保护补偿资金投入机制，支持重点生态功能区域建设；健全自然资源资产产权制度和用途管制制度，对水流、森林、山岭、草原、荒地、滩涂等自然生态空间进行统一确权登记，形成归属清晰、权责明确、监管有效的自然资源资产产权管理体系；全面停止天然林商业性采伐，完成造林 730.8 万亩；严守生态红线，推进"多规合一"，实行最严格环境保护制度；开展国家公园体制改革试点，争创国家生态文明试验区，筑牢国家生态安全屏障。目前，已经形成以大小兴安岭、长白山（张广才岭、老爷岭）森林生态屏障为主体，以松嫩平原农田防护、三江平原湿地修复为两翼的生态格局。

保护环境持之以恒，生态建设久久为功。环境就是民生，青山就是美丽，蓝天也是幸福。五月的哈尔滨，繁花盛开，江水清澈。住在松花江边的人们发现，今年自开江以来，江上的水鸟尤其多。江鸥蹁跹起舞，游船往来其间，一派人与自然和谐相处的城市风光。近年来，松花江的水质一年比一年好。2017 年以来施行的河长制，更为松花江的治理提供了制度保障。黑龙江省河长制工作自 2017 年开展以来，已经建成 整套覆盖省、市、县、乡、村五级的河长组织体系，全省落实河长 35 119 人。截至 2017 年年底，省总河长、省级河长先后巡河 21 次，全省各级河长巡河数万次。近一年来，先后开展 10 项专项整治活动，依法清除违法建筑物 1 246 处，整顿河道非法采砂场 332 处，关闭入河排污口 108 处，疏浚河道 5 305km，清理河道垃圾 133.9 万 m³，清理河滩地 55 544 亩。自然保护区是生态建设的有效载体，必须加强自然保护区建设和监管。近两年来，黑龙江省严格规范整顿自然保护区内旅游开发活动，坚决落实国家有关法律法规和政策要求，停止自然保护区核心区、缓冲区内一切建设活动，合法进行旅游开发，加快自然保护区内环境破坏问题整改，坚决杜绝私建滥建等破坏自然资源的违法行为。

近年来，黑龙江省推进生态文明建设在法律层面得到越来越多的体现。《黑龙江省大气污染防治条例》《黑龙江省草原条例》《黑龙江省节约用水条例》《黑龙江省水土保持条例》《黑龙江省地下水管理办法》《关于建立进一步落实环境保护工作长效机制的意见》等系列法律法规的出台和修订完善，对于深入推进实施生态文明体制改革和制度建设，树立生态观念、完善生态制度、维护生态安全、优化生态环境，建立系统完整的生态文明制度体系，健全生态环境保护协调机制，实行最严格的源头保护制度、损害赔偿制度、责任追究制度，完善环境治理和生态修复制度，用制度保护生态环境，提供了重要的法律遵循和保障。针对国家环保督察行动，省委、省政府成立了黑龙江省中央环境保护督察整改工作领导小组，坚持"党政同责"和"一岗双责"，严格落实党委、政府及有关部门的环境保护责任，全面建立省、市、县三级联动机制，形成各司其职、各负其责、密切配合的环境保护工作合力，确保问题整改到位。建立了督察督办机制，对中央环境保护督察组交办的 1 226 件群众举报环境问题逐项督察，确保整改落实到位。转变、创新、收获、喜悦，总有一种力量萦绕心间，总有一种精神指引向前。拥有冰天雪地也拥有青山绿水的黑龙江，正昂首阔步于新时代可持续发展的新征程。

综上所述，本文以"黑龙江两大平原农业综合开发试验区"为切入点，在深入调研基础上，摸清区域内林业资源情况，系统研究林业在该地区可持续发展中的生态保障作用，对于该地区生态环境的改善、为农业生产提供生态保护屏障、稳定粮食生产、保障国家粮食安全提供理论基础，为该地区生态林业的建设提供对策及建议。同时，本研究对于提高农户农业经营收入、林业经营收入，建设社会主义新农村具有一定的理论支撑与指导作用。

第二节 对试验区展开林业建设体系研究的目的与意义

一、研究目的

本书的主要研究目的如下。

（一）对黑龙江两大平原农业综合开发试验区内整体生态与林业资源情况进行调查

通过走访相关部门进行统计调查，分析与呈现黑龙江两大平原农业综合开发试验区农业生产生态环境现状、生态林业资源情况。

（二）分析生态林业建设对黑龙江两大平原农业综合开发试验区农业生产的影响

从生态林业对农业生产及生态环境的生态保护作用切入，以生态学视角对生态林业对农业生产的促进与保护作用进行分析，为黑龙江两大平原农业综合开发试验区生态林业建设和发展提供理论支撑。

（三）分析影响黑龙江两大平原农业综合开发试验区生态林业建设的影响因素

运用德尔菲法，通过林业科研人员、林业专家确定影响生态林业建设的指标体系，根据调查统计数据，选取数理统计模型，对试验区生态林业建设的影响因素进行定量分析，找到试验区生态林业建设的影响因素，为试验区生态林业的建设提供智力支持。

（四）构建黑龙江两大平原农业综合开发试验区生态林业建设体系

针对试验区生态林业建设的影响因素分析，构建黑龙江两大平原农业综合开发试验区生态林业建设体系，为试验区生态林业建设提供系统理论支持。

（五）构建黑龙江两大平原农业综合开发试验区生态林业建设体系保障机制

保障机制的科学有效是保障试验区生态林业建设体系有效运行的基础，要根据耦合原理，从思想保障、经济保障、组织保障、科技保障、法制保障等几方面对试验区生态林业建设体系进行构建。

（六）探索黑龙江两大平原地农民增收新途径

通过黑龙江两大平原农业综合开发试验区生态林业的制度体系和补偿体系研究，为试验区农民增收探索新途径，对黑龙江社会主义新农村建设进行探索。

二、研究意义

黑龙江两大平原农业综合开发试验区生态林业建设体系的研究，可为试验区内林业建设提供有效理论支撑和经验，进一步提高试验区内林业资源存量，改善地区生态环境，为农业生产及人民生活提供生态屏障，对实现生态省建设、黑龙江千亿斤粮食产能工程、保障国家粮食安全以及增加农民收入和探索黑龙江社会主义新农村建设，具有重要的理论与现实意义。

（一）本研究有利于丰富林业经济理论的研究

黑龙江两大平原农业综合开发试验区依托黑龙江两大平原而建，该区战略地位重要、生态资源尤其是林业资源匮乏，在我国平原林业研究中具有特殊地位。目前关于黑龙江平原地区的林业研究尚不多见，对于该地区林业建设体系的研究，有助于丰富林业经济理论。

（二）本研究有利于系统化黑龙江两大平原生态林业建设理论

目前，试验区关于生态林业的建设进行了一些实践，但是还没有形成系统化、理论化的研究。对于试验区生态林业的建设，相关理论就更为少见、更不成体系。通过本研究，可以将这一问题系统化、理论化，形成适合试验区内生态林业建设和发展的理论。

（三）本研究有利于黑龙江两大平原农业综合开发试验区生态环境的改善

黑龙江两大平原地区生态环境不断退化，关于平原地区林业权属问题的研究，有利于将森林资源流转给农户、企业。流转后承包户的生产经营活动，能够使森林资源恢复增长、生态状况得到改善、不断优化生态环境，这有助于促进黑龙江两大平原地区的可持续发展。黑龙江两大平原农业综合开发试验区生态林业的建设，可有效起到生态保障作用，促进该地区可持续发展。

（四）本研究有利于黑龙江两大平原农业综合开发试验区农民增收

构建试验区内生态林业建设体系，对生态林业制度体系以及补偿体系和中介服务机构体系进行研究，有助于为农民进一步增收拓展新的来源和渠道，在现有收入结构基础上，进一步提高该地区农民的经营收入与资产性收入水平，促进整体收入水平的提高。

第三节　国内外林业建设体系研究现状

一、国外研究现状

本书主要研究黑龙江两大平原农业综合开发试验区生态林业的建设问题，为确认国外相关研究情况，笔者在图书馆现有的 Wiley-Blackwell、SpringerLINK、Elsevier Science-Direct 和 Google 学术搜索数据库中进行了检索。

（一）生态林业

以"生态林业 Ecological Forestry（Eco-forestry）"为主题词的检测结果为 269 篇。其中关于生态林业概念（concept of ecological forestry）的文章 178 篇，关于生态林业建设形式（construction formal of ecological forestry）的文章 39 篇，关于生态林业建设与农业生产关系的研究（relationship between ecological forestry and agriculture）的文章 36 篇，关于生态林业布局规划（ecological forestry planning）的文章 7 篇，其他文章 9 篇。

对于生态林业（ecological forestry）的研究，在国外研究较为丰富些，所涉及的研究领域也比较全面，主要集中在尼泊尔等森林资源丰富的第三世界国家，研究的主要内容涉及生态林业规划、树种的搭配选择、栽培的技术、社区发展与生态林业的关系等。

在有关林业经济（Journal of Forest Economics）的期刊上发表的有 4 篇文章，非林业方面的经济文章（*Ecological Economics*、*Resource and Energy Economics*）有 14 篇，其余期刊发表 251 篇。所以可以看出，虽然对于生态林业的研究较为丰富，但大部分期刊还侧重于非经济方面，即林业规划问题、生态环境问题等，且大多集中于尼泊尔等林业资源丰富、经济欠发达的国家。

文献中涉及地区林业（*regional forestry*）的 1 篇，涉及国家林业（*national forestry*）的 1 篇，涉及生态林业（*ecological forestry*）的 10 篇，涉及林业管理（*forestry management*）6 篇。林业方面的期刊文献共计 16 篇，其余期刊均与林业相去较远，涉及林业内容不多。在剩余的期刊中，关于地区林业的研究较多，如对尼泊尔、墨西哥等林业资源丰富，经济相对欠发达国家的林业研究。

关于生态林业（*ecological forestry*）的研究，近些年一直比较平稳，2003 年相对发表研究成果较多，2007—2010 年发表研究成果相对较少，四年间一共发表 29 篇。2003 年发表期刊较多，跟当年召开的世界林业大会有关。2003 年世界林业大会主题为"森林·生态——生命之源"，其中一个议题是生态林业的发展，相关研究人员发表文章较多。而 2007 年后，世界林业大会议题转向低碳研究、后《京都议定书》时代的研究，所以对于生态林业的研究相对减少。

（二）林业生态保障

以林业生态保障（*forestry ecological protection*）为主题词进行检索，结果为 97 篇文献，出版种类分别为 *Journal*（77）、*Book*（8）、*Reference Work*（12）。

对于林业生态保障（*forestry ecological protection*）的研究，在国外所涉及的研究领域主要集中于林业生态规划操作研究，诸如树种的搭配、技术的选育等。

在有关林业经济（*Journal of Forest Economics*）的期刊上发表的仅有 1 篇文章，在农业经济期刊（*Agricultural Economics*）上发表的有 5 篇文章，在生态经济学（*ecological economics*）上发表的文章有 10 篇。所以，可以看出林业生态保障在经济学领域的研究相对较为丰富些。

涉及经济范畴（*scope economy*）的研究有 3 篇，其中 2 篇为生态经济（*ecological economy*），其他主题均为非经济方面，诸如土壤分析、选育技术、品种筛选等。所以，国外对于林业生态保障研究，在经济效率等方面很少涉及，有一定的研究空间。

对于林业生态保障（*forestry ecological protection*）的关注度，未有大的起伏，始终处于比较低迷的状态。这可能跟林业在其相关国家的国民经济所占比重不大有关，所以相关学者的关注度也不高，近些年发表的研究相对较少。

（三）文献内容综述

综述检索的文献，国外对于生态林业的研究主要以社区为研究单位，内容也相对丰富，为本研究提供了借鉴。概括起来，国外相关研究主要包括以下内容：

1. 生态林业与生态经济的关系　美国的生物化学家斯坦利捷文（Stanley Jevon，1901）把以生态为导向的林业和有关生态的科学以及经济学这三个学科，通过建立其内在关联而纳入统一的系统进行考虑，并从其中发现了能量流动的特性——非线性动态。随后，他在研究中又发现，以生态为导向的林业建设，其生态防护作用更加显著与明显，地位也相当重要。德国的博物学家海克尔（Hackel，1989），经过潜心研究，首次规划出了生态林业与生态经济学二者的关系，海克尔的理论把经济学的研究看作是有关稀缺资源管理的艺术研究，并且还认为生态经济学是自然界科学的经济学，认为生态为主的林业是生态经济发展的主要的物质承担者。德国的经济学家维托萨克（Vitousek，1986），在关于林业建设与经济学的关系研究中发现，自然界系统中自然生长的林子，经过人们的参与变成了林业，林业最初的生产情况与其承载的能力结合在一起，逐渐阐述了生态经济学的研究。经济学家和生态学家也开始研究生态林业对人类发展的制约问题。美国的经济学家肯尼斯·鲍尔丁（K. Boulding，2000），在20世纪的中后期对生态林业的建设与经济学的发展进行了研究，首次创立了生态经济学的概念。肯尼斯认为生态经济学所研究的对象是系统对其所承载的物质基础及生态林业的需求，且这个需求是矛盾的，并且在研究中也发现了以生态为导向的林业，其作用是极其重要的。

林业不仅是一项公益事业，同时也是一项基础产业，对于整个社会的发展具有重要意义。在长期的发展中，我国林业生产力水平相对不高，林区发展相对落后，主要表现在：一方面具有生态建设意义的营造林生产水平无法满足国内日益增长的林产品需求，特别是以木材为原料的林产品，每年都需要进口大量的优质木材；另一方面，现在突出强调林业的"生态意义"，严格限制木材等林产品原料的采伐，但同时给林农的生态补偿标准过低，无法调动林农的生产积极性，进一步影响了林业产业原料的供给水平，同时也影响了林业生态建设的效果。在这一背景下，重视林业产业发展和林业生态建设的和谐发展，是现在必须做的事情。

2. 生态林业与林业生态建设

（1）林业产业的主要内容和特点。林业产业的主体是经营乔木，是生物生态经济系统的产业。林业产业涉及的方面很多，其中不仅有种植业和养殖业，还有运输业和机械加工业，除此之外，还有和人们日常生活密切相关的森林旅游业。按照普遍的产业分类方法，林业产业也可分为第一产业、第二产业和第三产业。林业第一产业，主要包括以种植、养殖和采集为主的林业生产活动，其主要产品形式有森林资源培育、林木种苗和花卉、野生动植物资源培养等。它的特点是在追求经济利益生产活动的同时，附带提供了改善生态环境的生态价值，是应该提倡和鼓励发展的产业。但由于其受到林地资源等各种自然因素的影响，其经济效益水平相对偏低。林业第二产业，主要是林产品加工业，包括木材家具业、木竹浆纸业、森林食品药品和油料生产加工业、林产化工业等。它的产品形式非常丰富，市场需求大，生产力水平相对较高，经济效益较好。但由于其需要消耗大量的木材等原材料，间接地造成森林资源被过度采伐，对生态环境可能造成负面影响。林业第三产业主要是服务业，具体包括森林生态旅游业、林业技术服务业、林产品市场流通业等。它的特点是基于林业、服务林业，让林业更好地为人们的生活提供丰富的林产品和生态服务，同时兼顾林业产业的经济价值和生态价值。

（2）林业生态建设的主要任务。林业产业重视经济效益，而林业生态建设更加重视生态效益。我国的林业生态建设工作，主要任务是建立各种生态屏障，开展国土绿化工程，为人们的工作生活营造更加美好的环境。具体包括保护森林，禁止乱砍滥伐；保护野生动植物的生长和繁衍环境；在改善和保护环境的同时，进一步为人们提供休闲游憩绿地；通过各种生态知识的普及，让人们养成重视生态、爱护环境的意识，实现人与自然的和谐发展。总的来说，林业产业发展和林业生态建设虽然各自强调的侧重点不同，但它们之间是有很多关联性，为实现林业的可持续发展，我们需要认真分析和总结二者之间的关系。

（3）林业产业的发展和林业生态建设二者之间的关系。要想实现社会的和谐发展，就要把对木材的需求控制在一定范围之内，使森林资源可以持续利用，进一步促进物质需求和环境保护的和谐。换句话说，不仅要实现林业可持续发展，还要实现林业生态建设水平的提高。在林业整体中，林业产业和林业生态建设是重要的两个方面，两者要共同发展、相互协调。具体来看，两者的关系如下：①林业产业的发展和林业生态体系二者之间存在矛盾关系。对于林业产业的发展来说，它和林业生态体系建设是具有一定的矛盾关系的。林业产业主要是第二产业，需要通过砍伐行为获得经济效益，树木的生产周期较短；林业生态建设是以种树为主，产生经济效益和林业产业相比较慢，树木生产周期较长。由于生态林业体系建设是一个需要长时间高投入的工程，所以林业生态体系建设的成果是不断积累的，难以在短时间内被看到，这和林业产业发展的短期经济效益追求相矛盾。②林业产业建设和林业生态体系建设二者相互依存，不可或缺。从我国的林业产业发展中可以发现，两者之间不仅仅存在矛盾关系，还有相互制约和相互依存的关系。随着人们对林业资源需求越来越高，对林业资源的认识也会越来越深，这一关系也是对这些特点的体现。在林业价值体系的构建中，林业产业的发展比较重要，而林业生态文明建设同样重要。对于林业生态文明体系来说，它致力于恢复一些破损的林业植被，挖掘林业产业资源，实现效益最大化。不过，林业生态建设需要大量的财力投入，同时需要通过产业引导，提高从业者的生产积极性，才能保障林业生态建设的长远效果。而林业产业的发展不仅可以提供税收，更可以用经济方式调节生态建设参与人员的积极性，为实现林业可持续发展提供保障。③林业产业发展与林业生态建设的辩证统一关系。在林业的社会化生产中要实现经济效益和生态效益的有机统一，调整产业的同时要进一步保护林业生态。林业产业重视经济效益，而林业生态建设重视生态效益，要在提高生态效益的同时提高经济效益，实现林业产业和林业生态建设的辩证统一。

（4）林业产业与林业生态建设要实现和谐发展。林业产业中的第一产业和第三产业在一定程度上可以促进林业生态建设，不过林业产业中的第二产业由于需要采伐大量的林木作为原材料，对林业生态建设是有负面影响的。但过度强调林业生态建设，只注重生态价值，忽视产业价值，是无法提高林业从业人员的参与积极性的，也会影响生态建设的效果。林业产业和林业生态建设是相互促进、相互制约的，只有实现两者的平衡发展，才可以推动林业经济的发展。在今后的发展道路上，应从稳定可持续发展的角度出发，做好二者之间的和谐统一、相互调整、不断完善。本书结合笔者自身经验，分析林业生态建设和林业产业的关系，旨在为相关人员提供参考和借鉴，实现林业的可持续发展。

3. 生态林业与可持续发展的关系研究　法国经济学家皮尔斯（Pearce. D，2000）对可持续发展的研究主要是从空间的角度进行的，即从景观经济学的角度，对可持续发展的研究进行了限定。20世纪70年代发生的石油危机，使许多经济学研究人员和生态研究人员对资源与经济发展的关系进行了研究，逐渐聚集到了对可持续发展的研究上。在20世纪80年代后期，关于可持续发展的研究风生水起。1987年8月，森林资源丰富的挪威，其前首相布兰特朗（Brantland. G. H.）所建立和领导的"联合国环境与发展世界委员会"做了一系列的工作，都是关于可持续发展的研究，首次对可持续发展的定义进行了阐述。她认为：可持续的发展就是能够在当代人需求不被影响的前提下，不断地满足后人的要求，这个定义在时间的维度上对可持续发展的定义及其重要性给予了阐述。

生态文明，是人类遵循人与自然和谐发展规律，推进社会、经济和文化发展所取得的物质与精神成果的总和。在林业可持续发展前提下，生态文明建设是人们在林业生产过程中，以林业的长远发展为背景、以保护林内生物为责任、以恢复林区环境为己任、以恢复生态环境为目的的一系列过程。

（1）林业可持续发展和生态文明建设的关系。一是生态文明建设促进林业可持续发展。生态文明建设过程离不开林业的支持。森林覆盖是生态环境不可缺少的组成元素。林业的可持续发展，必然是通过人为保护林区的生态环境，使得人类经济活动与生物多样性保持一种文明共进的状态。人类活动不再以牺牲其他生物为代价，林区内的所有动植物及相互之间的食物链关系都将被人类所保护，以此形成小环境的生态恢复。因此，在生态文明的大目标驱使下，林业可持续发展是实现这一目标的有效途径。二是林业可持续发展促进生态文明建设。林业的可持续发展迫使林业以恢复林区生态环境为目标，有计划、有组织地进行林分沉积、更新和开发。林区的活动以恢复生态环境为指导，通过一系列措施保证林业的经济收益，恢复林区内各种各样的生态小环境，走向良性循环。一个林区实现可持续发展，能够形成一个小的生态环境的恢复；全国的林区实现可持续发展，必然量变引发质变，使得全国生态环境收获良好的恢复成果。

（2）林业可持续发展对推动生态文明建设的意义。当前人类生存面临资源短缺、环境污染、生态退化的负面形势，此形势使得生态文明建设成为当前国家一切发展目标的首要内容之一。所以，尊重自然、回归自然、恢复自然、保护自然成为生态文明建设的理念。在生态文明建设过程中，稳固水土、保持湿地面积、绿化国土资源、缩减荒漠化面积的主要手段则是森林的固碳累积。林分的沉淀，林内生物的有效保护是促进林区可持续发展的主要目标，是以保护代替开发的一种生态经济手段。在实现经济发展的同时，以科学的管理方法和技术对生态环境进行恢复性保护，推动生态文明建设的深入进行。但同时也可以看出，尽管森林覆盖率有所上升，但从全国范围来看，上升的速度着实较慢，说明生态环境的恢复是一个漫长的过程。随着森林绿化面积的不断扩大，灾害性天气对人类的影响正在缓慢减少，这是一个可喜的趋势。总的来说，林业的可持续发展，适应了当前加强生态文明建设的时代要求，对推进生态文明建设具有重大的意义。

（3）生态文明决定林业可持续发展的模式分析。纵观对木材的应用史，可以将林业的发展归结为原始应用、工业发展综合应用和林业的可持续应用三个阶段。不同阶段对林木的应用是不同社会文明状态下实现社会发展必然的选择结果。就目前而言，生态文明理念要求，林业的可持续发展要以生态环境恢复为目标，兼顾经济、人文、社会、生态等的和谐发展，齐发并进实现共赢。在这一形势下，林业的可持续发展模式必然是多目标、多途径，以科学的管理技术来配合林分新旧更替的可持续性发展经营模式。未来的可持续发展模式是对林区内生态系统的恢复和保护，以林分的可持续性沉积为手段，恢复林区内的生态多样性，尽可能保护林区内食用链上所有生物的繁衍生息，实现人与自然的和谐。应通过先进的管理技术实现无害化的林业经营活动，通过有计划、有目的地进行森林规划，以展示森林对环境的多种有益功能为前提，实现保护土壤、净化空气、净化水质，为林区内的动植物提供安全、优质的生态环境。因此，在生态文明建设的总体环境下，林业可持续发展模式必须兼顾恢复优质的生态系统、实现林内生物多样性的保护和扩大，林产品的累积和可持续化应用，林产品的可持续化生产、增加林区覆盖率等发展功能和发展模式，从而展现森林的多重价值。

（4）林业可持续发展的策略。一是更新营林管理技术。科学技术的力量是无穷的，在林区可持续发展中必须注重科技的更新。只有依靠先进的科学管理技术，才能保证林区的经济与生态兼顾。首先要进行管理体制的创新。林区企业要发挥主导作用，更新生态文明理念，以市场运作和市场需求为依托，不断更新营林的核心技术，在恢复生态的前提下，以科技实现企业效益，推动林业企业实现可持续发展。其次是尽快完成科技成果转化，以科技成果引导林区可持续化发展，使其少走弯路、多走捷径，实现林区多目标、多功能化发展。最后，鼓励创新研究，加强首营树种的搭配和创新，改变树种单一、林分结构不合理的局面。二是科学配套林业结构。这里所说的林业结构包括林区内林分结构和林区企业结构。对于前者而言，林业的可持续发展要求高产高效地进行树种的多层化搭配，并根据地形的空间结构进行科学的树种布局，实现高低层次、丛灌搭配，实现集约化林产品生产经营。积极发挥优势树种的生态功能，以营林科技为支撑，解决好优势树种的消耗和再生。配合科学的密度规划、营林管理、轮作混交等措施，实现林分的结构优化和可持续性应用。对于后者而言，林业生产催生第一产业、第二产业、第三产业等。每一种产业都相应地发展多家企业。企业的经营理念是否符合生态文明建设要求，决定着企业的生死存亡。因此，在优化企业结构时，要以生产力为布局，淘汰不符合生态文明建设的企业和落后企业，进行资源优化利用和人才输导，稳定社会局面，促进文明和谐局势。对于优势企业，要加强科技引导，以产业带动的形式，推动企业完成结构布局。同时鼓励企业重组优化。三是探索林业发展与生态建设的结合点，促进林业可持续发展。在生态文明建设的大环境下，一切不符合生态文明理念的林业发展道路和模式终将被历史所淘汰。因此，必须在林业经营活动中，寻找生态契合点。这就要求林区要以科学保育为手段，以提升森林资源总量和质量为内容，以提高林区人民生活水平为己任，以恢复林区生态环境为目标，正确进行林业经营活动，才能实现生态与发展的共赢。林业可持续发展必须依靠科学的力量，不断改变管理方法、技术内涵、经营理念，才能实现林区内生态环境的恢复，提高生物多样性，发挥林区的功能特性，促进生态文明建设向更深层次迈进。

4. 以生态为导向的林业经营管理形式及其权属的研究　美国加州大学经济学家布鲁克斯（Brooks. K. N，1995）研究指出：在美国，法律规定以生态保护为发展目标的林业，作为私人财产，在没有得到合适的经济补偿情况下，不能被政府征作他用。这些法律的规定，在很大程度上维护了私人的经济利益，也打消了投资者或是森林所有人的林业经营顾虑，使他们逐步形成了理性的投资预期，并根据市场的反应及时作出决策。在这种机制下，美国的森林资源增长很快。

美国经济学家阿雷格里和生物学家费尔南德斯（Alegre JC and Fernandes，1998）通过研究指出，美国的森林是以私有制为主的，经营管理主要是多头的经营和分散的管理，所涉及的森林基本都是私营林；并且美国在林业管理的过程中，非常重视法律的运用，通过对法律等政策的制定来鼓励投资人投资林业建设，并从税收等政策上进行优惠，同时，在科技上也强调技术的保障。

德国经济学家亨特利（Huntley. B. J，2003）研究指出，德国作为工业化完成较早的国家，生态环境不断地退化，而林业具有很强的生态防护功能，所以，要引导森林的所有者向发挥森林的生态效应方向发展，并由政府出台鼓励政策，鼓励私有林所有者将林地从单纯的针叶林向针阔混交林转变，支持私营林场主退耕还林，把小型的私营林主组织在一起进行联合经营，提高生态林业的发展空间和潜力。

法国昂热大学教授坎宁安（Cunningham，1999）研究指出，在林业资源丰富的法国，以生态防护为目的的森林也实行合作经营，根据森林的定位和发展方向进行分类经营，充分发挥森林的生态防护作用，按照适地适树原则，集约化经营林业。

日本经济学家矢野彻（Subler and Uhl，2001）的研究指出，森林在日本具有很重要的地位，日本政府历来重视林业的建设和发展。日本政府宪法要求，要保证林地的稳定和林木财产的权利，并且政府组织财政给予林业补贴、贷款、收税上的优惠，组织国家财政参与林业的保险事业建立和发展，与私营林业主形成利益共同体，扶持森林合作组织，把林业所有者组织到一起，并培训专业的林业科技工作者来指导各林业农场主的生产。

5. 林业生态经济理论研究　英国经济学家克劳德（Claude Desloges，1997）对森林及其资源的管理进行了研究，指出森林是生态防护的承载者，从管理学的角度来看，生态林业也是参与式的林业，在管理的方式上要采取村民自治、村民为主、规避冲突，并最终实现森林的可持续经营。

联合国所属的粮食农业组织生态林业部门的主要负责人凯瑟琳（Katherine，1993），在1993年联合国大会上，曾做了标题为"生态林业的发展及其在可持续发展中的作用和地位"的演说，强调了生态林业的建设和发展是人类社会可持续发展的重要基础，是一项非常有效的策略，需要各个国家给予关注和支持。

法国前林业局局长格兰特（J. Gadant，1998）对于生态林业的经济理论也有一定的研究，曾发表了《农村综合开发中的林地经营的研究》，在这篇文章中，他强调生态林业的发展不能独立进行，需要视为地区经济发展规划的一个组成部分，并且与区域内参与林业建设的居民进行协和联动；如果不顾及区域的生态环境和参与者尤其是森林所有者的利益，那样的林业建设必将走向失败。

德国生物学家兼国际农林业研究委员会主任博兰德（D. J. Boland，1995）在其关于林业生态经济理论的研究中，发表了一篇题为《生态林业的地位、作用和意义》的文章。在文章中，他着重强调了以生态防护为发展方向的林业，在热带、亚热带的发展中国家地位极其重要，能够有效解决农民的生活问题，具有很大发展潜力，生态林业的建设和发展可以使农民逐渐走出贫穷。

6. 生态林业发展趋势的研究　美国斯坦福大学教授查理（Charnley，2007）认为，基于林业生态作用的突显，林业未来将以生态林业的目标为主，多目标共同发展，单纯地强调经济目标或单纯地强调生态目标都不会促进社会的可持续发展。英国经济学家克罗（Crow. S，2010）对于生态林业的发展方式的转变进行了研究，指出以生态为有限发展目标的林业，随着资源的集合，必将由原来的粗放型经营，向技术密集型和集约型经营的方向发展。

经济学家阿诺德（Arnold J. E. M，2005）一直致力于生态林业与生态经济学的研究，他认为在经济发展的过程中，林业的生态作用逐渐凸显，并成为社会和区域可持续发展主要的、有效的物质载体。德国的经济学家伯南克（Benneker，2008）指出，不仅林业的作用越来越重要，随着经济的发展，生态林业的建设也越来越重要，并且生态林业的建设要以完成森林资源的有效管理和与地区经济发展融合并促进经济的发展为目标。

法国生态学家让普尔（De Pourq. K，2009）对生态林业的运行机制进行了研究，指出未来林业的发展会更加重视生态林业的运行机制和林业管理能力的不断提高。

随着全球化进程的日益加快，众多的全球性问题，例如环境恶化、气候变化、生物多样性损失、贫困、能源缺乏、原材料供应不足等，日益严峻。森林具备多种功能，可以成为应对上述全球性问题的重要解决方案。这使林业的重要性从行业层面上升至国际层面，许多林业问题超越了主权国家的范围，成为国际社会关注的热点和相关国际公约的重要组成部分。与此同时，各国的林业政策和实践也越来越受到国际公约和国际林业热点议题的影响，呈现国际化和与国际同步的趋势。当前，我国林业发展和生态文明建设进入了一个新的历史时期，更需要及时了解世界林业发展的新理念、新思路，只有这样才能顺应国际潮流，明确新任务，开拓新路径，深度融入全球林业发展进程，发挥积极作用。纵观世界林业的发展历程，人类对森林的利用经历了从单一利用到多元利用再到可持续利用的变迁；林业发展的目标也从单纯的木材生产，到经济、环境和社会效益并重，再到生态系统一体化功能的整体实现。尤其在全球化时代，国际社会日益认识到森林和林业在人类可持续发展和全球绿色发展中的基础性作用，对森林资源进行可持续利用和生态系统经营，已经成为世界各国的理念共识与实践标准，林业的可持续发展已成为国家文明、社会进步的重要理念。当前，世界林业发展呈现出七大趋势。

一是林业成为绿色发展的基础。绿色发展是人类共同的价值诉求，人类的文明史就是利用绿色资源来提高生活质量的历史。当今世界，各国都在积极追求绿色、智能、可持续的发展。特别是进入21世纪以来，绿色经济、循环经济、低碳经济等概念纷纷涌现并被付诸实践。随着森林正在从一个部门产业向奠定人类可持续发展基础的定位转变，绿色发展成为实现人类可持续发展的重要手段。今后，绿色发展将重点强调投资自然资本，开发资源技术，让可更新的自然资源担当起规避资源与环境约束、创造财富和福利的使命。未来，如何投资和培育自然资本，把发展引向以可更新自然资源为基础的发展，将成为人类可持续发展关注的焦点。而森林是地球上最重要的自然资本，林业将在实现全球绿色发展中承担特殊的历史使命。

二是全球森林治理（环境治理）成为各国林业发展的共同诉求。当前，森林在促进人类可持续发展中的战略作用已经得到国际社会的广泛认可，森林问题因其全球性的影响而引起全世界的广泛关注。在此背景下，有效应对生态危机的全球森林治理，将成为今后世界林业政策新的关注点。此外，国际社会也提出范围更加宽泛的世界生态系统治理以及全球环境治理的理念，并将森林纳入其中，致力于推进全球森林的保护及可持续经营，力促林业在全球可持续发展中发挥重要作用，提升地球的健康水平和人类的福祉。目前，国际社会在建立全球环境治理体系方面已取得诸多积极进展，同时对森林价值和作用的认识也日趋深入。森林承担了大量的经济、社会和生态责任，全球的政治、经济、社会发展也日趋集中体现在林业发展中。这是一个推进与适应的过程，特别是随着国际社会对森林问题的共识日益增强，对森林问题做出的政治承诺日渐明晰，建立公平高效的全球森林治理体系将是今后世界林业发展的焦点问题之一。

三是气候智能型林业成为应对全球气候变化的有效途径。气候变化是国际社会普遍关心的重大全球性问题，森林由于在应对全球气候变暖中的独特作用而日益受到国际社会的广泛关注，特别是随着国际气候变化谈判的深入，应对气候变化的国际行动对林业提出了更高的要求，从清洁发展机制下的造林与再造林活动，逐步扩展到关注发展中国家的毁林排放（REDD），再到减少森林退化导致的排放，以及森林的保护、可持续经营和森林存量增加（简称 REDD+），最后涉及林业部门之外的导致毁林和森林退化的活动（REDD++）。可见，发展中国家和发达国家都希望在后京都时代充分发挥林业在应对气候变化方面的作用，并希望将林业减缓气候变化纳入应对气候变化的国际进程，希望各国通过发展林业来帮助完成减排以便减轻工业、能源领域的减排压力。在此背景下，"气候智能型林业"理念应运而生，充分认识到森林生态系统服务对于人类适应气候变化的至关重要性，将森林可持续经营作为减缓和适应气候变化的基础，要求在林业政策中纳入减缓气候变化的措施，通过提高森林资源可持续利用效率和林业生产适应能力，寻求最高效和最适宜的减缓气候变化的森林经营方式，实现气候减缓和气候适应协同作用的最大化。同时，气候智能型林业还特别强调利益相关方的积极参与，一方面公平分享那些与适应和减缓气候变化行动相关的效益和成本，另一方面也共享各利益方丰富的森林资源相关知识，提高森林生态系统应对不断变化的气候模式的能力，促进森林可持续经营与适应和减缓气候变化的双赢。

四是森林资源弹性管理成为森林可持续经营新的理论基础。弹性是系统承受干扰并仍然保持其基本结构和功能的能力，弹性思维这种新的资源管理思维方式，是基于可持续发展而提出的新理念，现已被许多学者评价为森林可持续经营的理论基础，为人类管理自然资源提供了一种新方式。人们从弹性思维的角度出发来理解森林资源所依存的社会-生态系统，强调人类是社会-生态系统的一分子，人类生存于人与自然紧密联系的社会-生态系统中，人类的行为不得超越系统的弹性，否则会对系统造成无法弥补的损失。另外，森林资源弹性管理还特别指出：过度提高效率与优化结构会损伤系统弹性。例如，种植单一的速生树种，执行严格控制施肥、防治病虫害等措施，可以实现木材产量最大化。但这种做法实际上削弱了整个生态系统的弹性，会让系统在外界条件变化时系统表现得极其脆弱，甚至可能导致严重后果，例如单一树种集约化经营会导致病虫害频发、地力衰退、生物多样性下降等诸多问题。因此，森林资源弹性管理尤其要关注生态恢复力。生态恢复力是一片森林、一种植物或动物的种群在恶劣环境中生存甚至发展的能力。一些国际组织将生态恢复力作为森林资源弹性管理的重要指标，积极探索如何通过提高森林生态系统的恢复力来增强其适应外界变化的能力，以维持森林生态系统的稳定性。

五是多元化森林经营成为世界林业发展共识。联合国粮农组织（FAO）归纳了所有森林政策的共同点，提出了多元化森林经营的理念，并且建议将其纳入国际森林政策。该理念虽然有些抽象，目前也缺乏机制支持，实践起来有些困难，但是已经基本获得了国际社会的认可。多元化森林经营是指随着森林用途的日益多元化，森林经营的目标也日益多元化，不仅仅包括木材产品生产，还包括饲料生产、野生动植物保护、景观维护、游憩、水源保护等。目前，森林所提供的多元化产品的市场限制，降低了多元化森林经营的竞争性。例如，非木质林产品市场有限、规模不够阻碍了其商业化，销售价格往往很低，不仅减少了从业者的利润，也阻碍了森林多元化经营理念的推广。

六是林业生物经济成为全球生物经济新热点。随着矿产经济的热度减退，生物经济预计将成为全球经济的下一波浪潮。森林作为一种可再生资源，在全球、区域和地区的经济可持续发展中将发挥越来越重要的作用，同时在新兴的生物经济发展中也将发挥关键性的作用。例如，芬兰在林业生物经济发展实践方面走在世界前列。2013 年，芬兰的生物经济产出达到 640 亿欧元，其中一半以上来自林业产品。芬兰的就业与经济部、农林部和环境部联合制定了芬兰首个"生物经济发展战略"，旨在刺激芬兰产业与商业的新一轮发展，目标是将芬兰生物经济产值在 2025 年时提升至 1 000 亿欧元，并创造 10 万个新的就业岗位。该战略定义的"生物经济"是指通过可持续的方式利用可再生自然资源，生产和提供以生物技术为基础的产品、能源和服务的经济活动，其中林业生物经济占据主导地位。因此，对林业部门来说，林业生物经济蕴藏了重大机会，是林业部门"走出舒适区"，主导与其他部门深度合作的有利时机。国际林联 2015—2019 年发展战略中就涵盖了生物经济主题，同时它也是国际林联五大核心研究课题之一。今后，林业将在确保森林可持续经营的同时，最大限度地发挥森林可更新资源的作用，确保在全球生物经济发展中占据主导地位。

七是民生林业仍是世界林业发展的关注热点。在全球化时代，世界林业政策日益关注林业，将林业作为改善民生的重要手段。2011 年 2 月，联合国森林论坛第九届大会重点讨论了森林为民、森林减轻贫困等议题。随后，联合国环境规划署（UNEP）在全球发布了第一本关于绿色经济的研究报告《迈向绿色经济——通向可持续发展和消除贫困之路》，将林业作为消除贫困至关重要的部门之一。2012 年 6 月召开的联合国可持续发展大会，强调以绿色经济来振兴地区经济，强调以人为本、改善民生等。这些发展思路都预示着今后森林资源会成为一种基础性的国民福利，林业的发展将对改善林区居民生计发挥愈来愈重要的作用。

二、国内研究现状

国内对于生态林业与农业生产的研究是伴随着生态林业的发展而开始的，20 世纪 50 年代起，我国理论界展开了对生态林业发展规律的理论研究，从生态林业的定位和发展目标到发展模式，再到产权制度改革等，研究范围越来越广，领域越来越深入。

通过中国知网，分别以"生态林业 农业""黑龙江两大平原生态林业""林业生态保障""生态林业经济"进行全文检索（检索时间为 2013 年 6 月 7 日），检索结果分别为153、116、213、4612。由此可见，我国对于生态林业的研究起步早、研究范围广、涉及专业领域多，但是对于黑龙江两大平原生态林业及其与农业生产之间关系的研究基本处于空白状态。检索结果具体情况如下：

（一）对于黑龙江两大平原生态林业的研究并不多见

以主题词进行检索，检索到相关文献 116 篇，且研究涉及自然科学较多，涉及经济管理较少。通过检索可以发现，对于平原生态林业的研究，基本局限在中原或是南方集体林地区，涉及黑龙江平原林业的研究较少，对生态林业与平原地区农业生产特别是粮食生产关系的研究更为少见（表 1-1）。

表 1-1　检索情况一览表

（篇）

序号	题目	主题词检索结果
1	生态林业 农业	153
2	黑龙江两大平原生态林业	116
3	林业生态保障	213
4	生态林业经济	4 612

（二）涉及黑龙江平原地区生态林业的期刊从 1980 年开始出现

随着研究的深入，研究文献也逐渐增多，呈现出逐渐上升的趋势。发表义献最多的年份是 2012 年，发表量达到或超过 10 篇的年份为 2009—2013 年。这与黑龙江地方发展规划不无关联，即对于生态环境相对脆弱的平原地区生态林业的研究逐渐增多。但对于黑龙江平原生态林业与农业生产及粮食生产的研究仍不多，在最多的年份也仅有 19 篇，而且涉及林业经济管理的数量更少（图 1-4）。

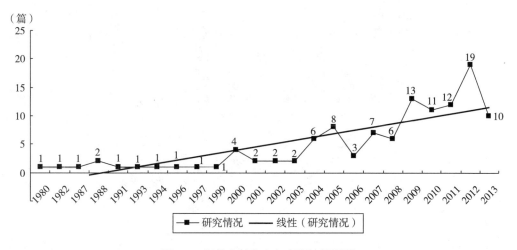

图 1-4　相关文献发表年度统计情况图

（三）农林经济管理涉及的研究相对较多

其中农业经济有 38 篇文献，林业研究有 26 篇文献，经济体制改革有 9 篇文献。可见对于黑龙江平原地区生态林业的研究，大多将之作为农业的一个附属产业进行，归类到农业经济中。这其中，大多数研究涉及南方集体林区和中原平原地区林业，对于黑龙江平原林业涉及很少（图 1-5）。

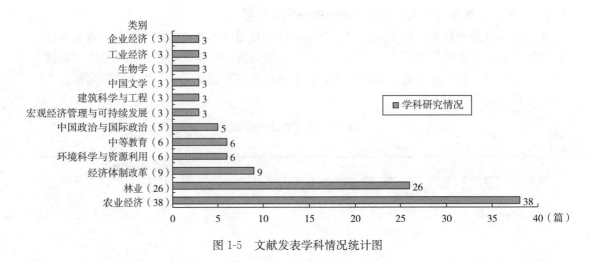

图 1-5　文献发表学科情况统计图

（四）研究形式转为集中

关于黑龙江平原地区生态林业的研究一般以期刊（中国学术期刊网络出版总库有相关论文 134 篇）和报纸（中国重要报纸全文数据库有相关论文 30 篇）的形式为主，系统的研究比较少。博硕论文共计 25 篇，且这 25 篇多为森林生态学专业研究，林业经济管理专业研究较少（图1-6）。

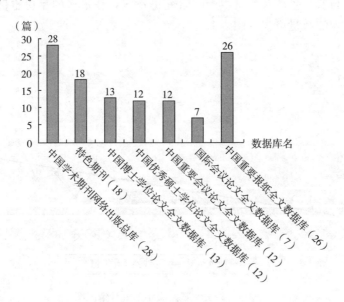

图 1-6　文献来源数据库情况统计图

（五）关于黑龙江平原林业的基金资助主要集中在国家自然科学基金领域

黑龙江省以基金形式资助了 2 项课题，其他地方也都立项资助了相关地域平原地区生态林业的研究。由此可见，对于相关课题的研究，可侧重申请国家级相关资金的资助，成功的概率更大些。同时，地方对于该课题的研究也需要加大侧重性（图 1-7）。

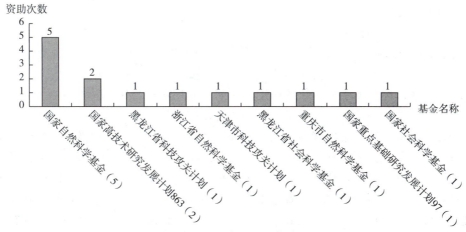

图 1-7 基金资助情况统计图

三、国内研究的具体内容

综上所述，从检索的结果及分析情况看，国内对于黑龙江两大平原地区的生态林业研究还需拓展与加强。对于该课题的研究，基础性研究、工程技术研究相对较多，而经济理论研究较少。2009 年以后，这类研究有逐渐增多的趋势，主要缘于黑龙江"八大经济区"概念的提出，以及"大美龙江"建设规划的提出。所以，进行基于黑龙江两大平原农业开发试验区生态林业建设的研究具有一定的理论与现实意义。另外，从分析中可以看出，对于黑龙江平原地区生态林业的研究具有明显的阶段性，各个阶段关注的焦点不同，研究问题的重点也不同，所以，国内对于平原地区生态林业与农业生产之间关系的研究是随着实践的深入而不断深化和丰富的。国内相关研究主要包括以下几个方面：

（一）关于生态林业在农业生产中的正负效应的研究

龙琳（2012）指出，生态林业的发展，为平原地区支撑起稳固的生态防护体系。据测定，在淮河地区农田防护林网内，风速降低 32.9%～47.7%，土壤蒸发平均减少 27.4%，相对湿度提高 7.1%～20.5%，作物蒸腾平均减少 34.1%；严重影响小麦产量的干热风由过去每年 3～4 次减至近年年均不足 1 次，小麦平均单产增加 10% 左右。由于护路林、护堤林、防浪林的作用，安徽省平原区每年可减少土壤流失量 $990 \times 10^4 m^3$。生态林业崛起，还彻底扭转了平原地区缺林少材的局面。

贾治邦（2009）指出，平原地区生态林业的发展不仅增加了农民收入，还促进了粮食稳产高产，并在减少水土流失、吸收二氧化碳、防止自然灾害、涵养水源等方面具有十分重要的作用。通过加强平原地区生态林业建设，森林资源增长取得了重要突破，实现了有林地面积、林业用地面积、森林覆盖率、活立木蓄积量大幅增长；林业产业发展取得了重要突破，速生丰产林、经济林、苗木花卉、森林旅游、木材加工等发展迅猛；平原绿化取得了重要突破，展示了平原地区生态林业的光明前景。

刘珉（2009）指出，平原地区林业的发展使粮食安全和生态安全问题更加突出，平原林业快速发展主要得益于林木种植过量占有了公有资源，进而产生了林业的负外部性，而这些负外部性没有得到合理的经济价值补偿，造成林木种植的比较利益相对较高，促使平原林增长速度迅猛。

总体来看，此方面研究得出了以下几项成果：

1. 林业在生态建设中有着不可替代的作用　一是林业在改善环境方面发挥着不可替代的作用。健康的森林生态系统在净化有害气体、吸收二氧化碳、降低浊度、有效控制风沙等方面对改善环境有着不可替代的作用。例如，大兴安岭及其山区的森林可抵御来自蒙古的干旱风的入侵和西伯利亚的寒潮。二是林业在供水服务中起重要作用。林业可以稳定河流的流动。研究表明，暴雨水经过强森林洗礼后，进入河流需要相当长的时间。相关事实证明林业能有效地控制和减少泥石流的发生。而在洪水等自然灾害中，森林也可以有效地减少或防止洪水的影响，从而达到防患于未然的目的，保护人员和财产的安全。林区还可以保持蓄水，从而在旱季时能有效防止水分、湖泊、河流的流失。三是林业有助于生态文明建设。随着国民经济的迅速发展，人们越来越认识到保护自然和合理利用自然的重要性，在此基础上建立的循环林业是生态文明建设坚实的保障和支持。

2. 近年来，林业受到的影响　一是违法行为泛滥。林区树木在没有规章制度的情况下被随意砍伐，有些人在狩猎和捕杀野生动物时缺乏约束，随意收割、挖掘野生植物。这些现象时有发生，且尚未被有效控制。二是影响森林安全的事件不断发生。例如，天气灾害、森林火灾、森林病虫害等现象往往是人们无法预防的，这使森林生态环境安全面临着各方面威胁。三是保护与发展之间的矛盾。这是林区常见的一种现象。在生态环境保护的需求随着社会其他方面的要求而逐渐增加的时候，必须加强对林区的保护。与此同时，随着国内经济建设的逐步发展和社会的发展，对林区的需求压力也越来越大，从而产生矛盾。此外，相关法律、政策之间的有效调控和衔接尚不完善，导致相关部门之间缺乏协调，相关部门出现无序发展的现象，林区的森林资源因而面临着巨大的考验。四是全球变暖。森林退化，过度砍伐，以及各种不可预测的灾难，会导致对森林的破坏，大量的存储于森林中的碳重新引入生态系统。这产生了全球变暖的严重问题，因此，在国际谈判中，许多国家和国际组织都在就此内容进行交流。一些国家和国际组织带头提出恢复和保护森林的新措施。五是对森林气候的影响。森林是与气候变化作斗争的一个重要力量，例如，植树造林对防风治沙等发挥着重要作用，保护森林对增加粮食储备、改善农业生产条件有重要作用。

3. 林业发展建议　一是加强对森林资源的保护。要提高对森林资源的有效管理，不仅要促进经济发展和社会发展，而且从可持续发展的角度来看，还要提高对保护森林的认识和工作力度。包括进行森林保护年度成果评估，确定森林灾害的责任，提供防护的后勤支持和必要准备，以便在紧急情况下，立即运送设备和器材并进行应急行动。为了避免不必要的浪费和损失，必须严惩犯罪活动对森林资源的破坏，应采取各种手段打击违法犯罪活动。二是基于科学发展观进行林业发展。要提高认识，与林业发展思路保持一致，为林业建设营造积极的氛围。要积极筹集社会资金，积极引导林业建设，力争取得一定成效。最后，要加强对林业工作的广泛宣传。重视林业，加大林业宣传力度，鼓励大家共同努力，营造广泛关注、广泛参与的良好氛围。不断提高全国人民的林业保护意识，完善规章制度。

（二）关于平原地区生态林业建设模型的研究

刘璨（2004）采用随机前沿分析方法，对我国平原地区生态林业对农业生产的贡献进行了定量测算与分析。采用偏微分的形式，计算出了农田林网和小片林的发展对畜牧业发展和种植业发展的经济弹性，分析了农田林网和小片林供给的有效程度。采用超对数生产函数，分析生产要素之间的相互关联程度，同时对农田林网和小片林之间以及它们与生产要素之间的相互关联程度进行了分析。在此基础上，分析了产生问题的原因及政策含义。

张晓星（2012）运用了主成分分析的方法，以我国平原地区 26 个省为例，进行对林业产业发展水平的实证分析。建立了以 10 个指标为基础的衡量指标体系，通过分析得出三个主成分：林业基础指标、林业第二产业指标和林业第三产业指标，并主要从产业角度进一步解释主成分的含义。最后根据我国 26 个省主成分的得分情况，给出综合情况排名。其研究指出，平原地区生态林业发展应该因地制宜，根据不同地区的自然经济条件，制定不同的产业政策，确定不同的发展方向。

刘珉（2010）运用二元 Logistic 回归和多元线性回归，依照河南省平原地区林业的调查数据，从农户行为的角度分析平原地区集体林权制度改革的绩效，得出结论：新一轮林权制度改革，对农户种植树木有显著影响，但影响的深度有限。

周莉等（2012）基于灰色关联度方法，运用 DPS（data processing system）统计软件，系统地对平原地区林业的产业结构进行了分析，主要从其内部林业三次产业结构和外部产业结构，即对农业产业乃至地方产业的影响进行了分析和评价。通过分析，她认为林业产业的发展，带动了农业和平原地区的经济发展；平原地区林业第二产业应该确立为林业发展的主导产业；平原地区林业产业还处于初级阶段，三次产业结构发展不均衡；目前对林业产业及其三次产业的发展应加大财政支持力度。

刘璨，任鸿昌（2009），以苏北地区 1991—2001 年的数据，采用超对数生产函数和随机前沿生产函数的效率模型，对农田林网和小片林对农业总产值、种植业产值和畜牧业产值的贡献程度进行了计量并分析，结果表明：农田林网对上述 3 个产值的生态贡献率为负值，小片林对上述 3 个产值的生态贡献率为正值，林业、种植业和畜牧业之间存在明显的联合生产效果。

（三）关于平原地区生态林业发展制约因素的研究

郭承亮等（2012）指出，在当前平原地区造林绿化工作中，管理和运行机制有不适应的问题；陈旧的思维趋向没有从根本上被打破；造林资金的来源渠道狭窄；造林用地和生产用地矛盾比较突出；残次林的改造受到采伐指标的限制，得不到及时的更新采伐。这些因素制约了平原地区生态林业的发展。

洪雪等（2011）指出，大面积营造人工纯林产生了一些弊端；"三北"地区平原林业生态工程建设中植树造林速度发展缓慢；种苗基础薄弱；农业防护林中杨树占比过大；防护林的生态保护能力下降；乡镇林业基础薄弱。这些因素的存在，影响了"三北"地区平原林业生态工程的进展。

王瑞金（2011）指出，在现实平原地区生态林业的建设中，连片栽植，将导致虫害蔓延；单一品种造林存在病害暴发隐患；集中栽植，必然集中采伐，会使林业难以持续发展；过度发展单一树种，会导致其他树种灭绝，使生态系统更加脆弱。

刘建科等（2010）指出，农田防护林网建设存在问题，包括生态防护效果较差、存在森防隐患、生态防护的持续时效性较差、建设周期较长、经济效益不高等。

　　林业作为一项基础产业，对国民经济的建设发展及公益事业的有效开展都有着极其重要的影响，所以在发展过程中必须重视其存在的不足，使其在生态建设、林业产品供给等方面发挥积极的作用。从某种意义上来讲，生态林业的建设发展并不是一朝一夕所能完成的，必须长期坚持，站在可持续发展战略的高度上对林业规划建设给予重视，这样才能更好地发挥其效用。

　　生态林业建设面临的问题是多方面的。一是林业生态建设的质量不高。林业建设树种相对比较单一，对于树种的选择重人工造林而轻视封山育林，混交林比较少，单一树种种植比较频繁，这就会导致在经营管理模式上出现很大的问题，有些地区甚至为了搞"形象工程"而不采取科学的技术方法进行选种、栽培。上述因素都将造成林业生态建设难以可持续发展并发挥效用。二是林业生态建设的指导思想上存在偏差，生态环境意识和法制观念淡薄。长久以来，林业生态发展建设只是单纯地重视管理，对于生态环境的保护意识却相对比较淡薄，法制管理观念也不是很强，一些林业建设方面的领导者在管理思想上还存在着滞后等现象，过度开采或是乱砍滥伐现象比较严重，这在很大程度上对林业生态建设产生了重要影响。三是缺乏一套完善的保障体系。林业建设在发展过程中并没有形成完善的管理体系，尤其是近年来，经济建设力度较大，对于林业生态环境建设的重视程度相对较低；四是国家政府部门也没有充分调动其社会力量给予足够的重视与推广，所以从目前来讲，整个林业科技含量较低，对于林业建设中存在的一系列问题，也不能通过科学有效的手段加以管理、及时处理。这就导致林业在人力、物力上浪费现象比较严重。

　　解决生态林建设的部分措施如下。一是建立完善的育苗体系，解决种苗单一的问题。建立完善的种植育苗体系，突破原有单一的种植方式，扩大社会育苗的整体生产效益，为造林绿化打下坚实的基础，科学育苗。在种植育苗的基础上，可以引进科学的种植方式和管理模式，参考国外先进的种植育苗方法，推广种植的覆盖面积，加强新品种在整个试点运行中的逐步培育，为建立科学的生态育林而提高技术支持。贯彻《种子法》，为苗木生产者的合法权益保驾护航。在林业建设过程中，必须将其法律意识贯穿于整个林业建设生产过程中，可以依据各地方的特点进行合理试点规划，从而保障种植育苗的质量。二是可以采取供给招投标的方式进行采购招标，这样就能够从市场上多种优质的苗种中进行选择，避免"人情苗""关系苗"的出现，从而也能够保障质量。三是拒绝市场垄断。在育苗价格上要多方听取专家的意见和进行市场调查，在确保价格合理的基础上进行育苗的种植和生产，这样也有利于育苗单位的利益不被损害。四是改革国有苗圃体制。国有苗圃是林木种苗行业的骨干力量，对促进林业种苗的健康发展具有重要作用。应对国有苗圃进行内部整合，进一步加强管理，实现整合资源、合作发展、统一规划、分组管理，促进国有苗圃的快速发展。苗圃内部可分别组建育苗一组、育苗二组、科研组、营销组与绿化队，实行严格的目标管理责任制。五是大力发展林业生态产业，改革林业生产方式。针对林业建设人员，必须加强其生态教育的意识培训建设工作，可以通过培训等方式来提高他们自身对生态林业建设的认识，或者加强生态林业建设的宣传活动，如网络媒体、学校、相关论坛等。建立完善的生态保护机制与治理机制也是生态林业工程建设的重要方面，可以通过建设一些大的林业项目如天然林保护、退耕还林、防沙治沙等，结合实际情况，进行合理规划，实现林业种植的整体推进。六是大力深化林权制度改革，改变林业生产方式。建立完善的多元化制度改革机制，在林业生产建设过程中可以通过各种途径拓宽资金的来源，如政府支持、社会力量、业主投资等，这样就可以将社会各阶层力量融入其中，使得林业资源得到广泛的支持与帮助。其次可以从全局掌握林业的发展动态，坚持"全社会办林业、搞绿化"等方针政策的原则，对林业生产方式加以转变，这样就能够在很大程度上发挥地方林业种植的特色。与此同时，应充分利用林业资源，将其资源优势转化为经济优势，促进某一地区的经济建设发展，这样能够进一步扩大林业的对外开放，加强其交流。要大力弘扬创新生态文化、弘扬人与自然的和谐生态价值。要积极探索全民义务植树的新办法，建立健全造林绿化的长效机制，深入推进全民义务植树运动，将植树造林、绿化行动在全社会开展。要大力推进法制建设，不断完善生态文明建设的政策体系和法律体系。在推进依法治林的进程中，依法规范造林、管林、用林，把林业各项工作纳入法制化、制度化、规范化的轨道中，进一步完善各项森林灾害应急预案，强化森林灾害防控能力，不断提高发现、控制和处置突发性事件的能力。要加大依法治林力度，严厉打击破坏森林资源的违法犯罪活动，保障森林资源安全，构建和谐林区。三是建立和完善我国森林生态效益补偿制度。要明确森林生态补偿的依据。森林资源除了具有经济效益，还具有生态效益，森林的建设和维护，需要进行一定的费用投入。森林的生态环境效益具有外部性，把这种外部性内化，就需要对森林生态进行经济补偿，这样才能保证森林资源的可持续发展，明确森林生态补偿资金筹集的途径。森林生态补偿资金除了国家出资以外，应根据"谁收益谁补偿"的原则，明确其他出资主体包括个人、企事业单位、其他组织等，从而体现生态效益的社会共享原则。同时应明确森林生态补偿金征收的标准。确定生态效益补偿标准是一项复杂的自然系统工程，制定科学合理的补偿标准，既要顾及森林自然生态要素，又要重视林区人口经济和社会发展水平。在制定森林生态效益补偿标准时，应当考虑下列因素：森林自身生态功能的强弱、森林生态功能与人类生存关系的紧密程度、当地居民与森林之间的密切度、森林生态效益的社会认同度、国家与地方财政状况、森林保护等级。生态林业建设是一项可持续发展的战略工程，并不是一朝一夕就能够完成的。所以，在生态林业建设过程中必须协调好各个部门之间的关系，在促进经济建设发展的同时，也创造出更多的社会效益和生态效益。随着人们对于林业建设的逐渐重视，相信生态林业建设的发展将会越来越好。

（四）关于平原地区生态林业生态效益补偿的研究

刘广明（2009）认为，相对于公益林而言，非公益林以经济功能为第一功能，而以生态功能为第二功能。当前，在非公益林的发展中还存在很多问题，这不仅制约了其经济效益的提高，而且导致其生态功能受抑，难以发挥应有的环境保护作用。基于森林资源的双重属性，非公益林兼具经济效益和生态效益，而生态效益的有效发挥则需要构建相应机制予以保障。

刘广明（2009）指出，要建立非公益林的经济激励制度，包括建立非公益林优惠税收制度、建立非公益林生态补偿制度，以及建立优惠信贷等金融支持机制。要建立完善的非公益林行政管理制度：完善非公益林资源清查和资源档案管理制度，制定合理的非公益林发展规划；制定具有可操作性的非公益林的认定标准，合理确定非公益林与公益林的比例。理顺非公益林建设的关键环节，培育非公益林发展的市场机制：加快私有非公益林的建设步伐，培育非公益林经营管理的多元主体；破除不利于非公益林发展的制度障碍，推动非公益林市场化机制的培育。

建立生态公益林体系，保护和改善生态环境、维护国家生态安全是当今社会和经济发展的迫切需要。目前，我国生态环境日益恶化，主要体现为：水土流失严重、草原退化、土地沙化、水资源短缺、水旱灾害严重。所以，森林生态效益补偿有其存在和发展的基础，森林生态效益补偿机制的建立，是与我国的可持续发展方针相适应的，有利于中国未来生态环境和经济的健康发展。在森林生态效益环境状况逐渐恶化的今天，建立和完善有效的森林生态效益补偿机制是当务之急，更是我国现代化发展战略上的一个重大调整，也是生态环境建设方面的一个重要里程碑，它阐明了保护生态环境就是保护生产力、建设生态环境就是发展生产力。

森林生态效益补偿是指国家为保护森林、充分发挥森林在环境保护中的生态效益而建立的，通过国家投资、向森林生态效益受益人收取生态效益补偿费用等途径设立的森林生态效益保持资金，它是用于提供生态效益的森林的营造、抚育、保护和管理的一种法律制度。九届全国人民代表大会常务委员会第二次会议修改制定了《森林法》，首次提出了构建我国森林生态效益补偿资金管理体制的初步设想，认为目前应由国家担任资金拨付主体，凭借细化的林业部门预算这一载体，引入民营机制。该法第一次以法律的形式明确规定了森林生态效益补偿基金制度。2001年，国家林业局会同中央财政选择了11个省区的685个县和24个国家级自然保护区作为森林生态效益保持基金的试点单位。这是我国探索建立森林生态效益补偿机制的良好开端。

建立生态效益补偿基金有多种必要性。一是建立生态效益补偿基金有利于改善生态环境，保护生物多样性，实现可持续发展，特别是近年来开垦了许多荒地，加上森林分布不均、结构不合理，致使野生动物资源锐减、生存环境严重恶化、水土流失严重。二是生态公益林不是以生产木材和林副产品为主要目的的，而是以空气净化、水源涵养、水土保持、防风固沙、农田牧场保护、护岸固堤、护路、护渠、美化环境以及为国防、科研服务为主要目的的。其本身的价值很难直接用经济效益指标来衡量。生态公益林的生态效益是以活立木群落的整体形式发挥作用的，活立木本身是其生态效益的载体。三是实现生态效益与经济效益的双赢。我国广大的生态公益林区大多是贫困地区，贫穷依然是一个严峻的问题，生态公益林区居民中的相当一部分人面临着生存危机。国家通过运用财政补偿的手段为贫困地区提供坚实的物质基础，也标志着我国长期无偿使用森林资源生态价值的历史已经结束，开始进入一个有偿使用森林资源生态价值的新阶段。四是建立森林生态效益补偿基金制度是弥补我国生态公益林资金投入不足的重要途径。我国生态公益林建设资金投入严重不足已严重制约了森林生态建设的发展，主要体现在：首先，造林初期投入受到限制；其次，森林管护费用投入错位，导致造林多、成活少、成林更少。再次，对经营生态公益林的集体和个人投入的补偿迟迟未到位，严重影响了生态公益林经营者的积极性。

建立森林生态效益补偿基金存在可行性。在森林生态环境建设和保护过程中建立有效的森林生态效益补偿机制，是解决森林生态环境建设者与生态效益受益者之间、林业部门与地方其他产业部门之间矛盾的重要手段之一。国家林业建设的战略目标是建立比较完备的林业生态体系和比较发达的林业产业体系。要达到国家林业建设的战略目标，必须根据森林的不同功能，实施分类经营、分区突破、总体推进的发展战略。分类经营是新时期林业发展战略的基础和核心。森林生态效益补偿机制的建立对改善人民生存环境，提高人民生活质量，促进我国环境资源的改善、生态环境水平的提高发挥着越来越重要的作用，符合我国的可持续发展战略，同时，也促进了全球性的可持续发展战略在中国的实施，为世界生态环境的改善也起了积极作用。森林生态效益补偿机制保障林业经济持续增长，既从森林保护的现实出发，又对国有林实行了优惠扶持，保证了林业政策的长期性和稳定性。

建立森林生态效益补偿基金保障措施。一是加强领导，建立有效的森林生态效益补偿基金的管理制度。制定目标管理责任制，签订明确的管护合同，明确管护责任和义务。二是加强森林生态效益补偿基金的专款专用。《森林法》规定"森林生态效益补偿基金应专款专用，不得挪用，不准截留"，在管理上要制度化、规范化，资金全部用于国家重点生态的保护、培育和管理，充分发挥其作用。此外，实行森林生态效益补偿机制，为我国林业生态环境建设提供了强有力的政策保障和资金支持，为实现森林生态环境的保护和林区经济的发展注入了新的动力。实行森林生态效益补偿，不仅仅是为森林资源的保护管理提供资金来源，实质上更是对森林生态效益价值的承认，是从根本上解决林业发展的动力和机制问题。巩固和完善森林生态效益补偿机制是利国利民的一件大事，任重道远。

（五）关于平原地区生态林业产权的研究

王良桂，苏世伟（2008），根据江苏省林业分布的情况，从农田林网的生态公益林建设、大力发展城市林业、加强村庄绿化建设等方面，探讨了进一步深化林权制度改革的必要性。研究指出，应该开展生态公益林限制性利用试点工作，按照分区施策、分类管理和适度经营的原则，对生态公益林按保护等级采取相应的经营措施，发展林业，巩固平原地区生态林业产权制度改革的成果。

姜雪梅等（2012）通过对山东省的30个村的实地调查与数据分析，发现这些村基本完成了林权的初次分配，使得集体经营的林地面积大量减少，个体农户经营成为主要的经营模式。经营模式的变化，使农户的林业经营收入水平大幅提高，促进了林权作为生产要素市场化经营的条件，林业经营出现了可持续发展的趋势。与此同时，仍然存在着平原地区生态林业林粮间种的管理不当，防护林所占比例较大、林业经营的积极性被制约，集体防护林参与林改导致防护林遭到严重破坏，林地承包和流转管理不够规范，林业服务体系建设不足等问题。

王保民（2012）指出，落实林权主要有以下三种形式：一是竞租承包经营；二是拍卖转移林权；三是树随地走，谁栽谁有。林权制度改革落实了林木产权，在淮北平原地区建立起林木权属清楚的新型林业产权机制；规范了市场经济运行机制条件下平原地区的林木种植；拓宽了林业生产投资渠道；颁发了林权证，以法律文书形势确定了林木所有权，赋予林木所有者法律认证，给经营林木的农民吃了颗"定心丸"，解决了当前平原地区林业改革和再发展中的核心问题。

高拓、刘珉（2011）通过制度经济学和实证分析的方法对不同时期的产权变动特征和发展状况进行研究，结果表明：1949—2006年，林权制度不完善，要么是林权受益权和处置权受限，要么是林权所有权和经营权受限，林权制度绩效总体处于一种非均衡的低效率状态。新一轮林权制度改革基本满足了制度目标本身的实现，但在资源配置效率方面不很理想。

申云霄（2012）对平原地区农户参与林改的意愿进行了分析，指出目前林业产权还存在不少的问题，而导致这些问题的因素很多，其中最为关键的因素是以前的产权制度在很大程度上忽略了农户的切身利益，而且高税收给农户带来了巨大的经济压力，在利益分配的环节上也有问题，所以农户的积极性不断下降。集体林权制度改革不仅要遵循市场经济发展的规律，更要顺应经济人的假设前提，符合制度安排决策者的预期目标，坚持效率优先、兼顾公平、产权明晰的原则。集体所有的林业产权制度改革就是要将使用权与所有权分离，应该保证所有权归集体这项原则不动摇，在这个前提之下，放宽农户对于林地的使用权，从而实现一种承包责任制的经营管理模式。

王真哲（2012）对兴平平原绿化的林权制度改革进行了研究，指出打破制约平原林改的政策性因素，将主干路渠按照不求所有、但求所在的原则，全部划段，面向社会公开进行绿化经营权拍卖、承包、租赁。

四、国内外研究评述

对于平原地区生态林业的研究，国内许多学者在生态林业的作用与定位、发展模式以及产权制度改革等方面取得了研究成果，主要是以区域、分阶段方式为主进行部分研究。国外学者主要对生态林业的组织形式及与可持续发展的关系进行了研究。这为本文的研究奠定了基础。

从上述国内外研究可以看出，国外林业的私有化程度比较高，研究主要从林业区划、林种筛选等方面进行；对于平原地区生态林业没有明确的区分和深入研究，主要从社区林业的角度进行。国内关于平原林业的研究，以河南、江西、福建较为系统和丰富，并在产权制度、产业发展、社会保障等方面为多，这为黑龙江两大平原农业综合试验区生态林业的建设和发展提供了理论上的借鉴。

从国内外的相关研究中可以发现，国内外的成功经验值得借鉴和研究，试验区生态林业的建设和研究问题，在以下几个方面需要加强：

1. 关于黑龙江两大平原农业综合开发试验区生态林业研究有待加强 从现有的研究中可以看出，关于黑龙江两大平原生态林业的研究极少，主要是因为黑龙江国有林所占比重较大，对于国有林区、大小兴安岭林业、伊春林业的研究较多，而黑龙江两大平原为农业主导区，林业问题的研究自然较少，生态林业的研究就更少了。

2. 关于黑龙江两大平原农业综合开发试验区生态林业与农业生产的关系研究有待加强 黑龙江两大平原是黑龙江粮食主产区，以农业生产为主，林业对农业生产的促进以及生态保障作用研究较少，林业对地区经济的促进作用研究不足。

3. 关于黑龙江两大平原平原农业综合开发试验区生态林业建设的定量研究有待加强 目前关于黑龙江林业的研究多集中在大小兴安岭等林业资源富集地区，两大平原地区林业研究较少，现有的研究一般都为生态学领域的研究，关于其经济机理分析及定量分析不足。

4. 黑龙江两大平原平原农业综合开发试验区林业权属不清晰 在黑龙江两大平原地

区，现在存有的森林及林木，基本都是生产队时期种植的。这些林木权属比较混杂，有集体时期栽植、属于集体；也有农户在自己院落栽植、属于个人的，有的已经分不清归属。这些权属混杂的林木，不能真正参与到市场经营当中，很难做到还权于民、还利于民，制约了林业进一步发展。所以，对该区域内的林木权属问题需要加以区分和研究，通过对林木权属的确定来建立林业发展的长效激励机制。

5. 关于黑龙江两大平原农业综合开发试验区生态林业建设体系研究不足 我国林业生产的现实情况是林业投入不够，有关林业的各项管理制度还需不断完善与转轨，现行的一些制度与市场的需求脱节，林业的生产加工等产业结构的配置不合理，林产品及林权市场的建设不健全，这些因素一定程度上制约着平原地区生态林业建设参与者的积极性。因此，需要研究试验区内生态林业的体系问题。

第四节 林业体系建设研究的主要内容、方法及创新之处

一、研究的主要内容

本研究分5个部分：

第一部分为研究的基础理论部分，包括第一章、第二章。主要对研究课题的背景及现状作了交代，同时对研究涉及的经济理论做了介绍。第一章为绪论，主要介绍论文的研究背景、研究目的和研究意义，对目前已有的相关研究进行深入的评析，明确研究方法、研究内容及框架，为全文的研究起点。第二章为研究范畴界定和理论基础，主要界定了研究的范围和内容，归纳了与本研究相关的理论，为本文的研究打下理论基础。

第二部分为试验区生态现状、生态林业概况及存在的问题，主要为第三章，主要论述了试验区生态林业存在的问题，对试验区生态环境现状、生态林业的概况进行了阐述，同时还分析了生态林业存在的问题。

第三部分为生态林业的作用分析及经济学机理分析，主要为第四章，对试验区内生态林业对农业生产的生态作用和经济作用进行了分析，同时进行了经济学假设，对生态林业的经济学机理进行了分析。

第四部分为生态林业建设影响因素的定量分析，主要为第五章，运用面板数据模型对试验区生态林业建设的影响因素进行了定量分析。

第五部分为试验区生态林业建设体系的研究，包括第六章至第十章，主要构建了试验区生态林业建设体系。第六章为试验区生态林业建设体系总体设计框架，对建设体系的目标与原则、任务与重点、构成及其耦合机制、效果评价与监督保证进行了阐述。第七章为构建试验区生态林业制度体系，以林业产权制度为主要内容，构建了试验区生态林业制度体系。第八章为构建试验区生态林业建设补偿体系，以生态效益补偿为主要内容，构建了试验区生态林业补偿体系。第九章为构建试验区生态林业服务体系，以林业社会化服务体系为主要内容，构建了试验区生态林业服务体系。第十章为试验区生态林业建设体系的保障机制，主要从思想、组织、经济、科技、法制等方面构建了试验区生态林业保障机制。

二、研究方法

(一) 文献分析法

在开展研究之前,对国内外关于平原地区生态林业的研究现有成果进行了查阅、分类、汇总,并进行了统计分析,对于平原地区生态林业的研究领域前沿进行了研究与跟踪,前后共查阅了文献千余篇,奠定了坚实的理论基础。

在研究的过程中,主要通过以下几个渠道获得中文研究文献:在学校和学院的图书馆借阅材料,所查阅和借阅的材料都集中在黑龙江两大平原、生态林业的建设等领域;在中国知网的学术期刊数据库中进行检索和搜索,对相关的研究期刊和论文进行下载,深入研读;阅读学院阅览室所购买的一些林业期刊,比如林业经济、林业经济问题、农业经济等;查阅往年的博硕士论文,通过中国博士学位数据库和优秀硕士论文数据库,下载相关的研究,进行深入研读和总结。

在研究的过程中,关于外国文献的取得,主要的渠道有以下几个:在校园网的国外期刊数据库进行查阅和下载,主要有 PQDT 博士论文,Springer 电子期刊等;在学校和学院的阅览室阅读国外的期刊和书籍,主要包括 *Forest Ecology and Management*、*Forest Policy and Economics* 等。

(二) 实地调研和统计分析

本研究的相关数据,主要通过到相关县市区进行实地调查,查阅相关统计年鉴、年报、相关县市的统计公报,走访农林业主管部门及科研机构取得。通过走访黑龙江省林业厅规划处、黑龙江省农委计划处、黑龙江省建设厅城镇化办公室、黑龙江省农垦总局统计处、黑龙江省造林绿化办公室、黑龙江两大平原农业综合开发试验区办公室以及区划内相关政府职能部门,调查了相关数据。统计资料收集主要通过购买、复制、记录等方式获取,主要包括相关年份的《黑龙江林业统计年鉴》《黑龙江农业统计年鉴》《黑龙江统计年鉴》、相关厅局文件通知和领导讲话等。数据获取分为三个阶段:一是预备调查阶段,即到省林业厅、省农委、省建设厅、省农垦总局职能处室查阅相关报表、通知、文件等资料,对黑龙江两大平原生态林业进行初步统计与认识。二是数据分析阶段,即运用数理统计软件对获取数据进行分析与处理。三是数据的核实与校验阶段,即对处理后的数据进行科学校验,确保数据分析的准确与科学。

(三) 定性研究

定性研究主要是对关于黑龙江两大平原农业综合开发试验区生态林业存在问题的研究,对试验区内生态环境现状进行了阐述与分析,通过实地探查了解生态现状;运用经济学基本理论分析了试验区内生态林业产品的供求机理,对林业建设参与者之间的关系进行了分析与讨论。对关于黑龙江两大平原农业综合开发试验区生态林业建设的影响指标进行分析时,也运用了定性的分析方法。

(四) 定量研究

定量研究主要运用于关于黑龙江两大平原农业综合开发试验区生态林业的对农业生产生态作用的分析、试验区生态林业建设影响因素分析。关于试验区内生态林业对农业生产的生态作用,通过农业生产数据与林业生态作用调查的数据及其相关程度进行了分析,用试验区农业生产的历史数据说明林业对农业生产的生态防护作用大于胁地效应，总体有利于农业生产和发展。关于试验区生态林业建设的影响因素分析，主要是结合指标和数据特点，选择面板数据模型进行，对于选定的指标和影响因素相关性进行分析和验证。

（五）系统分析法

系统分析法主要运用于黑龙江两大平原农业综合开发试验区生态林业建设体系各构成要素之间的耦合关系中。针对经定量分析确定的影响试验区生态林业建设各影响因素，构建试验区生态林业建设体系，在论证构成体系的各要素的关系时运用系统的分析方法，保障构建的体系科学有效。

三、创新之处

1. 研究视角 以保障"国家粮食安全"和"黑龙江千亿斤粮食产能工程"为切入点，对"黑龙江两大平原农业综合开发试验区"生态林业建设体系进行研究，独占研究视角。系统分析了黑龙江两大平原农业综合开发试验区生态林业现状，并深入试验区农林业行政主管部门、科研部门进行实地调研，提出了试验区生态林业建设体系的研究视角。

2. 定量分析 研究定量分析了黑龙江两大平原农业综合开发试验区生态林业建设体系的影响因素。系统应用经济学理论、面板数据模型对试验区生态林业的发展情况与影响因素进行了定量分析，运用德尔菲法筛选了制约试验区生态林业发展的影响因素，将面板数据模型首次引入黑龙江两大平原农业综合开发试验区生态林业建设问题的研究中。研究表明，试验区生态林业的权属问题、生态林业生态补偿问题、社会化中介服务体系以及资金投入等问题，是制约试验区生态林业建设和发展的主要影响因素。

3. 构建了黑龙江两大平原农业综合开发试验区生态林业"一体两翼"的建设体系
针对影响试验区生态林业建设的影响因素分析，从试验区实际情况出发，遵从耦合机理，以促进生态林业建设发展为目标，构建了"一体两翼"的建设体系。"一体"即以产权制度为基础的制度体系；"两翼"即以粮食主产区生态效益补偿为主要内容的补偿性体系和以林业社会化服务机构为主要内容的服务体系；同时，还以林业资金保障为主体构建了试验区生态林业建设体系的保障机制。

4. 论证了黑龙江两大平原农业综合开发试验区生态林业对农业生产的生态作用 基于试验区农业生产的基本情况，以农林科研部门调研数据为基础，分析了生态林业对农业生产的生态作用。研究结果表明，生态林业的建设对试验区农业生产具有明显的生态防护作用，生态林业建设能够有效调节农业生产生态要素（土壤温湿度、空气温湿度等），能有效提高农作物产量，降低粮食污染水平，有效改善区域生态环境。

5. 进行充分例证 以黑龙江宾县和鹤岗市的林业建设为例，论证了农业经营制度导入林业经营后，农户参与林业生产的积极性大幅提高，林业资源管护效果有效改善；以龙江县为实例，说明粮食主产区生态补偿的激励作用；同时，提出构建粮食主产区的生态补偿或补贴机制；首次提出构建科研示范林区、林业专家大院、林业致富项目、农民培训和林业科技副县长"五位一体"的林业科技合作共建模式，促进林业科技成果转化。

四、技术路线

黑龙江两大平原农业综合开发试验区技术路线如图 1-8。

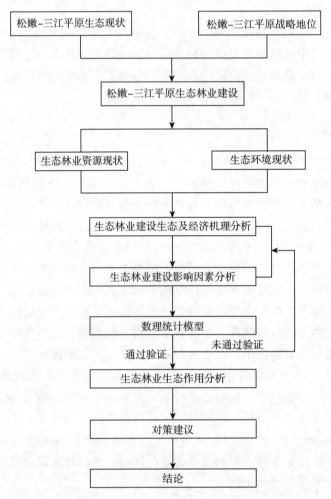

图 1-8 黑龙江两大平原农业综合开发试验区技术路线

第二章 林业体系建设研究范畴与理论基础

本章对黑龙江两大平原农业综合开发试验区林业的范畴进行了界定，对研究区域的行政区划、地形地貌、气候条件、水文资源以及社会经济情况进行了介绍。同时，阐述了生态林业理论、区域经济学理论、生态经济学理论、新制度经济学理论，这是本研究的理论基础。

第一节 林业体系建设研究的范畴

一、行政区划

本研究界定在黑龙江两大平原农业综合开发试验区内。

黑龙江三江平原主要位于黑龙江东北部，是黑龙江、松花江、乌苏里江汇流的三角地带和穆棱河流域，西起小兴安岭，东至乌苏里江，北邻黑龙江，南达兴凯湖。总面积为 $12.5 \times 10^4 km^2$，占黑龙江省面积的 27.2%，平均海拔 100～200m，地理区位位于 N43°49′55″～48°27′40″，E129°11′20″～135°05′26″之间。主要行政区划包括：鹤岗市区及萝北县、绥滨县；佳木斯市市区及桦南县、汤原县、桦川县、富锦市、同江市、抚远市；双鸭山市区及集贤县、宝清县、友谊县、饶河县；七台河市区及勃利县；鸡西市鸡东县、虎林市、密山市。

黑龙江松嫩平原主要位于黑龙江省中西部，包括黑龙江松嫩低平原、高平原和嫩江流域上游山地，总面积为 $16.4 \times 10^4 km^2$，占黑龙江省总面积的 35.7%，平均海拔高度 100～200m，地理区位位于 N43°48′—49°10′，E122°05′—128°37′之间。黑龙江松嫩平原区域现辖 30 个县市，主要包括：哈尔滨市市区，木兰、呼兰、宾县、五常、阿城、巴彦和双城；西部城市齐齐哈尔市市区，讷河、拜泉、依安、富裕、甘南、克山、龙江和泰来；大庆市市区，肇源、肇州、林甸和杜尔伯特蒙古族自治县；绥化市市区，望奎、青冈、海伦、肇东、明水、兰西、安达、绥棱、庆安。

二、地形地貌

黑龙江三江平原地区是黑龙江省的三条主要河流多年冲击而成，这三条河流是松花江、乌苏里江和黑龙江。在这一区域中，存在着面积非常广域的沼泽地区。这一地区被部分山脉所包围，在该区的西部坐落着小兴安岭的一条支脉——黑山，该地区南部环绕着完达山的支脉——分水岗，在该地区的东部环绕着该区的主要山脉——那那丹哈达岭。从地址构造上说，这一地区的地质构造属于新生代内陆断陷层。这一地区的平均海拔不是很高，一般为 40m～55m，最低的地势一般在海拔 5m 左右，且主要坐落在黑龙江抚远市的周边地区。这一平原的主要走势为东北向西南，总体的坡度为 0.1 度。区域内河流分布比较丰富，河漫滩区域较广，除了上面提到的三条主要的河流外，还有很多小河流、支流和一部分沼泽性的河流。

黑龙江松嫩平原地区大部分被山脉所环绕，包括西面的小兴安岭、北面的张广才岭、东面的长白山，这个地区与南部的西辽河平原相望，其基本的地形为半封闭式的盆地，延缓的方向为从四周向中间倾斜。松嫩平原根据地质形成的形态和形成原因，可以分为三个地形，即东部地区比较高地势的平原、中部地区比较低地势的平原和西部地区的山区前锋的倾斜平原地带。这一地区的地势高差大概在 20m 左右，最高地势为 40m，最低地势为 15m，而且该地区由于强烈的侵蚀作用，形成了很多沟壑。总体的趋势是低平且开阔，部分地区稍有起伏。在松嫩平原地区，有不少的湖泊和松花江、嫩江的支流，它们组成了该区域的水源分布。另外，在大庆、杜尔伯特等地，还有为数不少的盐碱地沼泽、湿地零星分布。松嫩平原中部和南部由于地壳和地板的运动地带隆起，逐渐形成风沙地带。由于风沙的堆积，有的地方沙堆高达几百米，也使地势的高差有所增加。

三、气候条件

黑龙江三江平原地区，其气候特征大致属于温带，气候属于湿润半湿润的大陆性季风气候。冬季较为寒冷，在西伯利亚高气压团的控制之下，气温极其低且寒冷，而且冬季空气干燥，降雪量一般也不少，各个年份不等。夏季相对比较凉爽，受到副热带低气压的海洋气团的影响，降水量丰沛，气温也较高，但是炎热的时间相对较少，日照时间比较长，适合植物的种植与生长，洪涝灾害发生较为频繁，河流淤积堵塞会导致洪水发生，而地表植被的不断破坏也时常造成泥石流的发生。春秋两个季节时间相对较短，主要是冬天和夏天交替为主，气温的变化比较大。这一地区的气温，平均为 1.6℃～4.8℃，极端的最低气温能达到零下 52℃，极端的最高温度能达到 39℃，年积温 2 600℃～2 800℃，无霜期一般为 95～123 天。在农业区划的安排上，这一区域属于温良作物的种植区域，适合一年一熟的农作物，优势的作物主要有玉米、大豆、小麦、水稻等。

黑龙江松嫩平原地区地处太平洋西岸，处于中纬度欧亚大陆的地区包围之中，与寒冷的西伯利亚地区相邻，从南至北跨越中温带和寒温带，这一地区的气候属于大陆性季风气候。冬季最冷的气温出现在 1 月份左右，为 -31℃～-15℃。夏季相对比较炎热，温度也比较高，平均气温在 25℃左右，最高能够达到 41℃，气温随着季节出现的高低变化比较明显。这一地区的无霜期能够达到 135 天左右，降水的分布也比较有规律性，夏季多雨，春季降水量不多，占到全年降水量的 5%～17%，很容易发生春旱且经常发生。在降水的分布上，呈现明显的季节分布。最大年降水量是最小年降水量的 3～5 倍，东部地区一般降水量为 550mm～750mm，蒸发量为 850mm～1 100mm，这也就是该地区西旱东涝的原因。这一地区的相对湿度为 55%～65%，与降水量的分布基本一致。

四、水文资源

研究区域内江河湖泊众多，有乌苏里江、黑龙江、松花江、嫩江和绥芬河五大水系，现有大小湖泊 640 个、在册水库 630 座，水面达 80×10⁴hm²。有牡丹江、兴凯湖、五大连池、扎龙、连环湖、镜泊湖、莲花湖等，水资源较丰富，年降雨量 70% 集中在农作物生长期，雨热同季，生物生长环境良好。

五、社会经济

黑龙江两大平原农业综合开发试验区是我国黑土资源的主要分布地区，位于黑龙江省腹地，包括 11 个市的 51 个县（市、区）和黑龙江农垦总局 9 个管理局的 114 个农场，面积 $28.9 \times 10^4 km^2$，占黑龙江国土面积的 63%。人口 2 367 万人，其中城镇户口的人口 1 356 万人，城镇人口比重为 57.34%；乡村人口 1 011 万人，乡村人口比重为 42.66%。该区域农业资源富集，耕地面积 1.62 亿亩，占黑龙江省 2 亿亩的 80% 以上；2012 年粮食产量 521.5 亿 kg，占黑龙江省年粮食产量 756 亿 kg 的 90% 以上，占全国年粮食产量 5 395.5 亿 kg 的 8.8%，是我国重要的粮食主产区和商品粮生产基地。

森林资源：森林资源较为匮乏，两大平原地区森林覆盖率为 12.3%。

矿产资源：以煤炭、木材、石油化工、机械为重点，组成了门类齐全的工业体系，工农业产品有重型机械、大型水力和火力电站全套设备、电机、精密机床、量具、仪表、石油、刀具、焦炭、亚麻、机车车辆、原煤、木材、毛纺织品、甜菜糖等。

湿地资源：天然湿地 $434 \times 10^4 hm^2$，占黑龙江省土地面积的 9.18%。具体分布为松嫩平原 $78 \times 10^4 hm^2$、三江平原 $156 \times 10^4 hm^2$、小兴安岭和东部山区 $115 \times 10^4 hm^2$、大兴安岭 $85 \times 10^4 hm^2$。按照类型可划分四大类，即湖泊湿地 $43 \times 10^4 hm^2$、河流湿地 $46 \times 10^4 hm^2$、库塘 $13 \times 10^4 hm^2$、沼泽和沼泽化草甸湿地 $332 \times 10^4 hm^2$。目前黑龙江省拥有扎龙、洪河、兴凯湖和三江四块国际重要湿地。

第二节 林业建设体系研究理论基础

一、生态林业理论

生态林业，从其定义来说，主要就是指其生长、经营以生态发展为主，同时遵循生态经济学相关理论而建设的林业。其在发展的过程中，以利用自有的资源为主，并充分利用这些资源，其最终的目的就是为人类的发展和生存提供良好的生态环境，促进可持续发展。生态林业的特点是功能多、目标广、层次丰富、成分多，同时其构成和组成也是科学合理的，是一个开放循环的、具有动态平衡功能的、规模庞大的生态经济系统。关于生态林业的发展问题，需要根据实际的情况来分析，也就是以适地适树为原则，以因地制宜为发展方针，根据地形和区位特点采取不同的经营方针和发展措施。在地形崎岖的山区，要采取综合性的发展策略，但要以林为主，而且根据区域内的优势资源，朝着品种多、层次明、精加工的方向发展林业加工体系；而在林业资源相对丰富的区域，就需要根据实际的情况，以育、养、封为主，并与造林结合，以轮造、轮封、轮养的办法，实现林业发展的长远目标，同时兼顾现实经济利益，这样做的最终目的就是不断地改善林业的综合生产的能力，发挥森林应有的生态效益；提高森林调节生态环境的整体功能；提高系统内各资源的单位面积产量，缩短生产周期；确保资源的永续利用，达到动态平衡；协调同有关各行业的互利关系，维护生态功能与经济效益的同步性。

（一）生态林业的内涵

在我国 20 世纪 80 年代初期，学术界已有生态林业的萌芽。由于生态林业是一个全新的概念，所以尚处于探索和起步阶段，国内外的专家对此认识各有不同，因此，还没有公认的生态林业定义。

美国是西方发达国家中在生态农业方面起步较早的国家之一，到目前为止，已有 80 个以发挥林业的生态效益为主要目的而建设的农场。这在发达国家也是为数不少的了。但是比较遗憾的是，在美国对于生态农场的研究并没有形成一个专门的方向，也没有专门的部门和人员进行研究。与此同时，一些研究人员还认为，生态林业不应该属于林业的范畴，按照其建设的目标应该属于生态经济学的范畴，建设生态林业的最终目的是最大程度地发挥森林的生态效应，达到与其他生物群落尤其是我们人类的互动。众所周知，森林对于地球的生态运转具有非常重要的作用和地位，也是各个生物群落所赖以生存的基础，我们人类也不例外。人类在森林千万年的发展过程中，一直发挥着非常积极的作用，直到科技发达的今天，经济不断进步和发展，而与此相伴的是，各类资源，其中也包括森林资源却不断消亡，且森林的经济价值在林业生产中的地位和作用没有引起研究人员的重视。从其自身的生态角度和经济角度来看，这两个系统已经很复杂了，有很多奥秘还没有被人类所揭示。生态经济的系统并不是简单的"生态＋经济"，这是一个"1＋1＞2"的系统，具有极其复杂、精密的特点。

理论界关于生态的林业的研究有不少的观点和著作，笔者经研究，将生态林业的相关观点总结如下：

（1）生态林业的概念。生态林业应该是根据生态经济学进行的相关研究，以此为基础，以研究区划内的自由的、优势的自然资源为内容，在林业发展取得林产品的过程中，也考虑其他生物群落，尤其是涉及人类的生存和可持续的发展、提供人类生存所依赖的生态环境的生物群落，这样的林业生产系统称之为生态林业。

（2）生态林业的目标。生态林业应该把林业也就是森林作为主要的研究对象和经营的对象，采取直接或是间接的经营与管理，以系统的观点和方法来分析这个系统的运作过程，并且以生态学的原理作为林业经营的指导，且与经济管理的相关理论融合，最终的目标是达到林业生产的最优配置与优化。

（3）生态林业的内涵。生态林业概念很广泛，包含内容很复杂，除了自身的生产外，还包括农业内部的农林牧副渔的各个方面，并且按照每个行业各自所经营的主要对象的特性，以生态学理论为指导，根据各行业的不同的生存环境研究其生态构成，进行自由配置，最终实现生物质能源和其他能源的循环利用，以实现三大效益的有效融合与发展。

（4）生态林业与经济学。经济学的研究人员也逐渐深入到林业研究中，主要关注的就是林业的生态学特性，并与经济理论相结合，指出林业应该以经济学、生态学这两个原理为指导，按生态规律优先原则，在所处的区划内最终建立一个林业发挥主导作用的、综合性的、能够达到良性循环生产的林业体系，发挥出生态效益，达到经济效益的目标。

（5）生态林业的发展方向。生态林业应该以生态学的理论和生态经济学的理论为指导，以生态和经济的复合系统运行规律和发展要求为目标，实施综合性的林业经营措施，充分发挥出生态、经济、社会效益，并使之协调发展，在这过程中提高综合生产能力，达到经营者的经济目标，最终实现各个生态群落的可持续发展。

从以上研究学者和研究人员所关注的内容和研究的角度来看。对于生态林业的认识并不是完全相同的，但这其中还有些相通的地方：

（1）目标。对于生态林业发展的目标，以上这些研究基本相同，即通过生态林业的建设和发展，逐步提高林业发展的活力，丰富林业发展的内容，使林业脱离现在的"三危"困境，并最终建成一个有我国特色的林业体系。

（2）原则。关于生态林业建设的方法和运行的原则，以上的研究都集中到一个理论，即系统学上，把生态林业看作一个系统，同时看做是处在全球系统中的一个子系统。在林业的发展过程中，应按生态学的原理要求，充分发挥林业的多重效应，尽最大可能满足生态、经济、社会三大效益的需要和要求，实现三者有机统一、多层次的能量和物质的有机统一与循环往复利用。

（3）形式。关于生态林业的建设方式和生产方式，以上的研究都是以林业作为主体，作为物质的承载者进行研究，以林业的立体层次进行开发，实现综合利用，达到长期利用，以经济为先导，最终实现多种效益的融合发展。

（4）指导思想。关于生态林业的指导思想研究，从以上研究可以看出，研究者关于生态林业的指导思想一般都集中到生态学、生态经济学的原理上。

（二）生态林业的特性

根据上面的研究和分析，可以总结出生态林业具有以下几个特性：

1. 将森林作为发展的主体 生态林业的发展和进步都是以林木作为其物质的承载者，其发展也以森林作为主要内容，同时还把农业中的种植业作为运行和发展的基础，把林业的生产与加工作为主要的发展方向，是一个复合的发展体系。

2. 发展具有多个目标，组成包括多种成分 生态林业的发展不仅仅是以生态效益的发挥作为唯一的目的，还有物质的和利益上的追求，所以，最终是要达到生态效益、社会效益、经济效益的有效融合，以人类可持续发展，资源永续利用为目标。生态林业是由多重生物群落所组成的，是一个层次丰富的生态系统，具有生物成分多样化的特点，只有这样才能充分发挥生态林业的生态效应，促进多个群落共同发展、可持续发展。

3. 建设和发展呈现立体组合 生态林业的建设和发展，主要是森林系统的各个子群落分别从水平的方向和垂直上下的方向，进行立体的配置与组合。根据适地适树的原则配置相应的树种与物种，不同的物种实行交叉错落的运行与布置，就能把各个有价值的群落按照层次进行立体布置与安排。这样做的另一个好处，就是达到生物的多样性，而且能够有效避免各类灾害的发生与蔓延，进一步节省生物防治的成本，实现物种的可持续融合发展。

4. 生产经营和发展的综合性 生态林业的发展和经营过程涉及生态系统内的各个组成部分，除了林业生产经营外，还有农业的种植业、畜牧业的发展，轻工业的发展，商贸服务等，其发展的目标是能够达到系统内各个组成部分的利用与发展，做到各业并举。

5. 发展林业的高效性 生态林业的建设和发展，能够有效地将林业的生态效益、经济效益和社会效益充分有机融合，也是人类史发展过程中，对于林业的研究、比较、优化的最优的生产模式，实现林业资源的有机组合和高效发展，依靠先进的科技，实现对森林系统的有序有效利用。

（三）生态林业理论在本文中的运用

黑龙江两大平原农业综合开发试验区生态林业的建设，就是要在这一区域内，充分发挥林业与其他各业的合理关系的优势，使得林业的经济效益、社会效益和生态效益充分发挥出来，综合利用各物种的关系，不断提高产出率、降低成本。

在系统的设计和运用上，以整体性为要求，充分发挥各行业的协调效应，以系统学为基础，科学安排林业与其他行业的关系和布局，充分发挥当地的优势，利用当地的优势资源，坚持农林优化结构的生态系统。

二、区域经济学理论

区域经济学具有很悠久的发展历史，它是伴随着人类社会经济的发展而产生、发展和不断进步的。区域经济学的发展可以从 19 世纪的区位理论开始算起。人类社会发展到 20 世纪初，在部分开始工业化的资本主义国家，一些发展较早的工业区，其发展的潜力与速度开始不断下降，这些地区的经济也不断衰退，而在另外一些新开辟的区域经济则迅猛地发展着。因此，两类地区的发展不平衡问题，逐渐引起了研究人员的注意。当时就出现了以某个工业区的经济衰退为对象的研究，并逐步形成了区位理论的前身。伴随着人类的发展和进步、经济联系的不断加强，区位理论变得不合时宜，需要在更大的范围内研究经济发展问题，也就出现了对区域经济的理论研究。

（一）发展极的理论

在 20 世纪 90 年代中期，区域经济学的研究人员，也是法国著名的经济学家弗朗索瓦，根据法国当时一些地区经济逐渐衰退，而另一些区域经济发展却异常迅猛的现实，经过研究，逐渐提出了区域经济学的发展极理论。弗朗索瓦发现，由于一些区域经济衰退，这些区域的经济企业或是部门经营逐渐退出，其所拥有的资源或是财产，逐渐被经济发展迅猛区域的企业或是部门兼并收购，这样就形成了新的经济发展区域，他称之为经济发展的极。这些发展极的出现，对于区域经济的发展甚至整个国家的经济发展，都有着很深的影响作用。这些发展极能够影响极其广阔的范围和地区，有着巨大的扩散效应，而且这些区域之间的联系也越来越紧密和不可分割，进而形成很多经济发展极。

这些发展极从事着不同的生产活动或有着不同的工作内容，根据他们的工作内容和经济活动，可以把发展极划分为两个类型：一个类型是发展极成为吸引中心。吸引中心的意思，就是以所在的发展极，也就是所在的区域作为中心，把发展极或是区域周边的资源，乃至其他区域的经济资源吸引到本区域内，逐渐形成力量更为雄厚的发展极。这样一来，可以实现规模效应，不断提高经济水平，促进科技进步；另一个类型是发展极成为扩散中心。发展极作为经济发展的动力区域，不光具有将资源吸引过来的能力，同时也具有把资源向外输出和扩散的能力，会把优势的资源和先进的科学技术向发展极以外的地区，尤其是其周边区域不断输出，周边的居民也会开始模仿发展极的运作模式。这些模式不断复制的过程也就是资源向周边地区扩散的过程，也不断促进周边区域的经济进步和资源的开发与聚合，有可能形成新的发展极。

（二）经济增长的理论

经济增长的理论也是区域经济学的主要理论组成内容。区域经济学的经济增长理论，主要是在区域经济发展极理论基础上发展起来的，认为在发展极出现后，随着去内生需要的增长，这一区域的经济增长逐渐成为自然、经济和社会的融合发展，这些内容相互促进，产生交互作用。但是，在区域经济的发展过程中，增长也不是自发的，也存在着很多的影响因子：

1. 区域间和区域内的贸易活动　区域与区域间，或者说发展极之间的贸易活动，可以促进区域的经济发展，有的时候能达到几何级的发展速度，这些贸易活动可以使不同区域的经济不断发展，使得社会总产品乘数地增长和发展。

2. 区域内的劳动力要素　人是劳动力中最为活跃的因素，也是劳动力中处于第一位的因素，生产力的发展很大程度上就缘于劳动力。在区域内也是如此，一个区域的劳动力越丰富、劳动力的素质越高、劳动力掌握的科技水平越先进，则该地区发展的速度也就越快，其发展的潜力与持续的时间也就更长；反之，如果一个区域的劳动力素质很低，或者是劳动力资源很少，则该区域的经济发展会受到制约，最终导致资源流向其他发展极。

3. 区域内的自然立地条件　一个区域如果拥有丰富的自然资源，也就是说立地条件非常好的话，那么这个区域的发展速度和发展潜力是很大的。马克思曾把自然条件的属性作为生产率发展的主要基础，认为自然资源的差异导致了各区域劳动生产率的不同。

4. 区域内的科学技术　经济的发展促进了科技的不断进步，反过来，科技的进步也促进区域经济的快速发展。有的时候，科技的因素在经济的发展中，居于主导的地位。正如邓小平同志所说的，科学技术才是第一生产力。

5. 区域内的资金　区域的经济增长，或是区域发展极的形成，在很大程度上是资金的不断积累促成的。没有资金的积累与作用，区域经济的发展无从谈起。资金对于经济的发展具有重要的作用：可以有效地增加区域的经济产出能力和水平，可以保证社会再生产的进行。

（三）二元经济的理论

对于二元经济，有很多的学者和研究人员进行了关注，如美国经济学家刘易斯、费景汉、拉尼斯等，都有过很多的研究和论著来谈论二元经济的发展对人类社会的经济发展的作用和地位等，也提出了很多的观点和论点。总体来看，他们把二元经济划分为两个类型，即传统的经济类型和现代的经济类型，因此，有关二元观点的区域经济学也成为两部门的区域经济学。

区域经济学中的二元经济学观点，主要是通过各部门所从事的物质生产内容分析经济的问题，从某种程度上来说，与把经济分成传统农业和现代工业的分析问题的方式有点相似。在二元经济学看来，经济部门主要分为两个子部门，这两个子部门间有很大的差异和不同。现代工业以先进的科学技术来装备，同时也兼具资本密集型和技术密集型的基本特征，其生产效率很高，属外向型，具有很强的开放性。另一方面，传统的农业部门，继续延续落后的生产方式，采取以人力资源集中为主的生产方式，科技含量、生产效率低，经济的循环主要在内部完成，是自给自足的，没有与外界交换的过程和愿望，所以，具有很强的封闭性属内向型。

区域经济学的二元经济学认为，两部门的存在，及其相反的属性，即一个外向型一个内向型，使得这两部门很难进行沟通和融合。较为先进的现代产业，具有先进的生产要素、先进的科学技术和充足的资金保障，这些先进的生产要素由于传统农业部门存在着严重的封闭性，而无法流动至传统农业部门内部，也无法促进其发展。传统农业部门因自给自足，断绝了与外界的往来和物质交换的机会，内部充斥着因循守旧、墨守成规，生产效率相对较低。二者之间无法沟通和交流，也造成了区域间经济的发展不平衡和落后区域的存在。

（四）区域经济学在本文中的运用

根据区域经济增长理论的要求，黑龙江两大平原农业综合开发试验区生态林业的发展受到多种因素的限制和影响，其中有正向的促进因素，也有反向的阻碍因素，在这些因素的共同作用之下，区域内的生态林业建设也艰难地进行着。这其中也存在很多的问题，如劳动力即农户的文化素质不高，科技支撑的力度不够，资金投入不足，林业产业弱质化等。

与此同时，黑龙江两大平原地区属于农业（种植业）为主导产业的区域，该区域有先进的生产要素存在，也有与区域外进行贸易和交换的潜在需求。传统的农业部门，主要存在于第一产业的粗放的生产方式中，这也是造成农户收入较低的因素；在哈大齐工业走廊地带，先进的工业生产部门为地方经济的发展带来巨大的动力，两部门的融合与发展涉及二元经济的理论。

发展极理论在黑龙江松嫩三江平原的运用，与二元区域经济学不无关联。在这一区域中存在着经济发达的区域，形成了经济发展极，也存在经济落后的区域。先进的发展极区域的发展模式影响着落后地区的经济发展模式，资源和相关要素也不断向这些发展极流动和聚集。

三、生态经济学理论

随着人类经济社会的发展，各国对于各自生态环境的关注度不断提高，相关的专家和学者对于生态环境的问题研究不断丰富和深入，形成了很多理论和观点。世界自然基金委员会的一份报告指出，在过去的几十年当中，在人类发展经济、改善生存和生活条件的同时，我们所赖以生存的自然生态环境不断地遭到破坏，生态质量明显下降，生命行星指数下降了35％，人类活动对于地球所产生的压力也随之增加了一倍，这大大超过了地球生物圈各类生物资源再生的速率。生态环境问题已经超出了区域的界限，逐渐成为全球性的热点问题，影响着全人类的可持续发展，也成为当代生物学的研究重点，环境问题也逐渐演变成国与国之间、区域与区域之间矛盾的焦点。

生活经济学是从经济学角度研究生态系统和经济系统所构成的复合系统的结构、功能、行为及其规律性的学科，是生态学和经济学交叉形成的一门新兴学科。主要研究内容有：生态—经济系统的结构、功能和目标；经济平衡与生态平衡之间的关系及其内在规律；经济的再生产与自然的再生产之间的关系和规律；人类在生态—经济系统中的各种经济活动同时带来的经济效益和生态效益的相互关系；人口、资源、能源、生态环境、城乡建设等问题之间的内在联系；防止环境污染，恢复生态平衡的投资来源及效果评价等。研究主要内容包括：一是基于经济系统和生态系统的矛盾运动；二是突出人类经济社会活动与生态环境的协调和可持续发展；三是力求揭示经济、生态、社会和自然组成的大系统的内在联系和发展规律，探索内部各子系统之间和谐发展的途径。

经济学家康世坦（Robert Costanz，1978）认为，生态经济学是一门在更广范围内讨论生态系统和经济系统二者之间关系的学科，主要强调人们的社会经济活动与其带来的资源和环境变化之间的相互关系，强调经济学和生态学的相互渗透、相互结合。国内不少学者也对生态经济学进行了定义。王松霈（1992）提出，生态经济的研究主体生态经济系统是由生态系统和经济系统相互作用、相互交织、相互渗透而形成的具有一定结构和功能的复合系统。王东杰等（1999）认为，生态经济学是研究生态经济系统中生态系统与经济系统之间关系及其规律的科学。季昆森（2001）认为，生态经济学是从经济学角度，研究由社会经济系统和自然生态系统复合而成的生态经济社会系统运动规律的一门科学。此外，张明军等（2006）认为，生态经济学应包括三个方面的内容，即保证经济增长和生态环境的可持续性；基于复杂系统的角度研究生态经济问题；实现经济系统和生态系统协调发展的最理想模式。

（一）生态经济学理论的基本内容

生态经济学，从理论从属上来看，属于经济学的一个分支，同时也是生态学的一个组成部分。顾名思义，生态经济学就是研究生态学和经济学的科学，研究的主要内容是两个学科之间相互制约和相互促进的作用。生态经济学所涉及的生态系统，主要是指系统所涉及的各种生物、生物所赖以生存的环境，以及他们二者所构成的整体系统。研究人类的经济活动与生态系统之间的相互关系，也就是研究人类自身所从事的各类生产和生活活动，以及人类的活动与其赖以生存的环境之间的关系。

生态经济学的研究人员，从人类的生产生活的活动及与周围环境的关系出发，把经济学的理论与生态学的理论结合在一起，主要的研究内容就是生态经济学的规律、生态系统的平衡问题，人类活动及与生存环境的关系等问题。同时，对于生态环境的管理从宏观层面进行研究，并结合数学模型，为生态系统的健康发展、人类经济活动的获利建立模型，研究共生共进的发展方式。其研究的核心内容，是围绕如何在确保人类经济活动开展的同时，也保障生态环境的不恶化，为生态环境的改善提供理论支撑，为政府进行决策提供相关的方法论支持。

生态经济学到目前为止仍然是一门新兴的学科。虽然早在19世纪，一些经济学家如马尔萨斯（T. R. Malthus）、约翰·斯图亚特·穆勒（J. S. Mill）、圣西门（Henri Saint-Simon）、马歇尔（A. Marshall）都对人类的经济活动与人类赖以生存的生态环境之间的关系进行了研究与探讨，但是，对于这个问题的更深层次的关注与研究，仅于20世纪40年代中期开始。尤其是进入到经济飞速发展的现代时期后，自然环境遭到了破坏，生态环境的问题也前所未有地严重，对于这个问题的研究也越来越热。根据研究的内容，可以把生态经济学分为一般性的生态经济学和部门的生态经济学。部门的生态经济学，其研究的内容是一定区域内的生态经济发展情况，相对范围较窄，内容也比较具体；一般的生态经济学，主要侧重理论研究，从整体上对生态经济的问题进行综合性的研究，所以也叫理论生态经济学。

生态经济学中有关于林业的研究，根据其研究的内容来看，应该属于部门经济学的研究范围。张建国指出，有关森林研究的生态经济学是现代林业发展进步的理论基础。森林生态经济学认为，森林的生态系统与经济的生态系统是有机统一而又不可分割的，是一个整体；对于经济系统的研究发现，经济活动是一个相对开放的体系和系统，开放的同时也受到了自然等非经济的因素影响，并且反过来，经济活动也影响这些因素的发展。由于传统的经济学没有涉足对森林的核算与效益的评价，或是没有看到其重要性，所以，生态经济学对于传统的经济学的核算方法与计算体系进行了改革。生态系统的供给，受到所承载的资源限制，提供的生态产品和生态消化能力也是有限的；因此，人类在生态系统中的活动也应该是受到限制和有限制的，不能无限制地开发资源，尤其是那些不能再生的资源。基于以上的观点，可以认为，生态经济学的主要目标就是处理人口、资源、环境的相互关系，利用森林生态系统本身的和外在的效用，达到长期和近期利益的结合，并最终取得森林的生态效益、经济效益和社会效益的有机统一。

（二）生态经济学的主要特征

1. 内在联系互动性　生态经济包含了对整个生态的研究，也试图用生态的眼光去分析生态危机对经济的反作用。生态系统的整体性与复杂性，不仅说明了生态系统中事物联系的多样性，也肯定了人作为系统中的一部分，对自然的依赖也是多样的，同时人类社会的存在依赖于生态经济大系统中生物多样性的平衡和自我调节作用。所以，人类要用正确的生态观，把握生态系统内部自我调节方式，利用事物之间存在的联系性、互动共生性，达成系统的生态平衡。

2. 区域差异性　经济发展与不同的自然资源和生态条件有着紧密的联系，区域资源禀赋和生态环境的异质性，促成了经济发展和生态经济的特异性。这就要求在每一个国家，甚至是每一个区域内，必须依据具体情况研究经济发展和生态保护之间的关系，做到因地制宜。

3. 长远战略性　生态经济学考虑的不仅仅是短期的经济效益，而且强调长远的生态效益以及资源配置和自然环境的代际公平性，其研究的生态保护、资源节约、污染治理等都是具有长远战略意义的问题，最终关注的是人类社会的可持续发展。

（三）生态经济学的研究方法

1. 价值方法　在价值之间建立联系，在效用和功能之间建立联系（环境和资源经济学常用的一些外部效用的内部化手段，如排污权交易、意愿调查法、影子价格等）。

2. 系统方法　应用生态模型、空间模型和经济模型，把生态系统的效用和功能的评价联系到各个子系统（如系统动力学、熵值理论分析、系统能量评价、地理信息系统模型等）。

3. 情景分析　管理政策替代，内生参数，系统外部事件和过程的综合考虑。期望的情景模拟是基于系统未来满意的状态。映射或预测的情景模拟是基于对目前状态的自由延伸。

4. 社会评价方法　既能评价经济价值，也能评价多维系统（建立绿色国民账户、投入产出分析等，可持续发展指标体系，生态系统的服务评价，能值评价方法，生态占用）。

（四）生态经济学理论在本研究中的运用

黑龙江两大平原农业综合开发试验区原本也是森林资源丰富的区域，伴随着人类活动范围的扩大、需求的不断增长，这片区域内的森林资源不断减少，多年的开发和农业生产，使这一区域的生态环境不断退化。这一区域需要一条生态、经济和环境能够协调发展的道路，达到可持续发展。

生态经济学的理论对于黑龙江两大平原农业综合开发试验区的生态林业建设具有重要的指导作用。由于该区域的生态环境不断退化与恶化，为实现可持续的发展，必须要在这一区域宣传生态优先的发展理念。只有生态环境改善了，才能谈到下一步的可持续发展，生态林业的建设也是对该区域经济发展的重要支撑和促进。只有对林业进行支持和建设，促进林业的不断恢复和发展，才能使这一区域的经济活动和生态活力不断恢复与发展。

应将生态保护定位为首要因素。黑龙江两大平原是重要的粮食主产区，关系着国家粮食安全保障问题，如果区域内的生态环境不断恶化，粮食生产会难以保障，更谈不上可持续发展。只有不断地改善这里的环境，才能为区域经济的可持续发展提供保障。

四、耦合理论

（一）耦合的概念

耦合是个物理名词，原意是指两个或两个以上的电路元件或电网络的输入与输出之间存在紧密配合与相互影响，并通过相互作用从一侧向另一侧传输能量的现象。概括地说，耦合就是指两个实体相互依赖于对方的一个量度。

耦合按从弱到强的顺序可分为以下几种类型：

（1）非直接耦合。模块间没有信息传递时，属于非直接耦合。

（2）数据耦合。模块间通过参数传递基本类型的数据，称为数据耦合。

（3）标记耦合。模块间通过参数传递复杂的内部数据结构，称为标记耦合。此数据结构的变化将使相关的模块发生变化。

（4）控制耦合。一个模块在界面上传递一个信号（如开关值、标志量等）控制另一个模块，接收信号的模块的动作根据信号值进行调整，称为控制耦合。

（5）公共耦合。两个以上的模块共同引用一个全局数据项，称为公共耦合。

（6）内容耦合。当一个模块直接修改或操作另一个模块的数据，或者直接转入另一个模块时，就发生了内容耦合。此时，被修改的模块完全依赖于修改它的模块。

（二）系统耦合

系统耦合原本是个物理学的名词，现今被广泛应用在农业、生物、生态、地理等各种研究中。任继周在《系统耦合与荒漠——绿洲草地农业系统》中提出：一切系统都是一种结构-功能体，其中结构比之功能较为恒常，而功能虽有一定特征，但比之结构较为多变，其主要原因是能的动态。系统内能的关系为：

$$F = E - S$$

式中：F 是自由能，E 是总能，S 是熵。

在一定的温度下，当能量投入较大而熵恒定时，自由能值增大，自由能的积累可使系统进入非平衡态。自由能增加到一定限度，就成为不稳定的势能，它需要寻找新的出路或通过信息反馈，使系统降低自由能的积累。相反，自由能积累造成的势能，促使生态系统延伸或扩大，在能的驱动下，形成了新的能源、信息及物质循环。这种循环称为超循环，它联通了两个或两个以上的系统，我们称之为系统耦合。

（三）生态-经济系统耦合

赵星在《贵阳市乌当区生态-经济系统耦合关系研究》中认为：生态-经济系统耦合是指运用技术和经济手段在生态要素内部、经济要素内部以及生态与经济要素之间构成生态经济因果关系链的过程。整个耦合过程既是管理过程，也是生产过程。人类这一生物物种的特殊性而形成的经济系统的特殊性，使经济系统对生态系统并非是单纯的依赖关系，而是两个系统相互依存、共生共亡的耦合关系，表现为两个系统之间压力—承载—反馈的互动。

1. 利用系统分析的方法对生态系统进行分析　系统分析是近代数学发展出来的一种分析方法，可用以于深入理解和预测一个复杂系统的行为。一般的做法是：将生态系统中的理化及生物学概念翻译成一套数学关系，对这套关系进行数学运算，然后再把所得结果翻译为实体概念。系统是由若干相互联系、相互作用的组成部分所构成的具有一定功能的综合整体。一台电视机、一个企业是系统，一个细胞、一个生物个体也是系统。而一个特定地区内由各种生物及其自然环境通过能流及物质循环而相互联系共同组成的整体，则为一个生态系统。系统有不同的类别：物质与能量均与外界进行交换的称为开放系统；与外界有能量交换而无物质交换的称为封闭系统；物质与能量均与外界无任何交换的称为孤立系统。例如，一般的生态系统都是开放系统，能量和物质可以自由出入。一个封闭的养鱼缸可看做封闭系统，太阳能输进，热量输出，但没有物质交换。系统可由若干个子系统组成，子系统又可由若干个更小的系统组成。这样，系统便构成了等级组织。每个等级常有各自独特的行为模式，因此在研究某一等级的行为模式时，并不一定要完全清楚它是怎样由下一级更简单的亚成分构成的，可以直接通过该等级的输入和输出关系来进行研究。例如，要描述细胞生理学，并不一定要完全知道细胞的化学组成。

2. 系统的数学模型　数学模型是模拟真实现象的公式。当然，模型不一定是数学的，也可以是文字或图表的。但若要对系统行为作出较好的定量预测，数学模型还是十分必要的。模型是真实世界的抽象，但它不等于真实世界。R.莱文斯（1966）曾指出衡量模型的3个标准：真实性、精确性和普遍性。所谓真实性，就是指模型的数学陈述是否符合生物学的实际；所谓精确性，就是模型预测的数值与建模所依据的实际数值的差异程度；所谓普遍性，就是模型适用范围的广度。一个模型很难做到同时符合这三个标准。不能把一个系统的数学模型与它所描述的复杂的生物系统完全等同起来。R.莱文斯（1966）指出：如果这样，可能要同时建立上百个偏微分方程，而且某些方程具有时滞，并要测量上万个参数。于是，在分析时至少会遇到下面三个困难：①要测量的参数太多。②方程不能用于分析求解，即便使用计算机，运算量也超过当时计算机的容量上限。③方程即使可解，但所得结果受到太多参数的影响，对洞察系统的行为也毫无意义。因而在实际工作中，要根据具体情况而有所侧重，选择最重要的参数和变量。

3. 建立模型的过程　建立模型一般包括下面这些步骤。①确定目标和对象。在开始组建系统模型之前，首先应明确要解决什么问题，并据此划定所研究的系统在时间、空间上的界限和范围。当然这种划定工作不能一次完成，以后还可以发生变动。②选择行为特征和建立自由体模型，首先把每一个分量从系统中单独拿出来研究，这样建立的模型称为自由体模型。例如，要研究农田害虫管理系统，可能包括的分量有害虫、其天敌及寄主植物。由于我们的目标是找到该如何管理农田生态系统，对害虫分量来说，害虫种群数量是应选择的行为特征，因而害虫种群动态模型就是首先要建立的自由体模型。③连接自由体模型，将其组成系统模型。从系统观点看，各分量之间是相互作用、相互依赖的，因此必须把自由体模型按各分量间相互作用的约束条件连接起来，组成系统模型。例如在上例，必须搞清害虫怎样为害寄主植物，怎样受其天敌捕杀，明确其定量关系，才能把三者连接起来构成系统模型。

4. 系统模型的特征分析 无论由理论出发还是从实用目的出发，都需要分析一个系统的特征。例如在管理森林或农田生态系统时，时常需要考虑的一个问题就是系统的稳定性，因为只有稳定的系统才能保证稳产。一个稳定的系统可能在面临天气剧变或害虫侵袭时扰动极小，也可能在发生扰动后极易恢复。前一种称为抗逆稳定性，后一种称为易复稳定性。一般来说，这两种稳定性不并存；稳定的自然环境有利于前者存在，而在不稳定的自然环境中后者更为常见。生态学家早就注意到，一个生态系统的复杂性（常指物种多且分布较均匀，见生物群落）越高，其稳定性也越高。但美国学者 R. W. 梅于 1972 年指出，对生态系统数学模型的研究表明，复杂性的增高反而导致系统走向不稳定。而 K. E. F. 瓦特研究了两者之间关系后，却认为其中没有绝对的关系，有时复杂性导致稳定性，有时复杂性导致不稳定性，要视具体情况而定。

5. 系统的最优化 现代生态学认为，自然选择和适者生存都属于最优化过程。自然选择使物种适合度达到最高。研究生态系统有两个本质上不同的目标：预测系统的行为和控制系统的行为。对后者还可以进一步细分。如果仅通过控制系统的输入来控制系统的行为，这属于最优控制或最优管理问题；如果通过改变系统的参数甚至改变整个系统的结构来控制系统的行为，则属于系统结构的最优化，在生态学中即为生态系统的设计问题。这一问题比生态系统的最优控制更为复杂，也更为重要。无论是生态系统的设计还是最优管理，都必须要有一个目标。在最优控制理论里，最优控制问题可按目标的不同而分为最优目标控制、最短时间控制、最少燃料耗费以及最小经济耗费等。这些问题都可以在生态学中找到相应的应用。20 世纪 60 年代以来，由于环境污染越来越严重，人们在考虑管理生态系统时，不得不考虑生态效应。对农田生态系统来说，目标函数一般概括为下列形式：产量-管理耗费-外部损耗。其中关键因子是外部损耗，它包括环境损耗、病虫害对农药抗性的增加等。

6. 灵敏性分析 包括对模型行为的各种不同的研究。有的学者定义灵敏性为模型参数的扰动对系统状态影响的大小，这些参数包括 3 个变量：①外部的输入变量，如光、温度、雨量、迁入的生物等；②系统内部的代谢变量，如生殖、死亡、呼吸、取食、排泄、迁出等；③物理或生物常数。举一个最简单的例子，假设 $r(t)$ 即净生殖率发生了扰动，那么经过一系列的运算，便可得出对系统状态影响的分析结果，即当种群数量 $n(t)$ 很大时，改变净生殖率 $r(t)$ 对状态变量 $n(t)$ 的影响极为明显，也即灵敏性很高；相反，当种群数量很小时，变动净生殖率 $r(t)$ 对种群数量本身的影响很不明显，也即灵敏性很低。

7. 建立模型的常用数学方法 建立模型的常用数学方法可归纳成三类：第一类是集论和变换；第二类是差分和微分方程；第三类是矩阵代数。用集来描述系统情况的变化是控制论的基础。具有某种指定共性的事物的全体称为某种集（或集合）。可以用一个集来表示一个生态系统，集的元素表示这个生态系统可能采取的若干状态。根据不同的系统状态和输入，可以构造一个状态转移模型来预测系统状态的变化。生态学中最常用的数学模型是微分方程，一般用来描述生态系统物质流或能量流的分室模型是常微分方程组。由于生物现象往往有自然的离散阶段，如昆虫有不同世代与虫龄阶段，因此离散模型也常被使用。此外，对生态系统状态的测量或观察往往是有时间间歇的，所以即使是一个连续时间系统也不能不用离散时间系统的方法来处理。差分方程则是描述离散时间系统最有效的数学工具。差分方程的优点是容易在计算机上实现，所以，很多微分方程为在计算机上求数值解，也必须先化成差分方程。矩阵代数是另一种生态学中常用的数学工具。由于生态系统的状态变量大多是多维的，所以用矩阵来表示十分方便。此外，现在的计算机语言程序都有矩阵运算指令，通过矩阵求解，可以简化计算。

（四）耦合论在林业生态经济社会复合系统中的运用

任继周（1987）认为：两个或两个以上性质相近的系统，在一定条件下，通过能流、物流和信息流的超循环，可以结合成一个新的、高一级的结构功能体，这就是系统耦合，实质是系统之间因果关系的体现。林业生态经济社会耦合系统是由经济子系统、生态子系统和社会子系统耦合而成的复合系统，每个子系统内部及各子系统之间的反馈机制共同维持着整个系统的耦合发展。在林业经济生态社会耦合系统中，林业生态子系统是主体和基础，林业经济子系统是主导，林业社会子系统是支撑体，三者耦合成一个生态经济社会大系统。系统耦合论认为，系统耦合的动力之一是系统各个子系统之间的反馈机制。林业生态经济社会耦合系统是由自然生态系统、产业经济系统、社会人口系统耦合而成，经济、社会、森林生态子系统之间都存在着相互反馈作用，但是反馈的后果是不确定的，关键在于生态子系统与经济子系统、社会子系统的反馈机制能否相互耦合为一个统一的体系，使三者在相互促进、相互制约、相互耦合、互为反馈中向前发展。

五、新制度经济学理论

（一）诺斯悖论

诺斯的新制度经济学对国家（政府）的看法集中体现在其"诺斯悖论"中，这个理论习惯上也被称为"国家悖论"，主要内容是"国家的存在是经济增长的需要，然而，国家又是人为使得经济衰退的根源，所以，国家也是一种强制性的制度安排"。国家的权力是一些个人权利最有效的保护工具，因为国家权力拥有巨大的规模经济效益，它的出现及其存在的理由，也正是为了保护个人的权利，同时节省各种交易的成本；另一方面，国家或是政府的权力，对于个人来说也会造成危害。这是因为权力在侵略和扩张的过程中，主要是依靠侵蚀个人的权利和利益来实现的。

当然，没有国家权力和权威的存在，没有权力的代理人介入，一切财产权利也无法被保护和保障了，财产的确定、保护和实施也就无从谈起了。因此，国家的权力安排也就构成了有效的产权安排必须的条件。所以，基于此可以说国家不存在，个人的财产也就不存在了；但是，国家权力的存在和介入，可能造成个人财产权利的损失，甚至阻碍经济的进一步发展。所以，诺斯悖论也说明，国家是很强大的，有了国家基本没有办不到的事情，与此同时，国家的存在又添了很多的麻烦。

(二) 产权理论

新制度经济学理论的奠基人诺斯，其重大理论贡献之一就是把产权的理论与制定变迁的理论有机地结合在了一起，并形成了新制度经济学产权理论的基础。根据产权制度理论，在目前社会信息成本大、技术和未来不确定等因素约束下，现实世界充满了资源稀缺和竞争行为，要想解决这些实际的问题并且把成本最小化，产权的形式是最有效的途径和办法。在以往的经济社会，人类一直在寻找着各种各样的新技术，但是寻找的进程却是极其缓慢而又不时中断的。探其究竟，主要原因是发展新技术的初衷只是零零散散地出现。

从一般意义上来讲，创新的成果被无代价地抄袭、使用，而发明人或者创新者却没有得到任何的补偿和利益，也就是没有建立起系统的产权制度，就会影响创新、催生机会主义行为。效率高的产权应该是竞争性的或者是排他性的，所以，必须对产权进行明确而精准的定位和界定，这也有助于减少未来的不确定因素，从而降低产生机会主义行为的可能性，提高资源的配置效率，减少交易成本。

各种物资的产权界定不清，会导致机会主义或寻租现象的发生，因此，对于一些欠发达地区的农民产权的界定和保护，对农民利益的维护具有极为重要的作用。例如，对农村土地的问题，我国宪法和土地法都做了明确的界定，规定了农村土地的所有者，但在有些地方执行的时候，产权的主体却很模糊，这也是农民财产性收入得不到大幅提高的主要原因。产权理论的引入，对于农民的财产性收入具有很大的促进和提升作用。

(三) 制度创新理论

关于制度的含义，在新制度经济学中有多种理解与规定。早期的美国传统制度主义经济学家凡勃伦在为制度下定义的时候，基本沿用了以往的多数人既定的思想范式。而诺斯却认为，制度为我们人类的经济发展提供了相互影响的框架，或者说一种经济秩序的合作与竞争的关系，是一系列被制定出来的秩序、规则、传统行为、职业道德和伦理规范的统称。我们制定这些制度的主要初衷，就是约束主体的福利或使其利益最大化的一些个人行为。汉弥尔顿则认为，现存大多数的正式制度，可能是刻意设计的，而大多数的非正式制度则可能是无意行为的结果。非正式的规则或者强制性的习俗，也可分为道德规范和社会规范，道德规范主要通过自我的强制来实施。韦特对于制度的认识另有观点，他认为制度主要源于个人样式演化和协议样式演化，这两者都是自发的，但强制样式的演化应该是刻意设计的，因此，在某种程度上来说，两种演化的性质也都存在。

关于创新的概念及其理论，最早是由熊彼特及他的《经济发展理论》所阐述的。在书中熊彼特把创新分成了产品创新、技术创新、组织创新、市场创新。经济学家诺斯和戴维斯在他们撰写的《制度变革与美国经济增长》一书中，对熊彼特的创新理论进行了继承与发扬，同时还研究了制度变革的主要原因及其发展过程，最后提出了制度创新的一般模型，这就进一步补充和发展了熊彼特的创新理论，还提出了制度创新的学说。在新制度经济学中，制度创新的主要内容包括以下几个方面：

（1）制度创新的主要组成部分。包括产权制度创新、组织制度创新、管理制度创新、要素制度创新。

（2）制度创新的形式。制度创新主要是那些能够给创新者带来追加的利益，且面对现行的各种制度进行变革的主要措施以及对策。

（3）制度创新的内容。制度创新不仅仅包括对组织根本制度的变革，也涵盖了一些在根本制度确定前提下，具体的运行模式的转换。

（4）制度创新的实质。从一般意义上来讲，主要是指制度的主体，建立新的制度，用来获得额外的利润。这其中主要包括：组织与其环境之间相互关系的持续变化；特定组织的行为变化；组织在一种环境中支配的行为及相互关系的变化。

（5）制度创新的原因。在现有既定法制程序下和规范行为准则下，执行中的制度供给主体的供给出现不足，从而扩大了制度供给所能获取的潜在利益的行为，进行导致需要制度创新。

（6）制度创新的过程。制度创新是一种逐渐演进的过程，主要指制度的替代、交易、转化过程。

（四）新制度经济学在本文中的运用

诺斯悖论的引入，对于分析黑龙江两大平原农业综合开发试验区生态林业农民增收问题具有一定的借鉴意义。国家能够保护农民的利益，但有时候不可避免地或多或少会损害农民的利益。所以，对国家（政府）行为的研究，在破解黑龙江平原地区农民增收问题上有一定的实际意义。

产权理论为研究黑龙江两大平原农业综合开发试验区生态林业资源权属问题提供了理论支撑。深入分析平原地区林业资源权属问题，可有效解决平原地区林业投资及可持续发展的问题。而制度创新理论的引入，为黑龙江两大平原农业综合开发试验区生态林业继续发展提供了制度建设支撑，科学的制度制定可大大提高资源的利用效率与发展效果。

本章主要对论文的研究范畴进行了界定，研究范围界定在黑龙江两大平原农业综合开发试验区内生态林业建设和发展问题上，对研究区划的情况进行了介绍与阐述。对区域经济学理论、新制度经济学理论、生态经济学理论、生态林业理论的介绍与应用，为课题的分析研究提供了重要的理论基础。科学合理的理论基础确保了问题分析的针对性与准确性。

第三章　试验区生态及林业概况

本章主要对黑龙江两大平原农业综合开发试验区生态现状、林业资源现状进行了调查、统计与分析，并对试验区生态林业存在的问题进行了分析与阐述。

第一节　试验区生态环境存在的问题

黑龙江两大平原农业综合开发试验区的生态环境，主要是指影响农业生产的客观自然环境，主要因素包括土壤、耕地、水资源以及森林资源等。伴随长期开发与农业生产，试验区农业生产环境、生态环境不断退化，相关因素指标不断下降，影响了该地区持续发展，制约农业生产与现代化农业建设的进行。

一、耕地质量下降

（一）水土流失现象加剧

在 20 世纪 80 年代中期，黑龙江省第二次土壤普查资料显示，黑龙江松嫩平原、三江平原的土壤有机质含量大于 4% 的耕地有 $627 \times 10^4 hm^2$，到 2012 年，已经急剧减少到 $348 \times 10^4 hm^2$，与原来相比减少了近一半。截止到 2012 年，黑龙江省水土流失面积已经达到 $1\ 441 \times 10^4 hm^2$，几乎占到了黑龙江省土地面积的近四分之一。在对流失水土的统计中，水蚀的面积占到 80%，超过了 $800 \times 10^4 hm^2$。这些水土流失灾害发生的地点，主要集中在松嫩平原地区，如哈尔滨、齐齐哈尔、绥化等城市。

（二）黑土资源大量流失

据黑龙江省土地管理局调查，自 20 世纪 50 年代开始，开垦时间达到 20～30 年的耕地，黑土层的厚度由开垦前的 30～40cm 减少到了 10cm，水土流失严重的地块已露出黄土。开垦达到 40～50 年的黑土坡耕地，有机质含量降低了 30%～50%，土壤酸含量下降了 70%，黑龙江省耕地中的有机质含量以每年 0.1%～0.2% 的速度递减。开发时间较长的耕地，土壤的有机质含量由 8% 下降到了 2%～4%，开发时间短的土地的有机质含量一般为 3%～5%。水土流失问题，是导致土壤肥力迅速下降的重要原因。

（三）土壤有机质含量不断下降

受到水流的侵蚀，土壤表层营养土不断流失，加之农业生产常年汲取土地营养，很少施用有机肥料，导致土壤的养分不断流失，造成整体土质下降。土壤的有机质含量由开垦前的 12%～15%，不断下降到 3%～9%，土壤的容重由开垦前的平均 1.2 岁增长到 1.3 岁。富含有机质的黑土层也不断减少，从有记录的 1982 年的 $2.15kg/m^3$，减少到 2010 年的 $1.96kg/m^3$，氮元素的自然供给能力下降了 30% 左右，仅为 55%。平均每年受侵蚀的表土达 0.3～0.7cm，流失肥沃表层土壤 2.5～3.0 亿 m^3，流失氮磷钾等营养元素120～

240×10^4 t，平均每亩流失的表层土壤面为 $25m^3$，流失氮、磷、钾元素 $20\sim41kg$。2012年统计数据显示，位于松嫩平原西部的齐齐哈尔市，水土流失面积为 $2\,000\times10^4$ 亩，占齐齐哈尔市土地总面积的四分之一，其中耕地流失土地 $1\,300\times10^4$ 亩，风蚀土地 700×10^4 亩，较大的侵蚀沟有 23 000 多条，是黑龙江省水土流失最为严重的地区之一。土壤的侵蚀模数高达 $5\,000t/km^2$，沟蚀密度能够达到 $0.3km/km^2$，每年地表流失表层土壤 $6\,000\times10^4$ t，流失氮、磷等肥料 $5\sim6\times10^4$ t。土壤的有机质含量，由初垦期的 8% 下降到 4%，孔隙度由初垦期的 64% 减少到 50%。由于土壤中的水、气、肥、热四因素的失调，粮食产量每亩下降达 100kg。

（四）水蚀土地面积日趋增加

目前松嫩-三江平原，尤其是松嫩平原的水土流失情况比较严重。被水蚀的耕地面积很大，达到耕地总面积的 30%，约为 $290\times10^4\,hm^2$；其中黑土耕地的水蚀最为严重，占水蚀总面积的 50% 以上，达到了 $140\times10^4\,hm^2$。由于地表植被较少，在缓坡地带，雨水常年冲刷，造成地表土层的流失，严重破坏了当地的生态环境，流失的土壤随着水流进入了河水，形成了大面积的水面污染。在雨季降水量大的时候，流失的土壤形成了大量的泥沙，夹杂着其中的农药和化肥的残留物，随着雨水汇合进入河流，间接造成对河流的污染。黑龙江省水利厅 2012 年报告显示，黑龙江的水蚀面积约为 $11.3\times10^4\,hm^2$，间接可以测算出，水土流失造成的氮、磷肥料流失量为 $5.4\sim6.8$ 亿 kg，钾肥的流失量约为 $7.7\sim8.9$ 亿 kg。黑龙江的主要河流松花江的输沙量在不断增加，根据黑龙江省水利厅江桥测量站的记载，新中国成立初期，20 世纪 60 年代的年输沙量在 150×10^4 t 左右，到了 20 世纪 90 年代增至 230×10^4 t。佳木斯观测站统计显示，20 世纪 60 年代松花江的输沙量为 870×10^4 t，到了 20 世纪 90 年代达到 $1\,100\times10^4$ t。土壤中水分的流失，使土地的生长潜力不断降低，同时也造成了河道的淤积堵塞，间接造成水利工程的损毁，并且会造成其他灾害的发生。

二、土地沙化盐渍化严重

（一）土地沙化现象严重

黑龙江省土地管理局 2012 年统计数据表明，黑龙江省的耕地及其他土地沙化的面积已经达到 $260\times10^4\,hm^2$，并且有逐步扩大的趋势。在目前的沙化土地中，沙漠化的面积日渐增长，达到了 $40\times10^4\,hm^2$，这些土地主要分布在松嫩平原的齐齐哈尔市西部地区和大庆西部地区，其中的杜尔伯特蒙古自治县是沙漠化最为严重的县市，沙区的面积已经达到了 $20\times10^4\,hm^2$，占黑龙江省沙漠化土地面积的一半。在 20 世纪 80 年代的中期，统计资料显示，黑龙江省土地沙化面积约为 $103\times10^4\,hm^2$，耕地被沙化侵蚀面积约为 $35\times10^4\,hm^2$，沙化的草地面积约为 $25\times10^4\,hm^2$；到了 2011 年，省内沙化总面积已经达到了 $260\times10^4\,hm^2$。嫩江两侧宽 165km、全长 300km 的范围内，形成了东北向西南走向的沙带区域，沙区范围内有泰来、杜蒙、齐郊、龙江、甘南、富裕、肇源及大庆 8 个市（县）、93 个乡（镇、场），其中杜蒙县是完整沙区，其余 7 市（县）是部分沙区市（县）。在沙区中，沙漠化土地面积为 $116.78\times10^4\,hm^2$，潜在的沙漠化土地面积为 $89.78\times10^4\,hm^2$。

（二）土地盐渍化加剧

土地退化的表现之一是盐渍化，根据黑龙江土地管理局统计数据，黑龙江省目前的盐渍化面积大约为 $60 \times 10^4 hm^2$，耕地的盐渍化面积约为 $18 \times 10^4 hm^2$，草地的盐渍化面积约为 $35 \times 10^4 hm^2$，盐渍化的区域主要在松嫩平原的西部，即齐齐哈尔西部和大庆地域。根据测算，现在黑龙江省盐渍化土地的扩展速度在每年 2.4% 左右，如持续下去，土地破坏情况会越来越严重。

三、水资源污染加剧

（一）土壤流失造成水资源污染

水是生命之源，土是生存之本。水和土是人类赖以生存和发展的基本条件，是一切生物繁衍生息的根基，是人类社会可持续发展的基础性资源。所谓水土流失是指在水力、重力、风力等外力的作用下，水土资源和土地生产力受到的破坏和损失，包括土壤侵蚀及水的流失。水土保持的宗旨是使土地具有永续的生产力，在未发生水土流失的区域采取相应的预防措施，合理利用水土资源；在水土流失区域内，因地制宜、因势利导，采取相应的治理措施，以防为主、防治结合。土壤流失的一个重要的直接结果就是造成水源的污染。地表植被尤其是森林被破坏后，在丰水期的雨季，大量雨水的冲刷，势必会造成土壤表层的流失；而土壤表层由于多年的农业耕种，大量使用农药和化肥，含有较多的有毒有害成分，这些有害有毒成分也随着土壤流入河流、渗入地下，造成水源及水面的污染。据统计，黑龙江省的氮肥使用量近些年有了很大的增加，硝酸盐在土壤中不断积累，导致地下水富营养化。黑龙江省哈尔滨市环保局的测量数据显示，哈尔滨市郊区内耕地遭受到了不同程度的重金属污染。与此同时，随着畜牧业的不断发展和壮大，圈养的牲畜数量不断增加，牲畜的排泄物大量堆积，且没有合适的处理方式，农村沼气能源发展不足、农业生产的有机肥料施用不足，也间接造成了水土的污染。

1. 水土流失的成因　水土流失是人类不合理开发、滥用水土资源造成的严重后果，水土流失状况是衡量水土资源和生态环境优劣程度的重要指标，水土流失直接导致水土资源破坏、生态环境恶化，进而危及人类生存和发展。随着各种基本建设和工农业生产的迅速发展以及人口暴涨，人多耕地少的矛盾日趋突出，对木材、燃料的需求日益增多，致使群众盲目向山地进军，大面积毁林开荒。又由于公益意识水平较低，在生产建设中只顾眼前利益、不顾长远利益，只顾自己利益、无视社会利益，只顾当前、不管后人，导致植被遭受了空前的破坏，森林不断减少。光山秃岭不断由丘陵区向山区、高原和平原转化扩展，造成水土流失加剧。有些地区由于开矿采石、修路及城市开发等基本建设，大量开挖土地，破坏原生地面，并随意倾倒弃土弃渣，对水土保持只顾短期效益，重建设轻治理，没有全盘统筹考虑的思想，形成虚土陡坡，暴雨一来，必将产生水土流失。

2. 水土流失的特点　水土资源将无机界和有机界、生物界和非生物界连接起来，推动自然生态系统进行物质能量交换，使人类社会得到发展。中国地势西高东低，山地、丘陵和高原约占总面积的三分之二，土地面积中沙漠、戈壁、冰川、石山和高寒沙漠等占35%。由于特殊的自然地理和社会经济条件，我国的水土流失面积已扩展到国土总面积的38.2%。水土流失分布广、面积大。严重的水土流失致使土壤侵蚀加剧、生态环境急剧恶化，林草难以生长，山林植被覆盖情况变差，地表蓄水能力降低，水旱灾害随之而来。

3. 水土流失对水资源的影响　水资源是生命赖以生存的重要自然资源。水土流失与水资源之间成正相关性，这种正相关性决定了保持当地水土资源，是水资源可持续利用的基本前提。地球上的生物所需要的水，绝大部分来自湖泊、河流、冰川和海洋等。这些可贵的淡水资源，其补给来源主要是大气降水。由于缺乏拦蓄降雨和径流的蓄水保水措施，水土流失使地表植被遭到严重破坏，降低了区域内的蓄水保水能力，并使降雨时地表径流增大、流速加快。暴雨时，雨水以地表径流方式汇集为"河流"，冲刷沟道内或沟岸常年自然拦蓄或堆积的泥沙、虚土、碎石等，以山河、山洪或泥石流形式流入江河湖海，使土壤渗量减少；暴雨后"河流"又很快干涸，土壤干旱，地下水得不到及时补给，水位下降，水资源可利用量减少。同时，水土流失降低土壤涵养水源的能力，致使水资源随之流失，山区人畜生产生活用水越加困难。水土流失还会淤积水库、阻塞江河，以地表径流方式汇集的"河流"携带泥沙和固体废弃物，沿程淤积于水库与河流中，降低水库调蓄和河道行洪能力，影响对水库资源的综合开发和有效利用，加剧洪涝灾害。另外，水土流失是水体变浊、水质污染的一个重要原因。

4. 水土流失的治理建议　一直以来，水土流失治理主要以工程措施为主、生物措施为辅，这不仅使生态环境得不到根本性的治理，而且投资大，难以克服重复性投入，经济负担沉重。建议对水土流失采用以生物措施为主的综合治理。所谓生物措施就是要完善投入机制，增强水土保持工作力度，积极退耕还林还草、封山禁牧，扩大林草种植面积，改善草场植被，提高土地生产率，做好生态恢复。以生物措施为主的综合治理充分利用了荒山荒地，虽然一次性投资较多，但它的潜力也很大。在无须肥水的情况下，随着使用年限的增长，产投比迅速增大，与此同时，土地资源和劳动力资源也得到合理的利用，生态环境变化将由恶性循环转变为良性循环，故经济效益和社会效益都很可观。对水土资源不合理的开发利用是水土流失的主要原因，因此必须以可持续利用资源为指导，改变落后的利用方式，加大对干热河谷地区、沙漠化地区等生态脆弱区的造林投入力度，大力开展植树造林、种草，恢复林草植被，并着力于解决居民生产、生活中的实际问题，改善农业生产条件、发展农村经济和增加农民收入，将经济发展和生态保护有机结合，提高生产者的素质，科学合理规划使用资源，统筹计划、统一安排，进一步增强水土保持工作力度，做好生态补偿工作，充分调动居民的积极性，遏制水土流失、改善生态环境，才能真正实现可持续发展。长期实践证明，水土保持综合防治，既保持了水土，又增加了资源；既改善了生态环境，又创造了经济效益，可以真正实现将生态改善与经济社会发展结合起来。我们必须意识到水土流失与水资源的相关性，保持水土，保护节约水资源，从而减少和遏制水土流失，促进水资源的可持续利用。

（二）农业生产造成地下水源污染

受到污染的表层土壤伴随着雨水的冲刷，不断汇入江河，造成黑龙江省的河流污染，导致水质降低、达不到相关要求。根据黑龙江省水利局的统计与测算，黑龙江省每年的排污量大概为 1 000 万 t，这些污染物从不同的渠道渗入地下水，汇入河流，造成黑龙江省整体水质的下降。其中一类水质的河流最少，只能占到检测河流的 22%，二类水质的河流约占到检测河流的 47%，三类水质的河流占到约 26%，其他水质约占 5%。目前除了松花江和嫩江的沿岸重点城市污染严重外，松花江的某些支流也逐渐受到了污染，不能满足生产和生活之用。

在我国，农村生态环境条件，由于各种原因，近年来呈日益恶化的态势，对农业生产长期持续和稳定发展构成了严重的威胁。随着科技的进步，我国农业生产方式也发生了重大变化，农家肥等有机肥料被农药、化肥所取代。近20年来，我国化肥的亩使用量已经超过世界平均亩使用量一倍多。并且，农药和地膜的使用量有逐年大幅提高的趋势。这不仅带来了土壤的板结、酸化、土质和肥力的恶化，更重要的是化肥、农药等污染物通过农田排水及地表径流等方式进入地表水体，引起地表水体的富营养化。与此同时，污染物又渗入到地下水中，严重影响了地表水和地下水的水质。另外，农村畜禽养殖业也会带来水环境的污染，对水域生态系统造成长期和潜在的污染问题，从而引起水环境的全面退化。所以，由农业生产带来的水环境污染的控制与农村水环境保护问题已成为十分重要和迫切需要研究解决的问题。下面就农业生产对水环境污染的影响和防治措施方面做一些探讨，以促进农村水环境保护和农业的可持续发展。

1. 农业生产对水体环境产生污染的成因分析　一是化肥污染。我国是世界上施用化肥量较大的国家之一，据国务院发展研究中心国际技术经济研究所统计，我国年化肥年使用量高达4 637万t，按播种面积计算，平均化肥使用量为411kg/hm²，远远超过发达国家225kg/hm²的安全上限。我国化肥利用率较低，平均约为35%左右，而且产品结构与施用比例也不尽合理。农业生产中大量使用化肥，使氨元素流失进入河湖，在一定程度上加剧了这些河湖的富营养化。通过地表径流从农田排放的氮、磷和通过农田渗漏进入地下水的氮已成为水体的重要污染源之一。1980年以前我国农田有机肥加化肥的总投入与总产出（农作物带走的养分）相比，氮、磷、钾均为负值。而1980年以后，由于氮、磷肥的大量使用，农田土壤中氮、磷积累急剧增加，土壤中的氮、磷随排水或雨水进入河流，使水体富营养化，直接影响了工农业供水和人畜饮水质量，给人体健康和水产养殖带来威胁。

二是农药污染。为了保证粮食生产，防止病虫害的发生，农药的使用已十分广泛。化学农药是农业生产中使用量最大、施用面积最广、毒性最高的一类有毒化学品。随着各种农药的大量使用，结果往往是害虫、益虫一起被消灭，而害虫的抗药性越来越强，最后只好不断加大药量。真正作用于农业害虫的农药仅有10%～30%，进入大气、水体的部分为20%～30%，残留在土壤中的有50%～60%。大量使用农药，或长期使用同一类农药，能够使许多害虫产生抗药性，连续使用农药还会杀死益虫、益鸟。所以，不合理地使用农药不但不能彻底解决农业病虫害问题，相反还会使许多原来危害不大或不难防治的虫害变得不易防治。这样就有可能使农药用量越来越多，形成恶性循环，对生态环境的破坏和污染也将逐渐加重。据农业农村部的统计数据显示：我国农药年用量为80～100万t，其中，使用在农作物、果树、花卉等方面的化学有毒农药约占95%以上。这说明我国农产品农药污染已到了相当严重的程度，必须采取措施加以解决。被水冲进水源里的农药降低或增加了水体的酸度，使得水生生物大量死亡或导致大批繁殖，造成了当地鱼类的食饵不足，或是使水体富营养化严重、含氧量下降，导致水生生物窒息死亡。渗入地表深处的农药污染了地下水，进而污染了井水、河水等饮用水源。

三是畜禽养殖污染。近年来畜禽养殖业从农户的分散养殖转向集约化、工厂化养殖，畜禽类的污染面明显扩大。畜禽粪便的淋溶性强，能通过地表径流污染地表水和地下水，使水体变黑发臭，导致水中的鱼类或其他生物的死亡。另外，饲喂饲料添加剂的鱼类粪便中含有未被消化吸收的铜、钾、锌、硫等微量矿物质，使水的矿物质含量升高，水质发生改变，对人类和其他饮水动物造成一定的生理影响。据环境保护部在全国 23 个省市的调查，90％的规模化养殖场没有经过环境影响评价，60％的养殖场缺乏必要的污染防治措施。相关的屠宰场、孵化场往往直接将动物血、废水、牲畜的粪便、蛋壳等倾倒入附近的水体，导致大量的氮、磷流失和河道的水体变黑、富营养化严重。相关研究表明，养殖业发达的地区，地面水的感观颜色已呈黄褐色，基本失去了人禽饮用功能。

四是农膜污染。被农民欣慰地称为"白色革命"的农膜使用量已达 153.9 万 t，据相关部门调查，虽然近年来农膜的回收率有所提高，但也不足 30％。数据表明，全国农膜平均残留量为 2.52kg/亩，最高达 17.9kg/亩。这些废弃农膜不易降解，大量农膜残留飘落于河道中，会阻塞河道，导致河道发黑、散发恶臭。

2. 农业生产对水体环境污染的防治措施 水环境是一个大系统，农村水环境是我国水环境的重要组成部分，面对如此严峻的农村水污染形式，我们应努力寻找解决方案和出路。农业生产水体环境污染防治必须着眼于大系统，必须按区域或流域进行综合防治，以防为主，防治并举。要在科学规划的基础上，加大宣传和监管力度，从源头上消除水体污染，从根本上治理水体污染。一是树立科学发展观，以"生态经济"理念指导农村工作。农业生产对水体环境污染的控制在于现代农业的规划及其相应可实现的生态环境效应目标，也即生态农业的推广与应用。较之传统农业而言，生态农业综合应用节水、节肥、节药等可持续农业技术，配套实施耕作制度改革、施肥施药方法革新、农业灌溉的新手段，这些是农业生产水体环境污染从宏观上得以控制的关键。农业生产对水体环境污染控制中流域管理、河流生态系统保护、景观格局的维护均离不开生态农业的应用。因此，在现代农业的中长期规划中，强调农业自身的生态环境效应，也就提供了控制农业生产对水体环境污染的一条可利用途径。二是调整农业产业结构，发展清洁生产。要积极实施农业标准化，推广测土配方施肥等技术，引导农民科学使用化肥、农药、饲料、兽（渔）药等农业投入品。要切实加强畜禽养殖污染防治工作，在重点流域区域及饮用水源地等生态敏感区划定畜禽禁养区，确保畜禽养殖场的选址、布局达到环境保护要求。所有规模化畜禽养殖场均要实施排污申报、排污总量控制和排污许可制度。鼓励采用生产沼气、有机肥料等形式，提高畜禽养殖粪便的资源化利用与污染物达标排放水平。三是大力发展有机、绿色、无公害农产品。正确引导农民合理用药、科学施肥。开发推广和应用生物防治病虫害技术，介绍有机农药的使用量，研究使用多效抗虫害农药，发展低毒高效低残留新农药；改善灌溉方式和施肥方式，减少肥料流失，增加有机复合肥的施用，大力推广生物肥料的使用，大力发展农村沼气池；培植和建设一批具有地方特色的茶叶、粮食、蔬菜等农产品种植与加工基地，不断提升产品品质，减轻农业生产带来的污染，缔造区域优势品牌和龙头企业。四是加强农村环保宣教工作和环保管理能力建设。要把提高全民环境意识作为农村精神文明建设的重点和主要内容，从治理城乡、家居环境脏、乱、差入手，通过组织各种群众喜闻乐见的科普宣传和活动，破除陈旧的生产生活陋习，大力倡导科学、文明的生产生活方式和绿色生产、绿色消费，积极创建生态示范区、环境优美乡镇、生态示范村（组）和绿色学校，促使生活垃圾的节约化、减量化、无害化和资源化，走经济、社会、生态并重的可持续发展的路子，创造"村容整洁"的新农村。要高度重视乡镇环保机构建设，逐步完善农村生态环境的监测网络，重点加强农村水环境监测，建立健全乡镇环境执法监督体系。五是积极推动农村环境保护基础设施建设。多渠道争取和利用资金，逐步加大对农村环保的投入力度，着力解决制约新农村建设和发展的突出环境问题，加快建设农村地区污水处理、垃圾处理、改水改厕等基础工程，使农村水环境保护工作尽快走上良性发展轨道。我们应学习发达国家建设"污水净化与资源化生态工程系统"——它是人类应用现代生态学、环境科学、系统工程和高效生态工程学的基本原理和方法论设计建构的，具有使污水净化和资源化作用的人工生态系统，可以将污水处理生态工程与农业生产相结合，既可降低污水处理费用，又可增强土壤肥力。

四、森林资源少生态功能弱

（一）森林资源数量不断减少

据我国历史资料显示，黑龙江两大平原地区在清代之前资源丰富、树木林立，天然原始森林富足。随着清朝对边疆省份的开发，原始森林被逐步开发利用，到清末至民国年间开发规模不断增大。至伪满洲国成立时，日本帝国主义在这一区域攫取大量森林资源，原始森林遭到较大破坏。中华人民共和国成立后，随着北大荒的开发，农业生产步伐加快，黑龙江两大平原地区在开垦初期，将大批的原始森林开垦作为农田，森林资源逐年不断减少，生态环境随之不断退化，生态功能也不断弱化。森林资源长期处于采育失调的不利局面，林业建设的水平较低，造成了森林分布的不均匀，林分的质量不断下降，林种结构不合理，功能不甚齐全。再加上一些地区的集中、过量采伐和毁林开荒、乱砍滥伐、陡坡种植等情况的发生，使天然的植被遭到严重破坏，生态功能大大降低。

（二）森林资源质量不断降低

近年来，随着植树造林，森林覆盖率逐年有所增加，但是森林的幼、中龄林所占比重较大，成、过熟林比重相对较小，结构失衡的现象和功能退化的局面尚未改变。黑龙江目前的状况是，因为对森林的保护程度不够，造成了现在的可采资源不足；由于关注短期利益的获得，还出现了非法改变林地用途或是私占林地的情况发生，使原本已经严重的生态问题变得更加严峻。由于历史的原因，黑龙江两大平原地区的森林被砍伐或是开垦过度，造成了地区林业资源不足、生态环境恶化的现状。农户、政府和各类专家学者都已经意识到这个问题的严重性，在从各个方面着手解决这个问题，然而，该区域的生态环境状况并未得到根本性的扭转，现在的问题还很严重，生态环境还在进一步地恶化。现在的生态环境和森林资源比较差、比较脆弱，这个问题一直为外界所关注。除此之外，森林质量在不断下降、生态功能在不断衰退。一方面，珍贵的树种不断减少，如红松、樟子松等；另一方面，保持水土、涵养水源、保护生物多样性等功能显著的天然林、混交森林比例也不断降低。

第二节　试验区生态林业概况

按照我国关于平原林业的研究，可将平原林业的基本类型分为农田林网、农林间作、村镇绿化、绿色通道以及片林。黑龙江两大平原农业综合开发试验区除了上述基本林业类型之外，还有其他平原省份不具有的垦区林业。两大平原是黑龙江农垦集中区域，垦区林业在黑龙江平原地区林业中具有一定份额。

一、试验区生态林业建设形式

一般的平原林业可分为农田林网等 5 种具体类型如图 3-1。

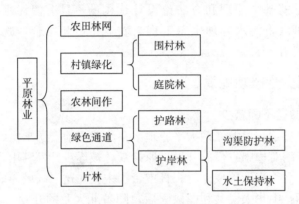

图 3-1　平原林业主要类型

通过实地调查，黑龙江两大平原地区的林业主要有以下几种类型，如图 3-2：

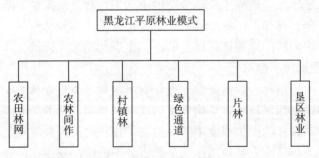

图 3-2　黑龙江生态林业类型

第一种类型是农田林网。这类的平原林业主要是位于田间路、堤坝、农垦地沟两侧，实行乔木、灌木和草本植物的混合种植模式。这种农田林网对于改善农业生产环境，尤其是农田的生态环境，具有积极的影响作用。

第二种类型是农林间作的模式。根据农林兼顾、适地适树的原则，结合区域实际情况，在不影响农作物生长的前提下，将各类森林与粮食作物间隔种植，实现农林共生共效。农林间作的树种比较多，一般都是经济林，如松树、杏树、梨树等。

第三种类型是村镇绿化林。顾名思义，村镇绿化林就是环绕着乡镇村屯建设的森林。

村镇绿化林的主要作用就是保护村镇的生态环境、美化农村居民的生活环境，同时，在房前屋后种植树木，若干年后成材销售，可以提高农民的收入。

第四种类型是绿色通道林。也就是在铁路、公路、河流、堤坝的两侧及沿线种植树木，保护路基、铁路等，同时能够美化沿线的风景，增强美感，种植后形成绿色条带，即为绿色通道。

第五种类型是片林。也就是充分利用平原地区所特有的一些地形，如沙岗、荒滩、荒地、缓坡等不宜农业生产作业的、且能够充分利用的土地，进行比较集中的植树造林。这些地方的林业种植主要以经济林和用材林为主。

第六种类型是垦区林业。这也是有黑龙江特色的平原林业的建设类型，与农田林网具有一定重合。除了农田林网，还包括在垦种所建设的其他林业类型，主要的宗旨就是保护农业生态环境，美化农垦职工生活环境。

二、试验区生态林业资源存量

（一）总休情况

在本研究中，相关数据主要包括社会公用的数据、通过研读文献获得的数据、通过统计公报和年报获取的数据，以及相关县市的统计局提供的数据。除了通过走访黑龙江省林业厅、黑龙江省森工总局（黑龙江林业总体情况数据）、黑龙江省农垦总局（农田林网、农林间作）、黑龙江省交通厅（绿色通道）、黑龙江省建设厅（村镇绿化）等部门获取了相关的数据，黑龙江相关年度统计年鉴及相关县市统计局、林业与草原局、发改局，社会公用数据来源于相关统计公报及统计年鉴。文献获取数据来源于公开发表的学术期刊中的同类研究成果。

黑龙江两大平原地区的生态林业，也是黑龙江省林业的一个组成部分，不仅如此，黑龙江两大平原地区的生态林业的建设，还事关黑龙江省的农业生产、国家粮食安全。在黑龙江省委、省政府的高度重视下，尤其是 2008 年 5 月以后，黑龙江平原林业取得快速发展。

2008 年 5 月，黑龙江省制定了《黑龙江省委省政府关于加快推进黑龙江省造林绿化工作的意见》《黑龙江省 2008—2012 造林绿化工作总体规划》，提出了林业建设的指导思想和工作方针，即用大概三年的时间，大干林业，打一场植树造林的人民战争。黑龙江省上下实行总动员，各个行业都参与了这次战役，用 1 年的时间做好各方面的准备，用 2 年的时间干事创业，赢得这场战役的胜利，完成平原绿化和城镇、村庄的绿化任务。

2008—2012 年 5 年间，黑龙江省共造林 1 728 万亩，松嫩、三江等平原地区造林绿化 1 257 万亩，占黑龙江造林总面积的 72.7%，平原地区平均森林覆盖率达到 12.3%，活立木蓄积量 2.3 亿立方米，木材产量 500 万 m^3，林业产值 428 亿元，占黑龙江省林业产值 1 200 亿元的 35.7%，黑龙江省森林覆盖率由 2008 年的 43.6%，进一步提升到 2012 年的 45.7%，在这 5 年间，黑龙江省的生态功能得到明显的提升，生态环境也得到了很大的优化，这也为黑龙江省的社会经济可持续发展奠定了生态基础，为生态大省的建设奠定了基础（表 3-1）。

表 3-1 黑龙江平原林业资源统计表

平原林业类型		建设比重（%）	种植株数（万株）	折合面积（万 hm²）	蓄积量（万 m³）	主要树种
农田林网（含垦区）		90.61	95 600	76.44	5045	杨树、樟子松、落叶松
农林间作		25.5	6 138.24	4.8	214.58	杨树、樟子松、落叶松、栎树、灌木柳
村镇绿化		27.63	4 532	7.33	368	植云杉、樟子松、柞树、桦树、果树、柳树
绿色通道	公路	84	6 758.4	10.56	528.42	杨树
	铁路	88	845.24	1.34	67.89	杨树
	河道	53.97	178.76	2.32	134.48	杨树、柳树
片林		—	1 630	1.7	6.4	杨树、桦树、落叶松
垦区林业		17.2	56 285	71.43	5 000	杨树、樟子松

数据来源：黑龙江省农垦总局、黑龙江省林业厅、黑龙江省建设厅等部门 2012 年统计报表。

（二）农田林网

截止到 2012 年年底，黑龙江平原地区农田总面积为 1.49 亿亩，已建农田林网总面积 1.35 亿亩，农田林网控制率达到 90.61%。根据统计，农田林网中的林木总株数为 9.56 亿株，折算后的林带总面积约为 76.44 万 hm²，现存的活立木的总蓄积量约为 5 045.04×10⁴ m³，主要栽植的树种为柏树、杨树、樟子松、落叶松（表 3-2）。

（注：此处 $5\,045.04 \times 10^4\,m^3$）

表 3-2 黑龙江平原林业农田林网资源统计表

农田面积	已建林网	控制率	林木株数	折合面积	蓄积量	主要树种
1.49 亿 hm²	1.35 亿 hm²	90.61%	9.56 亿株	76.44 万 hm²	5 054.04 万 m³	柏树、杨树、樟子松、落叶松

数据来源：黑龙江省农委、省农垦总局 2012 年统计报表。

农田林网的建设使黑龙江平原地区的粮食生产有了保障。众所周知，松嫩-三江平原在粮食生产上占据重要地位。这一区域，聚集了黑龙江 80% 的耕地面积，产出了黑龙江 90% 的粮食。其中，农田林网的建设起到了巨大的防护作用。据农垦总局统计数据显示，2008—2012 年 5 年间，黑龙江农田林网建设 111 万亩，实现了平原地区农业生产田成方、树成行，有效遏制了风沙灾害的发生，保护了平原地区的水土营养，促进农业增产、农民增收、农业增效。在风沙灾害严重的齐齐哈尔地区，随着农田林网建设、残次林网改造升级这些工程的实施，21 万亩的农田完成了防护林改造，新增补 2 058 条防护林带，更新防护林带 7 469 条，同时还营造了红松、落叶松接班林带 3 453 条，较好地完善了农田林网的建设，对农业生产起到防护作用。根据农垦总局统计显示，截止到 2012 年，黑龙江现有农田林网的保护面积达到 1.35 亿亩，在总体上构建了良好的农田防护格局。

（三）农林间作

截止到 2012 年年底，黑龙江平原地区农田的总面积约为 1.49 亿亩，已建农林间作面积为 0.38 亿亩，占总面积的 25.5%，农林间作的总株数为 6 138.24 万株，农林间作折合后面积约为 4.8×10⁴ hm²，活立木的蓄积量达到 214.58×10⁴ m³。其中林粮间作面积 1 800 万亩，林子与蔬菜间作面积 13 万亩，林子与中草药间作面积 5 万亩，林子与牧草间作面积 1 600 万亩，林子与其他作物间作面积约 16 万亩。主要间作的树种包括杨树、樟子松、落叶松、栎树、灌木柳等（表 3-3）。

表 3-3　黑龙江平原林业农林间作资源统计表

农田总面积	已建面积	间作率	总株数	折合面积	蓄积量	林良	林草	林药	林菜	其他	树种
1.49 亿亩	0.38 亿亩	25.5%	6 138.24 万株	4.8 万 hm²	214.53 万 m³	1 800 万亩	1 600 万亩	5 万亩	13 万亩	16 万亩	杨树、樟子松、落叶松、栎树、灌木柳

数据来源：黑龙江省农委、省农垦总局 2012 年统计报表。

（四）村镇绿化

截至 2012 年年底的统计数据显示，黑龙江两大平原地区的村镇绿化的总面积为 32.45 万 hm²，村镇的平均绿化率能够到达 27.63%，共绿化了村屯 32 184 个，占全部村屯总数的 87.6%，村镇绿化的总株数达到 4 532 万株，折合森林面积为 $7.08×10^4 hm^2$，活立木的总蓄积为 $368×10^4 m^3$。其中，城镇街道绿化的折算面积约为 $37×10^4 hm^2$，林木株数为 517 万株，活立木的蓄积量能够达到 $178×10^4 m^3$；庭院及宅旁的绿化面积约为 $11.23×10^4 hm^2$，林木株数为 1 568 万株，活立木的蓄积量为 $376×10^4 m^3$；环村镇的绿化面积约为 $13.25×10^4 hm^2$，林木株数为 1 854 万株，活立木的蓄积量为 $414×10^4 m^3$（表 3-4）。

表 3-4　黑龙江平原林业村镇绿化资源统计表

村镇绿化总面积万（hm²）	村镇绿化率（%）	绿环村屯数（个）	村电绿化比例（%）	林木株数（万株）	折合面积（万 hm²）	总蓄积量（万 m³）	环村绿化 面积（万 hm²）	环村绿化 株数（株）	环村绿化 蓄积量（m³）	庭院绿环 面积（万 hm²）	庭院绿环 株数（株）	庭院绿环 蓄积量（m³）	街道绿化 面积（万 hm²）	街道绿化 株数（株）	街道绿化 蓄积量（m³）
32.45	24.63	32 184	87.6	4 532	7.08	368	13.25	1 854	414	11.23	1 568	376	37	517	178

数据来源：黑龙江省建设厅 2012 年统计报表。

（五）绿色通道

我国的绿色通道建设内容，主要包括公路两侧的绿化、铁路两侧的绿化、主要河流两岸的绿化。1998 年国务院下发了《关于在全国范围内大力开展绿色通道工程建设的通知》，这个通知的下发标志着我国绿色通道建设的开始。次年，又下发了《关于进一步推进绿色工程通道建设的通知》。黑龙江两大平原地区的绿色通道建设，也是伴随着黑龙江林业的发展而不断取得进步和发展的，就这一区域来说，绿色通道的建设内容主要包括高速公路、其他公路的两侧，铁路沿线的两侧，乡村道的两侧，以及主要河流两岸的绿化。

截止到 2012 年年底，黑龙江省公路两侧的绿化面积能够达到 $10.1×10^4 km$，占到黑龙江全部公路可绿化里程的 84%，其中公路两侧的单侧宜绿化长度为 $2.43×10^4 km$，公路两侧的单侧已绿化长度为 $2.11×10^4 km$，核算的绿化率达到了 86.48%，公路两侧的绿化总株数约为 6 758.4 万株，折合绿化的面积为 $10.56×10^4 hm^2$，活立木的总蓄积量为 $528.42×10^4 m^3$；绿化的铁路长度为 3 216km，占可绿化里程的 88%，单侧宜绿化的长度为 2 675km，单侧已绿化的长度为 2 422km，绿化率为 91.2%，铁路的绿化总株数为 845.24 万株，折合后的绿化面积为 $1.13 \times 10^4 hm^2$，活立木的总蓄积量为 $67.89 \times 10^4 m^3$；绿化河道长度 9 510km，占可绿化里程的 81%，单侧已绿化的长度为 5 133km，绿化率为 53.97%，河道绿化的总株数为 1 781.76 万株，折合后的绿化面积为 $2.32 \times 10^4 hm^2$，活立木的总蓄积量为 $134.48 \times 10^4 m^3$（表 3-5）。

表 3-5 黑龙江平原林业绿色通道资源统计表

公路					铁路					河道				
里程	比重	株数	面积	蓄积	里程	比重	株数	面积	蓄积	里程	比重	株数	面积	蓄积
10.1 万 km	84%	6 758.4 万株	10.56 万 hm²	528.42 万 m³	3 216 km	88%	845.24 万株	1.13 万 hm²	67.89 万 m³	9 510 km	81%	1 781.76 万株	2.32 hm²	134.48 万 m³

数据来源：黑龙江省交通厅 2012 年统计报表。

（六）片林建设

截至 2012 年年底，黑龙江两大平原地区的片林总面积达到 1 703.63hm²，绿化的总株数为 1 634 万株，活立木的总蓄积量约为 $6.3 \times 10^4 m^3$。在对片林的统计中，经济林大概有 366.48hm²，其蓄积量约为 $1.4 \times 10^4 m^3$，果品等产物的产量约为 4.7 万吨，主要的树种有杏、苹果、梨、葡萄等；用材林约为 593.88hm²，蓄积约为 $3.5 \times 10^4 m^3$，主要有杨树、云杉、落叶松、冷杉、红松、樟子松等；防护林约为 645.35hm²，蓄积量约为 $2.4 \times 10^4 m^3$，主要有杨树、泡桐、柳树等；其他（主要为特种用途林）面积约为 97.93hm²，蓄积量为 4 534m³（表 3-6）。

表 3-6 黑龙江平原林业片林资源统计表

总面积	总株数	蓄积量	用材林		防护林		经济林		其他林种	
			面积	蓄积	面积	蓄积	面积	蓄积	面积	蓄积
1 703.63 hm²	1 634 万株	6.3 万 m³	593.88 hm²	3.5 万 m³	645.35 hm²	2.4 万 m³	366.48 hm²	1.4 万 m³	97.93 hm²	4 534 m³

数据来源：黑龙江省林业厅 2012 年统计报表。

（七）垦区林业

截止到 2012 年，黑龙江两大平原的农垦地区的林业经营面积已经达到 1 430 万亩，在这里面，人工林占了很大比重，达到 860 万亩。垦区的森林覆盖率也不断上升，在 1979 年时为 7.8%。2012 年年底的统计显示，森林覆盖率已经达到 17.2%，超过了平原地区的森林覆盖率水平。垦区近些年共植树 5.6 亿株，折算面积相当于 71.43 万 hm²，蓄积量能够达到 5 000 万 m³。

2012 年，垦区林业以创建"森林垦区"为建设重点，全面实施了林业生态护农工程、林业产业富民工程和农垦的城镇森林靓化工程，使垦区的园林化档次大幅度提高，林业产业得到了快速发展。全年实现的林业增加值为 5.2 亿元，比上年增长了 37.2%。当年完成的造林绿化任务为 24 万亩，建设了百亩以上的森林公园 52 个，使城镇管理区绿化的覆盖率提高了 1 个百分点，达到了 38%，区域的森林覆盖率达到了 18.4%（表 3-7）。

表 3-7 黑龙江平原林业垦区林业资源统计表

林地面积	森林覆盖率	林木株数	折合面积	蓄积量	绿地率	人均绿地
1 430 万亩	17.2%	5.6 亿株	71.43 万 hm²	5 000 万 m³	43%	20m²

数据来源：黑龙江省农垦总局 2012 年统计报表。

第三节 试验区生态林业建设存在的问题

一、林业建设水平不高

（一）林业资源存量不足

森林资源分布不均是不争的事实，平原地区森林植被覆盖率偏低，2008 年松嫩和三江平原森林覆盖率仅为 9.26%，而西部平原更是缺林少树，生态环境十分脆弱。黑龙江省的森林资源主要集中在大小兴安岭地区，以及南部的牡丹江鸡西地区。黑龙江两大平原农业综合开发试验区林业资源最少，这与农业生产的战略地位及可持续发展的要求相去甚远。黑龙江省的森林资源有 80% 以上分布在东部、北部的大小兴安岭地区，而松嫩三江平原的森林资源少之又少，森林覆盖率仅为 12.3%，与黑龙江省 45.7% 的森林覆盖率相比差得很多。当然，由于该区域主要产业为农业种植，是粮食主产区，森林资源的占比为多少比较合理仍需进行科学论证。但由于林业资源少，生态环境也不容乐观，风沙灾害、水土流失比较严重。

（二）土流失加剧林业建设困境

黑龙江两大平原农业综合开发试验区的生态环境还没有明显改善。近些年政府和地方以及群众采取了很多措施来改善地方生态环境，使之有了一定的优化与提高，但还存在很多的问题，困境没有得到根本的缓解。黑龙江省土地管理局的资料显示，2011 年黑龙江省的水土流失面积约为 1 334×10⁴ hm²，流失的水土面积约占黑龙江省土地面积的 29.3%，如图 3-3。仅 2012 年一年受灾面积就有 508×10⁴ hm²，这其中耕地受灾面积为 278×10⁴ hm²，基本都集中在黑龙江省的平原地区。截至 2012 年，区划内盐碱地面积 40×10⁴ hm²，沙区面积 278×10⁴ hm²，草场三化面积 119×10⁴ hm²，土地荒漠面积 37.8×10⁴ hm²。黑龙江省区域内主要河流的源头河流都受到水土流失的影响，遭受了不同程度的破坏，以至于在 1998 年洪水泛滥之际，造成巨大经济损失。每年流失的土地面积为 7.4×10⁴ 至 12.7×10⁴ hm²，相当于 10~16 个珍宝岛的面积，间接造成了国土流失。

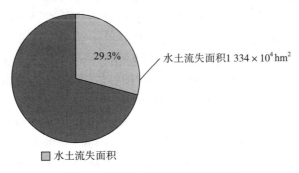

图 3-3 黑龙江省水土流失情况图

（三）土壤沙化趋势尚未明显遏制

区划内主要生态环境未根本改观。松嫩平原属沙质地区，由嫩江及其支流的高低河漫滩和一级阶地的沙质沉积物等组成，经风力常年吹扬而形成，分布风蚀地，固定、半固定沙丘以及尚处活动阶段的新月形沙丘和沙丘链。加之森林植被近些年被过度开采，土地沙化进一步加重，给农业生产带来极大隐患，不利于农业可持续发展。2010 年，黑龙江省沙化土地面积达 $50×10^4 hm^2$，明显沙化趋势土地面积达 $40×10^4 hm^2$，水土流失面积达 $1 300×10^4 hm^2$，每年黑土流失近 3 亿 m^3，"北大仓"每年因此减产粮食近 25 亿 kg。2011 年，有明显沙化趋势的土地已达 $39.51×10^4 hm^2$，水土流失面积 $1 345×10^4 hm^2$。扬沙天气甚至沙尘暴不断出现。2012 年，黑龙江省平原地区水土流失面积 $1 441×10^4 hm^2$，其中耕地面积$298×10^4 hm^2$，黑龙江省因水土流失每年损失粮食 $20×10^8 kg～25×10^8 kg$，折合人民币$18～20$ 亿元。

（四）林业资源整体质量不高

黑龙江两大平原地区由于长期的农业开发和开垦，林业资源不断减少，一直是少林地区，林业建设水平一直不高，生态环境因此受到影响。目前在该区划内存在的主要问题有：现有森林整体质量较低。据统计，现有的森林平均蓄积量为$75m^3/hm^2$，整体还不是很高，森林质量还比较低。黑龙江现在还有 100 万 hm^2 的中幼龄林无人看管，需要抚育，并且这些森林树种单一，极易发生病虫害。同时，现有森林的林龄结构不甚科学。用材林所占的比重比较小。在共和国刚刚成立之初，黑龙江省的森林资源比较丰富，当时统计的数据显示蓄积量可以达到近 20 亿 m^3，且成熟林比重很大，能够达到80％以上，据 2012 年的数据显示，现在的成熟林比例仅能达到 17％。黑龙江现有的成、过熟林面积为 237 万 hm^2，蓄积量能够达到 2.65 亿 m^3，幼中龄林面积占用材林的 76％，蓄积量占用材林的 65％。由此可见，成过熟林少，幼中龄林多。不仅如此，一些珍贵的红松林面积更少，仅占森林的 2.8％，蓄积量占 2.9％，珍贵的阔叶针叶混交林面积仅占 1.1％，蓄积量占 1.2％。此外森林资源的分布不均，呈现严重的不平衡趋势。

二、林业建体系不完善

（一）生态效益补偿制度供给不足

1. 制度建设不完善　平原地区林业生态效益补偿尚未列入补偿范围。我国《森林法》规定，国家设立林业生态效益的补偿基金。其最初的意图很明确，就是用来给主要提供生态效益的防护性质的森林以及一些有特种用途的森林，在进行森林资源和林木的抚育、营造和保护以及管理的时候进行支持和补偿。2004 年 7 月制定了《中央森林生态效益补偿基金管理办法》，2007 年 3 月财政部修改了原来的文件，并下发了新的通知，即《中央财政森林生态效益补偿基金管理办法》。这个办法规定，森林的生态效益补偿基金的用途，只能是公益林的抚育、改造、保护和管理。当然，这里所说的公益林的范围也比较狭窄，仅指国家林业局（现林业和草原局）与财政部共同指定和认定的《重点公益林区划界定办法》里指明的公益林和特种用途林，而不是面向提供生态效益的所有森林和林木；尽管农户也拥有其他林种的森林和林木，并且它们也天然地发挥和不断提供着生态效益，但不能享受政府给予的森林生态效益补偿。黑龙江平原地区虽然生态区位重要、生态环境脆弱，但其所发展的林业很难列入公益林范畴，因此，被拒于森林生态效益补偿基金大门之外，得不到国家财政补贴。目前黑龙江省制定与执行的有关生态效益补偿的制度主要针对大小兴安岭等国家公益林、省级公益林。从表 3-8 可以看出，目前在黑龙江执行的有关生态补偿的法律和法规一般针对中央和省确定的公益林，而在试验区内，现存的林业资源被确定为国家或省公益林的数量很少，大都不在这些补偿制度范围之内。所以，补偿制度亟待完善与丰富。

表 3-8　黑龙江省林业有关生态补偿的法律

法律法规名称	文号	制定时间	服务对象
省财政厅、省林业厅关于印发《黑龙江省省级森林生态效益补偿基金管理办法》的通知	黑财农〔2005〕28 号	2005.5.30	中央确定的公益林
省财政厅、省林业厅关于印发《黑龙江省〈中央财政森林生态效益补偿基金管理办法〉实施细则》的通知	黑财农〔2007〕74 号	2007.8.13	中央确定的公益林
省林业厅关于印发《黑龙江省森林生态效益补偿基金会计核算办法》的通知	黑林发〔2006〕118 号	2006.9.8	中央确定的公益林
《黑龙江省财政厅关于下达 2006 年中央森林生态效益补偿资金的通知》	黑财指农〔2006〕333 号	2006.12.7	中央确定的公益林
《黑龙江省林业厅、黑龙江省财政厅关于下达 2006 年中央森林生态效益补偿资金公共管护支出项目计划的通知》	黑林联发〔2006〕173 号	2006.12.11	中央确定的公益林
《黑龙江省财政厅关于下达 2006 年省级森林生态效益补偿资金的通知》	黑财指农〔2006〕334 号	2006.12.7	省确定的公益林
《黑龙江省林业厅、黑龙江省财政厅关于下达 2006 年省级森林生态效益补偿资金项目计划的通知》	黑林联发〔2006〕172 号	2006.12.11	省确定的公益林
《黑龙江省林业厅、黑龙江省财政厅关于下达 2007 年中央财政森林生态效益补偿基金公共管护支出项目计划的通知》	黑林联发〔2007〕155 号	2007.10.16	中央确定的公益林
《黑龙江省林业厅、黑龙江省财政厅关于下达 2007 年中央财政森林生态效益补偿基金中重点公益林培育任务计划的通知》	黑林联发〔2007〕156 号	2007.9.24	中央确定的公益林
《黑龙江省林业厅、黑龙江省财政厅关于下达 2007 年省级森林生态效益补偿公共管护项目计划的通知》	黑林联发〔2007〕161 号	2007.10.22	省确定的公益林
《黑龙江省林业厅、黑龙江省财政厅关于下达 2007 年中央财政森林生态效益公共管护等项目控制指标的通知》	黑林联发〔2007〕167 号	2007.11.12	中央确定的公益林
《黑龙江省财政厅关于下达 2007 年省级森林生态效益补偿金的通知》	黑财指农〔2007〕108 号	2007.6.11	省确定的公益林

（续）

法律法规名称	文号	制定时间	服务对象
《黑龙江省林业厅关于下达建设森林生态效益补偿工作宣传牌资金计划的通知》	黑林发〔2007〕159 号	2007.7.22	中央确定的公益林
《黑龙江省林业厅关于下达 2007 年中央财政森林生态效益补偿基金跨重点公益林区域建设改培型生物防火林带组隔系统等项目投资计划的通知》	黑林发〔2007〕174 号	2007.11.23	中央确定的公益林

资料来源：根据现行的法律法规进行整理。

2. 补偿标准不高　在现有的补偿标准中，国家森林生态效益补偿基金补偿标准过低，以致农民仍在低价地为社会提供着森林的生态效益。在集体林权制度改革中，中央财政将国家级防护林和特种用途林的生态效益补偿标准，由每年每亩 5 元提高到每亩 10 元，有些省也将地方重点防护林和特种用途林的生态效益补偿标准提高到每年每亩 20 元。但是，国家的补偿标准不是基于对森林生态效益的科学评估制定的，而且都远低于每亩林地年均 200 元左右的实际收益水平。现行的森林生态效益补偿制度缺乏差别性，只要被划定为防护林和特种用途林，不论农民承包地资源禀赋的优劣、地区间经济发展程度如何，也不论年度间物价指数的高低，政府给予的森林生态效益补偿标准都没有任何的差别。这种无差别化的补偿政策，同样会挫伤农民精心经营防护林和特种用途林的积极性。黑龙江造林资金平均为 4 500 元/hm²（按 2011 年生产价格计算），其中苗木和栽植费 1 350 元/hm²、整地费 450 元/hm²、浇水费 675 元/hm²、铲趟费 375 元/hm²、病防和管护费用等 150 元/hm²，所以，仍有 3 000 元/hm² 左右的资金缺口，如图 3-4。这一资金缺口仅靠森林生态效益补偿基金还明显不足以补上。

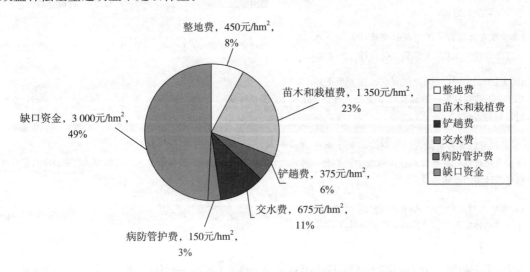

图 3-4　黑龙江造林资金组成示意图

（二）林权改革尚未形成政策闭合体系

1. 林权改革后仍有问题待解决　黑龙江省集体林明晰产权面积 1 796 万亩，占集体林总面积的 99.38%，平原地区林业权属问题已基本界定清楚。权属问题解决后，按照利益与权属对应的原则，林权所有者就可以对其所拥有的权属进行流转和收益。目前，林业权属的流转方式很多，主要有租赁、承包、转租、反租倒包等。然而，在实际的运行过程中，平原地区的集体林权制度改革仍存在一些问题，主要是：①个别县市还没有与农户签订由省制定的林权承包合同，这使得后期对承包双方的权利与义务进一步明晰存有隐患；②有一些县市虽然签订了承包合同，但是承包和流转关系不清楚，政策落实的方法比较单一，仅仅只是签订了合同；③在明晰产权关系之后，相应的确权工作需要进一步落实与提高；④签订林权合同后，需要建立农户的林改档案，目前的林改档案管理还有很多不完善之处，有的根本就没有建立档案，更无从谈起管理；⑤一些县市只是把林权改革的程序和形式走完，然后就无从下手、不知所措，相关林权配套措施不完善。

2. 采伐限额政策限制林地的承包 国家基于维护公共利益和森林生态效益的持续发挥，确立了严格的森林限额采伐制度和木材运输许可制度，农民承包林地的经营活动也因此受到相应的限制。农民应有的权益，因涉及公共利益而被限制，应得到相应补偿；但事实上则截然相反，承包林地的农民在出售所生产的木材时，被征缴收购价 10% 的育林基金。在集体林权制度的改革中，尽管对销售的木材，征收育林基金的标准由 15% 降到 10%，并取消按木材收购价征收的 5% 维持简单再生产的费用，且育林基金在木材销售环节由收购者缴纳，但它最终仍然会被转嫁给农民承担。处分权的限制、育林基金的负担转嫁，使得农民承包林地的收益权被两次大打折扣。

3. 林改政策落实的方式单一 多数林权改革仅仅是确权后发放了林权证，对于如何进行林地流转和林业资源的流转，并没有明确的规定和做法。由于农村集体林地属于本集体成员集体所有，农民作为林地的承包人，无需向本集体经济组织交纳地租。但当集体林地被国家征用时，则出现了截然不同的情形，导致前后矛盾的结果——因国家征用而失去承包林地的农民，只得到了标准比较低的地上附着物、青苗补偿费和安置补助费等，林地补偿的费用全部归集体经济组织所有。集体林权的所有者，由于是集体进行决策，很少进行实质性的流转。作为个人林业权属的所有者，由于对于法律、制度不了解，也没有完全认识到自身权属的实际意义，所以，从自身的经济利益出发，往往没有做出实质的林权流转。

（三）林业产业布局经济效度低

1. 林业产业活力不足 黑龙江是资源大省，是林业大省，但不是林业强省，尤其在林业产业上还有待提高，黑龙江平原地区林业产业也如是。黑龙江省林业第一产业和第二产业的集聚水平普遍较低，林业的第三产业发展滞后，突出体现为林业产业要素市场发育的滞后，森林、林木、林地使用权流转规模小，降低了林业生产与资源配置效率和林业经济活力。2000 年以来，虽然林业产业稳定发展，但林业产业效益依然低下。经济发展缺少大项目的拉动，林业职工和林区群众收入增长缓慢，长期形成的资源性、结构性、体制性矛盾依然困扰着黑龙江省林业的发展。

2. 林业产业区域不平衡 黑龙江省林业资源主要集中于大小兴安岭、张广才岭、完达山脉，平原地区林业资源匮乏，由此导致林业产品发展的区域间不平衡。在黑龙江省的平原地区，经济较为发达的哈尔滨、大庆地区，林业产业发展较为迅速，集聚了70％的木材加工企业。林业生产项目分布的主要特征是缺乏区域特色。地区之间、局与局之间，甚至是一个局内部普遍存在生产项目的雷同、生产要素布局的分散，缺少特色和优势。

3. 林业产业结构不合理 在我国国民经济中，林业产业总产值所占比重较低，林业第三产业占比更低。第三产业的产值比例为43％，美国、日本等发达国家则高达70％；美国林业第三产业占产值比例为43％，而我国林业第三产业比重仅为9％，如图3-5。截止到2011年年底，黑龙江国民生产总值为12 582亿元，其中林业的第三产业产值为151亿元，林业的第三产业产值占黑龙江省国民生产总值比重为1.2％。黑龙江省林业产业中，第一产业比重大，二、三产业严重滞后，2011年年底黑龙江的林业产业总产值917亿元，其中第一产业343亿元（占黑龙江省林业生产总值的37.40％），第二产业423亿元（占黑龙江省林业生产总值的46.20％），第三产业151亿元（占黑龙江省林业生产总值的16.40％），三个产业比例约为37∶46∶17，如图3-6。

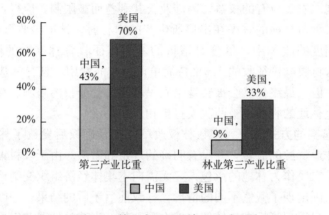

图 3-5　林业在国民经济比重对比图

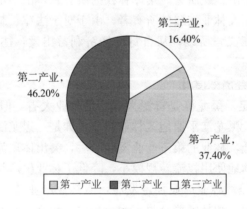

图 3-6　黑龙江林业产业比重图

4. 林业产业科技含量不高 林业产业的整体技术设备水平比较低，产品的技术含量不高，精深加工的产品少，产品的附加值低，科技创新的能力不强，科技贡献率低。龙头加工企业、名牌林业加工产品、产业集群还需通过政府的引导、政策的扶持进一步转型升级。由于没有实力强大的企业来做龙头，引领这些企业的发展，生产的组织化程度比较低，大部分还停留在作坊式的生产规模，市场竞争能力很差。现有的产品中初加工、粗加工品比较多，精深加工品很少，科技含量低，卖不上价格。

(四) 林业发展政策引导机制缺失

黑龙江林业的管理和运行机制需要不断健全，规范林权流转的法律法规尚不完善。虽然我国已明确规定林权的流转应当遵循依法、自愿、有偿的原则，但是目前农民的林权流转，都不同程度地存在着价格过低的问题。我国《农村土地承包法》，规定了土地承包经营权流转的原则和基本程序；《森林法》在作出林地使用权、森林和林木所有权流转的原则性规定时，明确授权国务院制定林权流转的具体办法。但是，规范林权流转的行政法规尚未出台，直接造成林权流转行为无章可循、市场的监管主体缺失、监管措施不足、监管责任模糊，农民林权流转的合法权益难以得到有效保障。规范的森林、林木和林地使用权流转市场也尚未形成。

(五) 林业服务体系与社会需求非动态耦合

1. 机构不健全　县级林业站（中心）工作人员，主要从事林业行政执法和资源管理的工作，享受的是公益性事业单位的待遇。目前工作及人员的经费不足，主要靠执法的预算外收入（育林基金）来弥补。今后，国家取消征收育林基金，或严格收、支两条线，那么，林业站的生存将是个很大的问题。林业站的事业经费没列入县级预算，在一定程度上影响了服务质量。基层林业站作主要从事林业产前、产中、产后的服务，是科技推广和社会化服务的主体，在基层林业服务中的作用和地位很重要。与之不配套的是，林业站的机构设置一直不稳定，且存在编制不够、体制不顺、经费欠缺、设施不全的问题。有的时候，连基本的林业统计、检查等管理实务都很难进行，也就更谈不上林业的社会化服务了。

2. 林业社会化服务体系服务能力弱　2004 年黑龙江省乡镇机构改革前，基本上每个县区的所有乡镇都有独立的乡级林业站，每个林业站都有 4～6 名林业技术人员，林业站采取条块结合、以条为主的双重管理体制。林业站长和技术人员都由县级林业主管部门采取考试招聘的方式录用，资金来源全部纳入乡级财政预算，每个林业站都有独立办公场所和用于新品种引进、推广的试验田，为黑龙江林业的发展做出了巨大的贡献。

2004 年以后，随着乡镇机构改革的不断深入，大多数乡（镇）林业站均被撤销。乡镇党政机构由 2004 年的 2 832 个精简到 2006 年的 1 424 个，两年间减少了 1 408 个，精简了 49.7% 之多。编制和财政预算隶属于乡镇的事业单位，由 2004 年的 4 720 个精简到 2 709 个，两年间减少了 2 011 个，精简了 43% 之多。因此，乡镇的事业编制也随之由 2004 年的 33 361 个精简到 25 579 个，削减了 7 782 个，精简了 23%；财政拨款的事业编制由 2004 年的 30 453 个精简到 21 246 个，精简了 30.2%（表 3-9）。截至"十一五"末，黑龙江省有 881 个林业站，其中由林业局管理独立设置的 349 个，双重管理独立设置的 91 个，乡镇管理独立设置的 57 个，在农业服务中心综合设置的 384 个，机构设置比较混乱，如图 3-7。

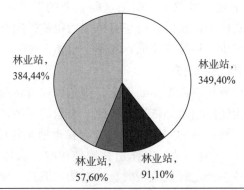

图 3-7　黑龙江省林业站机构设置情况图

表 3-9　黑龙江乡镇机构改革情况一览表

机构类别	2004 年以前（个）	2004 年精简后（个）	精简比例（%）
乡镇党政机构	2 832	1 408	49.7
乡镇事业机构	4 720	2 709	43.0
乡镇行政编制	33 361	25 579	23.0
财政全额拨款事业编制	30 453	9 207	30.2

数据来源：黑龙江统计局 2006 年数据。

3. 部分地方领导和政府认识不足　部分地区对以服务和社会效益为主的社会化综合服务体系，采取不恰当的简单撤并，甚至转化为经济实体，取消事业费，实行"断奶"，使本无经济效益的林业社会化服务体系失去了生存的保障，造成机构不稳、人心不定，正常工作难以顺利开展。乡镇林业站是林业服务最基层的机构，是林业工作的"腿"，但是由于乡镇事业单位机构改革，原已建立的乡镇林业站现已全部并为综合站，因人事及工资归乡镇管理，具体的工作多听乡镇安排，在一定程度上削弱了林业资源管理的能力。此外，林业技术人员名额变少（多为 1 名），乡镇又安排技术人员承担其他工作，客观上造成了技术人员用在林业工作上的精力、时间变少，也造成服务不及时、林业行政管理不到位、上下信息沟通不畅。

本章主要对黑龙江两大平原农业综合开发试验区生态环境的生态现状进行了呈现，并通过深入实地考察，到省林业厅、省农委、省农垦总局、省建设厅等部门搜集数据，摸清了现有生态林业资源的本底数据，获得了试验区生态林业资源的第一手资料，同时也为后续深入分析奠定了客观的数据基础。对试验区现有生态林业的建设形势进行了阐述，并对生态林业建设存在的问题进行了分析，指出试验区生态林业建设水平不高与建设体系不完善是存在的主要问题。

第四章　试验区生态林业建设的生态及经济学机理分析

本章主要对黑龙江两大平原农业综合开发试验区内生态林业对农业生产的生态作用及其对区域经济发展的经济作用进行了分析。在设定生态林业经济学假设的前提下，对生态林业发展的经济学机理进行了分析。

第一节　试验区生态林业的生态作用分析

关于林业对于农业生产的正负作用问题，学术界一直在进行探讨和研究。一些专家和学者认为，由于树木具有生长优势，存在与农作物争水、争肥等"胁地"现象。本节通过相关部门提供的调研数据，验证生态林业的建设和发展对农业生产的生态防护作用。

生态文明建设已成为我国社会发展的主要议题，林业在生态文明建设中的作用越来越受到普遍关注和重视。生态文明是指人类自觉遵循自然、社会和经济规律，在改造客观物质世界的过程中，通过采取生态化的生产方式和生活方式，改善和优化人与自然、人与人关系所取得的物质、精神、制度成果的总和。生态文明作为生态良好的最终目标和生态和谐的最高境界，必然要求在生态建设上采取一系列重大举措，通过实施重点生态工程计划行动，建设环保功能强、风险指数低的稳定的生态系统，使生态环境得到极大改善，确保生态体系安全和功能稳定良好，形成生态意识。

2003年6月，中共中央、国务院颁布的《关于加快林业发展的决定》明确指出，林业在生态建设中居于首要地位。2009年中央召开的中华人民共和国成立以来的首次林业工作会议，进一步明确了新时期林业的地位和使命。会议明确指出，在贯彻可持续发展战略中林业具有重要地位，在生态建设中林业具有首要地位，在西部大开发中林业具有基础地位，在应对气候变化中林业具有特殊地位。会议明确要求，实现科学发展必须把发展林业作为重大举措，建设生态文明必须把发展林业作为首要任务，应对气候变化必须把发展林业作为战略选择，解决"三农"问题必须把发展林业作为重要途径。这"四个地位"和"四大使命"充分表明，在建设生态文明的新形势下，林业的地位越来越重要，使命越来越光荣，任务越来越艰巨。2010年6月召开的中央林业工作会议进一步明确指出，建设生态文明必须把发展林业作为首要任务。党中央、国务院之所以赋予林业这样的地位和这样的使命，主要是因为林业具有强大的生态、经济和社会功能。林业在维护生态平衡、实现生态良好中发挥着决定性作用。我国林业担负着保护和发展森林生态系统、保护和恢复湿地生态系统、改善和治理荒漠生态系统、保护和拯救生物多样性的职责。

生产发展是社会主义新农村建设的基本要求。这一目标的实现必须依靠农林牧副全面发展。林业是一项重要的公益事业和基础产业，承担着生态建设和林业产品供给的重要任务，在维护国土生态安全、促进经济社会发展、为广大人民群众谋福利等方面起着至关重要的作用。同时，林业也是三农工作的重要组成部分，其本身具有生态和产业的内在属性，能够发挥生态、社会和经济效益，在社会主义新农村建设中做好林业工作意义十分重大。林业是农村"生产发展"的重要内容，是保证粮食生产的生态屏障。森林是陆地生态系统的主体，具有调节气候、涵养水源、防风固沙的综合功能，在保证粮食生产方面的屏障作用是不可或缺的。目前，我国对耕地的利用已基本实现了精耕细作，基本解决了全国14亿人口的吃饭问题，但对于山地、林地、沙地、湿地的利用水平还很低。据实地观测，农田防护林能使粮食平均每亩增产 7.5～10kg，发展现代林业有利于保障农业稳产高产，有利于增加粮油、果品、菌类、山野菜等各种能够替代粮食的森林食品供给，减轻基本农产品的生产压力，维护粮食安全。因此，发展现代林业，对于改善农业生产条件、有效增加农民收入、促进农村经济社会发展、推进社会主义新农村建设具有独特而重要的作用。林业是农民"生活宽裕"的重要途径。绿水青山是实现农村致富的金山银山，广大农村拥有丰富的森林资源，在人口逐渐增多、人均耕地日趋减少的情况下，农村发展符合市场需要、有本地特色的优势林业产业，是扩大农民就业、增加农民收入、实现农民"生活宽裕"的重要途径。特别是在边远山区、没有工矿企业的农村，发展林业产业就成为农民致富的首选产业项目。发展现代林业，是促进"乡风文明"、实现"村容整洁"的重要措施。发展高效林业产业，可以为"乡风文明、村容整洁"提供物质保障。绿化宜林荒山、构筑农田林网、增加村庄的林草覆盖面、发展庭院林业，可以实现农民生活环境与自然环境的和谐优美；倡导森林文化、弘扬生态文明，可以帮助农民形成良好的生态道德意识，实现"乡风文明、村容整洁"。只有切实解决好目前林业发展中存在的问题，才能有效利用林业自然资源拉动农民增收致富，才能有力地推动社会主义新农村建设朝着健康美好的方向发展。

一、调节生态要素

生态要素在这里主要指对于农业生产具有重要影响的自然因素，如风沙灾害、土壤温湿度、空气温湿度等。

（一）防风护农

防风效应是生态林业最显著的小气候效应。林带对风的阻挡作用，改变了风的流动方向，减小其动能，使林带背风面的风力减弱。当林带透风系数较小时，距离林缘较近处风速大大减慢，而在远离林缘处风速则迅速恢复。影响林网防风效果的主要因子是林带高度、副林带长度和疏透度，林网化地区冬季的防风效能为 15.5％，夏季的防风效能达42.2％。三北防护林等林业重点工程的实施，使农田防护林体系基本形成，为粮食增产提供了生态保障。经过几年不懈努力，黑龙江省森林覆盖率达到 45.73％，两大平原地区森林覆盖率达到 12.3％，黑龙江省 80％以上的农田得到了庇护。特别是以治理"西北风口""嫩江沙地"为重点的林业生态工程的实施，有效遏制了土地沙漠化趋势。良好的生态环境，为黑龙江省粮食生产十一连增打下了坚实的基础。

（二）调节农作物生长环境

1. 调节空气温度　林网可以提高最低气温，降低最高气温，延长农作物生长期 3～5

天。但关于林带对最低温度和霜冻的影响，到目前为止并未达成一致结论。

2. 调节空气湿度 在林带作用范围内，由于林带降低了其附近的风速，减弱了乱流扩散强度，使得林网内植物蒸腾和土壤蒸发的水分在近地层大气中逗留的时间相对延长，因此，近地面空气湿度常常高于旷野农田。我国许多学者的观测表明，1.5～2.0m 高度处林带附近的蒸汽压比旷野点约高 100Pa 左右，林网内活动面上相对湿度大于旷野，其变化值为 1%～7%。

3. 调节土壤温度 通过观测分析林网内土壤温度的变化可知，林带通过改变热量平衡各分量的收支状况，影响了土壤温度的变化。林带背风面的风速、乱流交换、蒸发、天气类型及林带结构都直接或间接地影响了土壤温度的变化。林网内各深度的土壤温度均高于林网外对应深度的土壤温度，中午前后土温可增高 1～2℃；林网内各水平测点间土壤温度的变化规律、增温范围和增温幅度与空气温度基本一致。

4. 调节土壤湿度 防护农田内的土壤湿度要高于开阔农田或单作农田，而且越是气候干燥的地区，这种效应越显著。根据资料统计：在干旱、半干旱、半湿润地区，农田防护林可减少蒸发 10%～20%。于黑龙江北安县进行的试验证实：于小麦整个生长季节中，林网内表层土壤含水量、贮水量、有效水含量，平均分别比林网外高 1.1%、8.7%、13.3%。

二、提高农作物产量

黑龙江省农垦科学院近 20 年的观测表明，与相同条件下的农田相比，生态林业建设完善的区域粮食增产作用明显，玉米可增产 5.5%～13.1%，水稻可增产 4.7%～7.9%，小麦可增产 6.8%～17.6%，大豆可增产 3.1%～5.4%。农田防护林在其防护的范围内，使大面积的玉米产量和质量获得提高。农田防护林对作物的生态效益、生理效益和增产效益是同步的。泰来县对庄园式沙地防护林网内主要作物玉米的产量、防护林网的增产效果及防护面积等进行了研究，结果表明，在沙地防护林网内以系统聚类法分成的高产区和增产区增产量分别为 310.5%和 142%，增产效果明显。一般在半干旱和半湿润地区，农田防护林可使作物增产 10%～30%，在湿润地区可增产 5%～10%。在林网内种植农作物、蔬菜，播种多年生牧草和栽植经济林均能获得不同程度的增产，幅度分别为农作物增产 10%，蔬菜增产 40%～50%，牧草增产 80%～100%。

三、降低粮食污染水平

黑龙江省林科院检测结果显示，与无林带防护作物相比，林带旁农作物的铅含量平均降低 31%。护路林通过阻滞和吸附汽车尾气中的重金属，能减少对林带以外农田土壤和农作物的污染，其中农作物籽粒中，重金属铅含量的平均值比无林带防护的低 31%。对北安县境内 1211 国道和省道 12 的多点取样比较测定显示，有 20m 宽林带防护的农田土壤中，重金属砷、镉、铅、锌、锰、镍含量的平均值，分别比无林带防护的低 41%、30%、12%、22%、13%和 8%。在有林带防护的路边农田农作物籽粒中，重金属砷、镉、铅、锌、锰、镍含量的平均值，分别比无林带防护的低 1%、46%、31%、7%、25%和 11%。

四、改善区域生态环境

通过实施林业生态工程建设，两大平原严重沙化耕地（主要集中在松嫩平原）面积较1998 年减少了 8%。2008—2012 年，黑龙江省累计完成治沙造林 193.5 万亩，沙区森林覆盖率由建设初期的不足 2% 提高到 8.7%，杜绝了"风剥地、撸籽粒"的现象。防护林体系不断完善，松嫩、三江两大平原区农田防护林面积达 634.3 万亩，农田庇护率达到 75% 以上。以大庆市为例，2000 年以来，大庆地区人工造林 $10.1 \times 104hm^2$，封山育林 $0.5 \times 104hm^2$，种植生态草 $2.7 \times 104hm^2$，其中西北风口、嫩江沙地和市区西部等重点沙区植树造林 $3.8 \times 104hm^2$，占全市造林总面积的 37% 左右。据调查，与平均值相比该区每年五级以上大风天数减少 26 天，扬沙天数减少 6 天；农田总面积增加了 $2.4 \times 104hm^2$，粮食作物产量增加 9 512 万吨，草原平均产干草量由原来的不足 $750kg/hm^2$ 提高到 1 050 kg/hm^2 以上。营造水保林面积达 1 185 万亩，治理侵蚀沟 2.3 万条，治理水土流失面积 6 946.5 万亩，基本构建了乔灌草、带网片结合的防护林体系，生态环境面貌得到较大改观。

研究结果表明，生态林业的建设和发展可有效改善黑龙江两大平原农业综合开发试验区的生态环境，对于防治环境试验区内土地沙化、盐渍化，以及解决水土流失问题具有重要防护作用；同时，生态林业建设能够提高农作物产量，保证农作物免受污染，对于区域环境的改善具有重要的推动作用。

第二节　试验区生态林业经济学机理分析

生态林业的作用发挥依赖于林业的物质基础，而生态林业建设本身也有其经济学机理可循。本节主要对生态林业建设过程中，林业产品即生态林业产品及生态林业建设参与者之间的经济关系进行分析，以在经济学层面探析生态林业发展的机理。

一、生态林业经济学分析的前提假设

（一）生态林业资源稀缺假设

资源的稀缺性是经济学理论研究的基础，任何资源的存在都是具有稀缺性的，正是由于稀缺的存在，才产生了物质交换，进而对于经济的运行进行有效率的约束。生态林业资源稀缺性较为明显，在黑龙江两大平原农业综合开发试验区内生态林业尤为缺乏。而另一方面，市场对于生态林业的需求潜力巨大，除了对于木材的需求，更为重要的是对于其生态效益的需求。试验区生态环境退化严重，林业的建设及其生态效益的充分发挥能够有效改善这一境况。所以，基于生态林业资源的稀缺性假设，能够有效解决生态林业建设的效率和效果问题。

（二）生态林业建设参与者假设

在生态林业市场上，生态林业资源的供给者假设有政府和农户两个参与者。这样的假设可以简化问题的复杂程度，易于找到问题的根源所在。政府基于公共人的角度，主要为社会提供公共服务，生态效益作为一种非排他的公共品，应该由政府进行提供；而生态效

益是基于生态林业的建设和发展而存在的，所以，生态林业建设的主体——农户，其角色和地位也非常重要。在黑龙江两大平原农业综合开发试验区内，农业产值占很大比重，农村人口占一半比例，农户的积极参与，对于生态林业的发展具有重要作用。

（三）生态林业建设参与者经济人假设

上述林业建设参与者的假设，认为参与者都是经济人。农户作为经济人，主要为自身考虑，自己获得经济利益是其参与林业建设活动的主要出发点和目的。所以，他们是完全经济人。政府作为经济人，除了要考虑投资建设的投入产出效率外，更为重要的是要考虑公共社会的需求与满足，所以，其经济理性为相对理性。

（四）生态林业建设机会成本假设

生态林业建设需要不断进行投资，有投资即会有机会成本的存在。农户作为完全经济人，必定要求超过成本的产出或效益，机会成本的因素也会纳入其考虑的范围。政府为保障投入资源的产出效率，也会在一定程度上关注机会成本。

二、生态林业产品的供需关系分析

这里所说的生态林业产品主要是指生态林业物化的产品，如各种果类、药材产品等，同时更为主要的是无形的生态效益产品。

林业能够发展，是因为消费者对于林业及林产品具有需求，也就是这种供求关系的存在促进了林业发展。在需求方面，林业的需求是在现有的价格水平下，消费者愿意并且能够消费的林产品的数量。这里的需求不是单个人的需求，而是每个人的需求的汇总，代表了市场的需求。林业的供给是在现有的价格水平下，林产品的提供者愿意并且能够提供的林产品的数量。这里的供给者不是单个林业经营者，而是市场上所有的林业经营者。对林产品的供求起到影响作用的有以下几个因素：一是替代品的价格，比如生产要素和购买粮食的价格、周围生态环境的价格，若此价格较高，则消费者就转向其他产品进行消费；二是机会成本。

在短期内，林业和林产品的市场供给和消费者的需求基本是均衡的。这是因为，在供求的短期均衡上，林业及林产品的三大效益是一致的，林产品的供给能够满足短期内消费者的各项需求。但是，从林产品的长期供求关系来看，这又是一对矛盾。这是因为，从全社会的角度出发来看待问题，消费者对生态效益和社会效益这两大效益的需求是长期的，因为无论什么时候都需要这两大效益存在，人类才能继续生存下去。从农户的角度来看，由于其是理性的经济人，追求的是经济利益的最大化，所以，无论短期或是长期，他追求的只有经济效益，因此，就会出现乱砍滥伐、改变林地用途、私占林地等现象。要想解决这对矛盾，则必须要有政府的参与和介入，也就是说，农户在长期内所不能提供的效益，必须由政府来进行提供，否则林业和全社会就不能实现可持续的发展。

生态林产品的供求关系，可以从林业及林产品供求关系示意图（图 4-1）看出。D 代表市场上林业及林产品的需求，S 代表市场上林业及林产品的供给，P_e 代表短期均衡价格，Q_e 代表短期均衡需求量。在短期市场供求上，林业及林产品的供求均衡点为 Q_e，从长期市场供求来看，供给在 Q_3，因为社会对于林产品及其效益的需求是强烈的，而农户或是林业产品及效益的提供者，从自身利益出发，只能提供 Q_3 的产品，市场的需求却是

Q_4，那么，缺少的这部分（$Q_4 - Q_3$）就应该由政府介入来解决。

从图 4-1 可以看出，在短期内林业的供求关系是均衡的，但是从长期的均衡角度看，供求是矛盾的。矛盾存在的原因是市场规律，也就是市场失灵。农户主要追求经济利益的最大化，但与此同时，林业还承担着生态效益和社会效益，这也是林业及林产品的公共产品功能，这部分产品是供不应求的，也就是说，有多少市场消费多少。这部分欠缺的"公共品"，农户是不会提供的，只能由政府来介入进行提供。所以，政府在林业的发展过程中和农户一起，构成了林业发展的两个动力。

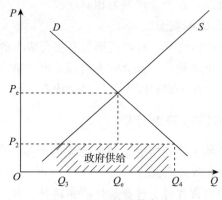

图 4-1　平原林业供求关系

黑龙江平原地区由于长期开垦，生态环境不断退化，缺树少林，风沙肆虐，旱涝频繁，自然灾害比较严重。粮食生产潜力不断下降，农民生产和生活受到威胁。在这个特殊时期，生态环境的改善变成了林业的首要作用，自中华人民共和国成立初期开始至今的植树造林就是这种需要的催生物，也是改善生态环境最直接最为有效的办法。2008—2012年，黑龙江共造林 1 728 万亩，使黑龙江省的森林覆盖率由 2009 年的 43.6％提升到目前的 45.7％，平原地区的森林覆盖率由 2008 年的 9.26％上升到目前的 12.3％，如图 4-2。截止到 2012 年年底，黑龙江省林地面积发展到 3 145×10^4 hm²，占黑龙江土地面积的 2/3（有林地面积达 3.1 亿亩），活立木的总蓄积达 17.6 亿 m³，森林覆盖率达到 45.7％。黑龙江省天然的湿地面积达到 8 340 万亩，占全国天然湿地总面积的 1/7；森林、湿地的碳储量达到了 26.24 亿吨；共有 7 处自然保护区被列入了国际的重要湿地名录，居全国之首，

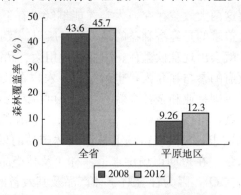

图 4-2　2008—2012 年森林覆盖率变化

占全国国际重要湿地名录的 1/6；黑龙江省森林和湿地占省土地面积的 55.6%。

　　研究表明，生态林业产品的供求并不完全遵循市场规律的作用，究其原因就是生态林业承载着生态效益，这一部分效益的存在使得生态林业产品的供需出现矛盾，出现矛盾的原因就是市场失灵，不能弥补生态效益非排他性的损失，这也导致林业产品供给者提供的产品减少、同时对林产品的需求不断提升的问题发生。要解决这一问题，就必须引入政府的调控。

三、生态林业参与者的利益诉求

　　任何理论都是有条件的、相对的，所以在理论的形成中假设非常重要，离开了一定的假设条件，分析与结论都是毫无意义的。在分析生态林业建设的参与者及其之间的关系时，可以假设市场上只有农户与政府两个经济人作为林业建设的参与者，以这两个参与者进行分析其在生态林业建设中的作用及地位，以及二者之间的关系。

　　通过上面对林产品市场的均衡分析，我们可以看到农户和政府在林产品的供应问题上的相互关系。我们基于林业的三大效益，引入了农户和政府两个经济人的参与；也正是由于农户追求经济效益、政府追求生态效益和经济效益，二者才会进行力量博弈，从而促使林业不断发展与进步。在不同的历史时期，林业承载的功能侧重不同，这二者在林业的发展过程中，所起到的作用也是此消彼长、不断变化的。从图 4-3 可以看出，政府与农户在林业及林产品的供应问题上，呈现交替主导的现象，在林业发展的过程中，表现出不同的作用。当政府的驱动力比较弱的时候，农户的驱动力就比较强；当农户的驱动力比较弱的时候，政府就会介入，运用法律和行政的手段，来弥补这部分空白。

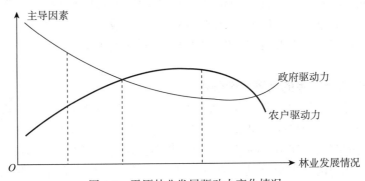

图 4-3　平原林业发展驱动力变化情况

　　在中华人民共和国成立之初，百废待兴，林业建设也是如此，反动势力之前疯狂攫取森林资源，造成森林资源严重短缺。此时，农户也刚刚得到解放，没有经营林业的能力和欲望，所以此时政府就成为林业的主要驱动力；随着经济的发展，温饱问题逐渐得到解决，人们需要不断提高生活的质量和水平，农户对于经济利益有了更强的要求。单纯种粮食收入不高，而木材价格水平相对较高，这就促使农户自觉参与林业建设，植树卖材、提高收入，此时农户是林业发展的主要驱动力；由于农户单纯地追求经济效益，森林不断遭到砍伐和破坏，生态环境问题凸显，人类的可持续发展受到挑战。这时，政府的介入不断增强，通过各种法律和法规，保护森林资源，引导农户进行林业生产，此时政府成为林业生产的主要驱动力。这两股力量就是在不断地此消彼长，主辅换位。

（一）农户经济利益

农户作为理性的经济人，其追求的就是经济利益的最大化，采取决策的出发点就是获取最大化的经济利益。也正是由于经济利益的存在，才导致一些地方的乱砍滥伐、私占林地、乱占林地、毁林卖材的发生。黑龙江两大平原内的林业发展，也是基于经济利益的驱动而进行的。

农户作为经营的主体，在市场规律的作用下，其经营行为是从自身经济利益最大化的角度出发的。作为粮食主产区的黑龙江两大平原地区，农民的收入不高，虽然高于全国平均水平，但与城镇收入相比相差巨大。因此，理性的农民必将把相关资源配置到利润较高的林产品生产上。而且区划地区立地条件不错，适宜栽种速生丰产树种等经济林，它们相比农作物种植收益更高。政府作为参与者，也在逐渐引导农户的行为。2012 年，黑龙江省政府推进林业产业项目 100 个，其中省重点项目 41 个、总投资 183.5 亿元，一般项目 59 项、总投资 178.3 亿元。全年林业产业总产值达 1 200 亿元，比上年增长 19.52%，农户林下经济产值达 5.7 亿元。

（二）政府行政力量

政府作为林业建设的主要参与者，在林业的建设过程中起到了重要的作用。作为宏观经济的调节者，它能为市场失灵问题提供解决办法。政府具有强大的政策资源与行政资源，能利用其强大的优势引导农户、刺激市场，促进林业的发展。在两大平原地区，农民的利益一直没有充分体现，收入水平比较低，而且近些年粮食价格不稳定，受到国际和国内的多种因素影响，出现了"谷贱伤农谷贵亦伤农"的怪现象。政府可以帮助农民，引导其调整产业结构和种植方式，而平原地区的自然条件比较适合林业，尤其是经济林的生产，在政府的引导和推动下，广大农户逐步参与林业建设和生产，发展林下经济，可以在保证粮食生产的前提下，多渠道增加农民的收入，最终实现生态效益、经济效益和社会效益的有效统一。

（三）生态林业参与者的经济博弈分析

林业是周转时间较长的产业，也是受自然灾害影响比较严重的产业，经营林业具有一定的风险性。同时，由于目前木材价格比较高、林产品销路比较好，林业又充满了盈利的机会。这些情况的存在，使林业的经营变得很复杂。在这里假设政府和农户是主要的参与者，作为林业发展的两股力量，其必然存在多种关系。所以我们利用博弈论中"鹰鸽" 2×2 模型，来分析政府和农户参与林业生产的行为。

在生态林业建设中，农户作为相对弱势的群体，他们一般处于观望与等待状态。由于其经济实力较弱，作为完全理性的经济人，不可能把资金大量投入到风险较大的林业经营与建设中。他们往往处于学习与观望之中，彼此间也相互学习、相互模仿，一旦发现别的农户有利可图了，自己也会"跟风上"。所以，这就要求政府作为公共服务提供者，要在各个方面引导、诱导农户参与林业生产，真正"做给农户看、给农户做示范、带着农户干"。政府在前方引路，农户见有利可图，自然就逐渐参与到生态林业的建设中来。经济利益越是明显，农户参与的愿望越是强烈。

农户"进行林业生产"和"不进行林业生产"的动态均衡比例最终取决于这两种行为

决策的收益比例，农户采用非林生产策略和林业生产策略达到动态均衡比例的速度，主要由农户的林业生产收益与非林生产收益的大小决定。政府要想引导农户参与林业建设，就必须提高其收益的预期，增强其林业生产的积极性。

　　本章主要对试验区生态林业对农业生产的生态作用进行了分析，通过数据分析发现，生态林业建设可有效调整农业生产的生态要素，显著提高农作物产量，降低风速，改善地区生态环境。基于生态林业的经济学假设，对生态林业产品的供求关系及生态林业参与者——农户与政府之间的利益关系进行了分析，通过研究，找到了农户参与林业生产的利益决策点。

第五章 试验区生态林业建设的 影响因素分析

本章主要对黑龙江两大平原农业综合开发试验区生态林业建设问题的影响因素进行了定量分析。运用德尔菲法通过林业相关专家确定了影响指标、应用面板数据模型,分析了黑龙江两大平原农业综合开发试验区生态林业建设的影响因素。

第一节 研究变量指标

一、选取的原则

变量指标的选取应遵循一定的概念框架以及构建原则,这样可以满足变量说明问题的要求,研究的结果也比较客观。一般来说,在选取变量指标的时候应遵循以下的原则:

(一)相对独立原则

指标独立的含义就是使指标之间尽量不具有相关性,指标的选取不相互重叠,而且也不相互代替,这样选取信息重复性低。在本文中,指标的选取主要是从对黑龙江两大平原农业综合开发试验区生态林业的建设和发展情况出发,以生态林业中的森林质量及其影响因素为考量,通过咨询专家和对现有研究文献进行梳理,筛选出具有代表性的、适合的指标作为参考。

(二)科学性的原则

科学性的意思是指标选取需要体现出要研究的问题的本质,能够体现其发展规律与轨迹。如果指标的选取不科学,则研究的路线就出现了偏差,研究的结果也就不可信。本研究选取的反映生态林业森林质量的指标遵循可持续发展原则,影响因素的选取尽量全面、真实,是经过反复斟酌、向专家咨询、对比文献中的指标后总结得出的,严格遵循科学性原则。

(三)可比性的原则

可比性就是指选取的指标在单位、口径、范围上保持一致,确定的指标具有普适性。由于选取的各个指标的单位及其正负作用不一致,所以,在研究过程中,对其进行了无量纲化处理,尽量满足指标间的可比性。

(四)代表性的原则

在选取变量指标的时候,应该使这些指标反映出要研究的问题的本质,或是反映出问题的主要方面和主要矛盾,这就要求选取的指标要具有代表性。

(五)动态性的原则

由于事物是发展的,所研究的问题也在不断变化,所以选取的指标也有时效性,这就要求指标的选取能够反映问题的发展趋势和现状，以能够通过分析预测其未来发展方向。

(六) 可操作性的原则

任何问题的指标选取都需要具有可操作性，为实证分析奠定基础。但实际研究过程中，部分指标的数据难以获得或是数据不全，造成了研究的困难。所以，指标要尽量有据可查、实用、容易获得。

二、指标设计与选取的方法

本文的研究依据可持续发展原则，在现有研究文献的基础上，在以上指标选取原则的指导下，采用德尔菲法，通过咨询相关专家与林业工作人员，进而筛选出相关指标，建立评价体系进行研究。指标筛选的具体方法：首先，对黑龙江两大平原农业综合开发试验区生态林业的相关研究文献进行梳理，将研究课题所涉及的学者和专家的观点和看法进行分类归总；其次，分别在林业院校、林业科研单位、林业主管部门、基层林场及林技推广站各选取一名经验丰富的专家或工作人员，组成专家组。运用德尔菲法，经过充分酝酿与讨论，结合黑龙江两大平原生态林业现实存在的问题，筛选出本课题适合的指标，得出具有普遍性和代表性的指标体系。最后，针对筛选出的指标，查阅相关统计资料、走访调查获取数据。最终得出满足科学性和代表性等指标选取原则的黑龙江两大平原农业综合开发试验区生态林业指标。

三、指标的确定

(一) 生态林业质量指标变量的选取

生态林业的生态效益的存在以及作用的发挥，其物质基础是生态林业的存在，再深一步说，就是生态效益赖以发挥的物质基础——林木的存在及其质量的好坏。林木生长健康，也就是其质量好，则其生态效益的发挥就比较好。通过现有的研究成果可以看出，现在有关林业的生态质量研究，基本都是基于其物质基础即生物学的质量进行的（比如，詹毅，杭玉科，梁振双，1995年；张银龙，1999年；王义红，周晓峰，2000年；雷加富，2002年；冯忠科，2005年；国家林业局，2005年）。生态林业的物质基础主要是指其林木的发展质量，涉及生态变化的一些指标，如树高、胸径、林分、林龄等，这些指标越好，则其生态质量就更高，反过来也是一样。

对于我国的森林研究体系来说，目前对于森林质量的研究不深，处于初级阶段，其生态评价的指标体系也没有建立完善。而且，在数据收集的过程中，我国历次森林资源清查的统计指标也不甚一致。随着认识的深化以及林业科技的发展，森林生态质量的指标也在变化。

所以，权衡各方，最终确定从森林的生态质量这一视角出发，并根据我国历次森林资源清查的内容，来建立黑龙江两大平原农业综合开发试验区生态林业的质量指标体系。具体内容见表5-1。

表 5-1　生态林业森林质量指标及代号分类表

一级指标	二级指标	三级指标	单位	代表符号
林业生产力	森林面积	林地面积	万 hm²	Y_1
	生物量	森林蓄积	M³/hm²	Y_2
		郁闭度	%	Y_3
		森林总生物量	万 t	Y_4
林分构成	林龄结构	近熟林面积	万 hm²	Y_5
		过熟林面积	万 hm²	Y_6
	林种结构	防护林比重	%	Y_7
		经济林比重	%	Y_8
		天然林比重	%	Y_9
森林灾害	森林灾害	森林灾害比重	%	Y_{10}

（二）生态林业发展影响因素指标的确定

在现有的有关林业发展的影响因素分析的研究中，一些学者认为经济、政治、社会、文化等软的因素，是林业发展的社会性因素；还有一些学者则认为制度及管理也是主要的影响因素，他们认为除了自然立地条件以及自然环境等，社会的发展以及人类的行为对林业的发展也有很大的影响作用。这样来看，关于林业的发展，社会性的影响因素比较多，范围也比较广。在这些研究中，影响林业发展的社会性因素主要是人口数量、经济发展水平、林业的产业结构、宏观政策等。另外还有研究人员认为人均国民生产总值，二、三产业的比例，人均的科技事业经费等也会造成影响。综合前人的研究，结合专家组给出的意见，从社会性因素里选取了相关指标和变量，对黑龙江两大平原农业综合开发试验区生态林业的发展影响因素进行研究。具体情况见表 5-2。

表 5-2　生态林业建设影响因素指标分级及代号情况表

一级指标	二级指标	三级指标	单位	代表符号
经济政策	林业权属	集体林权改革面积	万亩	X_1
	林业税费	税收	万元	X_2
	投融资	林业投入额度	万元	X_3
	生态效益补偿	生态补偿金额	万元	X_4
	林业保险	林业参与保险面积	万亩	X_5
法律规范	林木采伐许可	采伐量	万 m³	X_6
	林业中介服务	林业中介	家	X_7
	林木交易市场	林业产值	亿元	X_8
思想意识	网络信息	林业信息服务机构	家	X_9
	专业培训	农户培训场次	场	X_{10}
	林业科技	林业科技人员数量	人	X_{11}
社会监督	监督方式	涉及林业法律法规	部	X_{12}
	法律监督	林业监管机构	个	X_{13}

四、数据的搜集

根据确定的各项分析指标，从 2001—2012 年中国林业统计年鉴、黑龙江统计年鉴、黑龙江林业统计年鉴和相关县市的统计公报，将涉及地区指标数值进行汇总计算得出数据，见表5-3、表5-4。

表 5-3　生态林业质量指标数据统计表

一级指标	二级指标	三级指标	单位	年份					
				2001	2002	2003	2004	2005	2006
林业生产力	森林面积	林地面积	万 hm²	79	83	104	117	136	140
	生物量	森林蓄积	m³/hm²	17	17	19	19	19	19
		郁闭度	%	0.27	0.26	0.27	0.28	0.29	0.29
		森林总生物量	万 t	—	—	89	92	94	95
林分构成	林龄结构	近熟林面积	万 hm²	—	112	116	116	121	121
		过熟林面积	万 hm²		66	68	68	71	71
	林种结构	防护林比重	%	47.4	47.4	46.8	45.9	45.8	45.8
		经济林比重	%	21.2	21.9	22	25.3	27.1	29.6
		天然林比重	%	13.5	13.1	12.8	12.8	12.6	12.4
森林灾害	森林灾害	森林灾害比重	%	21.4	22	23.4	22.7	19.4	20.6
一级指标	二级指标	三级指标	单位	年份					
				2007	2008	2009	2010	2011	2012
林业生产力	森林面积	林地面积	万 hm²	145	168	189	204	217	241
	生物量	森林蓄积	m³/hm²	20	21	21	22	22	23
		郁闭度	%	0.30	0.31	0.31	0.32	032	0.33
		森林总生物量	万 t	97	105	119	127	134	142
林分构成	林龄结构	近熟林面积	万 hm²	126	130	133	134	140	141
		过熟林面积	万 hm²	73	74	74	76	76	78
	林种结构	防护林比重	%	45.2	45.2	44.8	44.8	44.6	44.1
		经济林比重	%	30.7	31.4	31.8	32.7	33.4	35.7
		天然林比重	%	12.1	11.9	11.9	11.7	11.5	11.2
森林灾害	森林灾害	森林灾害比重	%	18.4	17.6	17.1	16.4	15.5	13.1

注：根据 2001—2012 年黑龙江统计年鉴、2001—2012 年黑龙江林业统计年鉴、相关县市区统计公报整理计算得出数据，"—"表示没有相关数据。

表 5-4 松嫩-三江平原林业相关指标情况统计表

一级指标	二级指标	三级指标	单位	年份					
				2001	2002	2003	2004	2005	2006
经济政策	林业权属	集体林权改革面积	万亩	—	50	71	102	170	283
	林业税费	税收	万元	81 294	79 640	82 000	78 720	75 571	72 548
	投融资	林业投入额度	万元	11 356	12 832	14 500	16 386	18 516	20 923
	生态效益补偿	生态补偿金额	万元	—	—	—	—	2 145	2 295
	林业保险	林业参与保险面积	万亩	—	—	—	12	25	31
法律规范	林木采伐许可	采伐量	万 m³	112	134	127	97	86	75
	林业中介服务	林业中介	家	32	49	55	76	63	84
	林木交易市场	林业产值	亿元	79	85	92	98	106	114
思想意识	网络信息	林业信息服务机构	家	—	—	—	13	15	15
	专业培训	农户培训场次	场	32	41	46	57	61	76
	林业科技	林业科技人员数量	人	1 642	1 731	1 681	1 372	1 301	1 244
社会监督	监督方式	涉及林业法律法规	部	30	34	37	38	38	45
	法律监督	林业监管机构	个	247	254	259	134	125	116

一级指标	二级指标	三级指标	单位	年份					
				2007	2008	2009	2010	2011	2012
经济政策	林业权属	集体林权改革面积	万亩	471	524	582	647	718	718
	林业税费	税收	万元	43 529	26 117	15 670	9 402	5 641	3 385
	投融资	林业投入额度	万元	23 643	24 115	24 598	25 090	25 592	26 103
	生态效益补偿	生态补偿金额	万元	2 456	2 628	2 943	3 296	3 692	4 135
	林业保险	林业参与保险面积	万亩	44	40	68	134	274	324
法律规范	林木采伐许可	采伐量	万 m³	64	52	67	55	45	30
	林业中介服务	林业中介	家	117	94	127	133	171	186
	林木交易市场	林业产值	亿元	122	132	142	152	164	176
思想意识	网络信息	林业信息服务机构	家	16	19	24	26	35	35
	专业培训	农户培训场次	场	85	153	112	94	147	135
	林业科技	林业科技人员数量	人	1 279	1 184	1 167	1 221	1 173	1 261
社会监督	监督方式	涉及林业法律法规	部	50	52	53	53	53	55
	法律监督	林业监管机构	个	98	95	84	77	69	65

注：根据 2001—2012 年黑龙江统计年鉴、2001—2012 年黑龙江林业统计年鉴、相关县市区统计公报整理计算得出数据，"—"表示没有相关数据。

第二节　实证结果及分析

一、多元线性回归方程的确定

通过对各解释变量的最小二乘法回归及逐步回归分析的结果可以看出，X_1（林业权属）、X_4（生态效益补偿）、X_3（投融资）、X_7（林业中介服务）与被解释变量的线性关系最强，X_{11}（林业科技）、X_{13}（法律监督）与被解释变量之间的线性关系最弱，产生了多重共线性。X_8（林木交易市场）、X_9（林业信息服务机构）和 X_{10}（农户参与培训）属于 X_7（中介服务机构）内的具体组成部分，X_7涵盖了其解释功能。这些指标与 X_7相比，解释变量线性相对较弱，也产生了多重共线性。另外，经济层面上，X_2（林业税费）因为 2006 年农业税费制度改革之后，废除了农业税收、减免了相关的林业经营费用，所以该解释变量线性相关性较弱。1998 年天保工程实施后，进行退耕还林、退耕还草，林业采伐量受到严格的限制，所以解释变量 X_6（林木采伐量）对被解释变量的线性相关性较弱。至于 X_5（林业保险），由于我国农业保险体系尚不健全，林业保险也较为落后，所以其目前对于被解释变量的线性影响较弱。

综上，只有 X_1（林业权属）、X_3（投融资情况）、X_4（生态效益补偿制度）、X_7（林业中介服务机构）这四个解释变量对被解释变量生态林业的发展具有较大的影响作用，也就是有较强的线性相关性。这样，就可以得到黑龙江两大平原农业综合开发试验区生态林业建设影响因子的线性回归方程：

$$Y=0.479\,2X_1+0.389\,2X_3+0.394\,5X_4+0.339\,1X_7$$

$$R^2=0.992\,0 \quad R^2=0.974\,8 \quad R^2=0.976\,2 \quad R^2=0.989\,8$$

$$\overline{R^2}=0.982\,2 \quad \overline{R^2}=0.962\,3 \quad \overline{R^2}0.972\,2 \quad \overline{R^2}=0.961\,8$$

该线性回归方程说明，X_1（林业权属问题）对于黑龙江两大平原农业综合开发试验区生态林业建设的影响权重达到 0.479 2，其经济意义是在其他条件不变的情况下，林业权属每解决 1%，就能够促进生态林业增长 0.48%；X_3（林业投融资）对于黑龙江两大平原农业综合开发试验区生态林业建设的影响权重为 0.389 2，其经济意义是在其他条件不变的情况下，林业投资每增加 1%，则生态林业可增长 0.39%；X_4（生态效益补偿制度）对于黑龙江两大平原农业综合开发试验区生态林业建设的影响权重为 0.394 5，其经济意义是在其他条件不变的情况下，生态效益补偿每增加 1%，则生态林业可增长 0.39%；林业中介服务机构对于黑龙江两大平原农业综合开发试验区生态林业建设的影响权重为 0.339 1，其经济意义是在其他条件不变的情况下，林业中介服务结构每增加 1%，则生态林业可增长 0.34%，得出的结论与理论预期及经济现实一致，具有可信度。

二、变量的解释程度分析

对于专家确定的 13 个生态林业建设发展的解释变量，经过面板数据模型的分析与检测可以看出，它们对于生态林业的发展具有较强的线性相关性。这也说明指标的选择具有科学性与可行性。尽管在模型检验时，部分解释变量出现多重共线性而被剔除，但大部分指标具有解释能力，其中解释能力最强的指标是 X_1（林业权属）、X_4（生态效益补偿）、

X_3（投融资）、X_7（林业中介服务），这与现实情况及理论预期是一致的。X_{11}（林业科技）、X_{13}（法律监督）与被解释变量之间的线性关系最弱，这一点与现实情况不甚符合，实际上科学技术与法律监督对于生态林业的建设发展仍是不可缺少的保障因素。之所以模型分析过程中出现相关性低的情况，可能是因为近些年，在该区域科技的因素尚未完全发挥出来。同时，天保工程等林业生态工程的实施，一定程度上也起到了法律保障的作用，所以法律因素也尚未完全发挥显现。总体来看，筛选出的生态林业建设影响因素指标具有较强的解释性。而且，筛选出的最后四个影响因素可决系数和判定系数都很高，说明对于被解释变量具有极强的解释性。后文，也将集中对影响黑龙江两大平原农业综合开发试验区生态林业建设的四个重要影响因素，即 X_1（林业权属）、X_4（生态效益补偿）、X_3（投融资）、X_7（林业中介服务）进行分析。

三、影响因素的分析

（一）产权制度因素

林业权属的相对重要性标度最大，其权重达到 0.479 2，可决系数为 0.992 0，判定系数为 0.982 2，这说明林业权属问题是黑龙江两大平原农业综合开发试验区生态林业发展的最重要影响因素，在林业权属问题多下工夫研究，破解其发展瓶颈，建立健全林业产权制度、深化集体林权制度改革是黑龙江两大平原农业综合开发试验区林业发展的核心因素。

黑龙江两大平原农业综合开发试验区生态林业产权制度还存在一些缺陷，主要表现在以下几个方面：

1. 农户被动参与林改 通过调查能够了解到，目前的集体林权制度改革仍是由政府在主导和推动。这里有农户的信息收集能力和素质有待提高的因素，而林权制度的改革，现在来看也的确还是需要自上而下地进行，属于强制性的变迁过程。在改革的过程中，一些相关的事项和做法，征求农户的意见还不够充分，农户的知情权、参与权没有完全实现。另一方面，黑龙江平原地区的林权改革，其所采取的主要形式是拍卖，在很多地方都是以单一的拍卖方式来实施。所以，参与竞拍和竞价的农户，以及能够最终得到林业经营权利的农户，在全体农户中所占的比重不高。有的拍卖和竞拍，需要的资金额度很高，单个农户无力参与，只能采取联合的形式参与，即几个农户把资金凑到一起，选举一个农户代表参加竞拍，然后再根据出资的额度来确定每个参与者的林权份额。

2. 林改后林业定位不清 黑龙江两大平原地区的林业参与林权改革后，农户参与林业生产的积极性有了明显的改善与提高，林业建设也有了很大的改善，森林覆盖率有所提高，林分质量有所改善。但是，在这一区域，林业的经营定位还不甚明了。过去林业作为农业的附属而存在，主要为农业的生产提供保障，其次就是为国家建设、国防建设提供木材。南方集体林区改革后，定位的目标很明确，就是在保障生态环境的基础上，不断提高经济效益。在明确的指导思想引领下，农户经营的能力与水平很快提高，农民获得的经济收入很可观。在黑龙江两大平原地区，林业经营定位还不清晰，农户仅是在有了自由经营权之后，以获取更大的利益为目标。但这不能作为林业的主要定位，在这一区域应该以保障粮食生产为前提，以改善生态环境为主要任务。黑龙江两大平原是国家重要的粮食生产基地，是黑龙江粮食主产区，保障着国家的粮食安全。只有明确这一原则和思想，才能更为有效地开展好林业的经营管理工作。

3. 林改后经营水平没有显著提高 随着市场经济体制改革的深入与发展，林业也逐渐参与到市场体制的建设过程中，市场价值规律的运用，使资源的配置逐渐优化。相比于林权改革以前，林业的生产经营活力有了很大提高与改善，农户参与林业经营的程度也不断提高，一个重要的表现就是他们对于林业的投入不断提升，对于种植的树木的管护责任心有所增强。但与此同时，我们还要看到，目前的经营水平还不够，尤其与南方集体林区的经营效率比还差得很远，与发达国家的林业经营相比更是相差悬殊。主要的问题就在于目前对于林业的经营投入还不足。林业是生产周期长的产业，经营具有一定的风险性，而农户虽然增加了投入，但总体的绝对投入还不足，这进一步影响着林业经营的集约化发展。同时，林业经营的规模化水平还不够。在确权之后，由于权力的清晰，农户开始自行经营与发展林业生产，在农业的一家一户的小型生产已经显现弊端的时候，这必然也会影响到林业的生产。所以说，林业的经营水平还有待提高。

（二）生态效益补偿制度因素

生态效益补偿的权重达到 0.394 5，可决系数为 0.976 2，判定系数为 0.962 2。黑龙江两大平原农业综合开发试验区林业的主要定位是生态保护性林业，围绕粮食生产开展，所以具有极强的正外部性，其部分外部性未得到体现与补偿，现行森林生态效益补偿政策没有将两大平原林业纳入补偿范围，且补偿标准不够合理。所以需要国家将其纳入生态效益补偿范围内，且要提高现有森林生态效益补偿标准，因此，两大平原地区的林业生态效益补偿需要继续完善与健全。林业权属和生态效益补偿均属于制度建设范围，所以，制度的健全对于两大平原生态林业建设具有重要作用。

现行林业生态效益补偿制度还存在一些缺陷，主要表现在以下几个方面：

1. 生态效益补偿的理论分析不统一 由于研究人员对于林业基金制度的作用和定位有着不同的认识和看法，所以不同的研究人员，也就有了不同的观点。有一些人认为：林业生态效益补偿基金仅仅是一个十分广泛的观念，包含了很多的方面和内容，涵盖了国家统一管理的各种来源的林业投资和林业的经营收入。所以，各种性质的政府财政性的拨款，银行的贷款，以及在林业行业内部征收的各种税费等都被纳入到了林业生态补偿基金的范畴中。而另外的一些人，则认为林业生态基金是一个相对狭义的概念，主要就是指用于林业建设的各类专项基金，而不涵盖其他的银行贷款以及林业内部征收的各种费用。除了以上两种看法，还有一些人认为林业基金只包括国家投入的用于林业的风险建设和生态效益补偿的基金。存在着对林业基金制度的不同看法，势必就会产生不同的林业政策，而不同的理解所导致的不同政策的出台，也会影响林业基金的效果和林业综合效益的发挥。

2. 生态效益补偿基金的来源和使用管理不规范 从上面的分析可以看出，人们对于林业生态效益补偿的概念、作用和地位的认识并不统一，因此，也就进一步造成林业生态效益补偿的来源以及使用上的偏差。由于林业资金来源的复杂性林业生态效益的特征不是很明显，这些基金有来自行业内部的自有资金、外部的银行贷款、政府的拨款、专项资金，以及其他来源的资金，这些复杂成分的加入，使林业生态效益补偿的性质更加混乱。要理清这种混乱的局面，就必须对林业生态效益补偿的作用进行确定。林业生态效益补偿存在的目的主要是弥补市场的失灵，保障森林的生态效益的发挥，这时必须有政府的介入才能解决问题。所以林业生态效益补偿应该主要包括国家的财政拨款和生态效益的费用。

关于林业生态效益补偿的使用，现实中最大的问题就是其所施用的范围过广，有鞭长莫及的感觉。林业生态效益补偿的主要作用就是补偿森林的生态效益，通过政府的宏观调控能力，对资金和资源进行再分配，保障再分配的公平和效益。而事实上，很多林业基金用在了林业的抚育和生产上，有的还变成了养人、养机构的工资，没有体现出专款专用的性质。我们现在有了森林生态效益补偿制度，也有了比较明晰的管理办法。但最大的问题是，森林生态效益补偿基金主要用于国有公益林的生态补偿，对于更需要补偿的松嫩-三江平原地区林业的生态效益补偿，却始终不能实现。长此以往，势必会影响林业经营者的收入，进而影响森林生态效益的持续供应。

（三）资金因素

林业投融资政策因素在两大平原生态林业建设中的影响比重为 0.389 2，可决系数为 0.974 8，判定系数为 0.962 3，可以看出投融资与生态林业发展的相关性很强。林业投入机制需要不断扩大与丰富，目前以国家财政投入为主，个人投入较少。这与林业权属问题息息相关，所以，要进一步完善林业权属政策，鼓励多渠道资金投入。林业投融资体制的单一，制约了平原地区林业的发展。现在黑龙江两大平原林业的发展，主要依靠"三北"防护林体系建设，以及 2008 年提出的建设"大美龙江"政策的支撑，投入以国家、省政府为主，地方、个人以及民营公司投资较少。想要促进两大平原林业快速发展，就急需扩大投资渠道。

黑龙江两大平原地区的林业建设，以充分发挥其生态效益作为主要的发展方针和指导思想，最终目标是实现林业三大效益的有机统一和充分发挥。然而，现实存在的问题是，林业所具有的三大效益的实现方式是不尽相同的，具体到补偿的问题上自然也就是不同的了。由于林业投入的主体在经济实力、自身素质以及发展要求上都有所不同，所以其经营的能力和要求补偿的方式也不一样。政府作为宏观政策的制定者，负责公共品的提供，代表着公众的利益，所以其投资林业的目标，主要是满足民众对于公共品的需求，提供林产品的公共效益，即生态效益的发挥。但政府也是有限理性的经济人代表，所以在保证生态效益供应之余，也会追求经济上的回报和利益。而作为纯经济人的企业或是农户，其投资的目的和主要需求就是获得更多的经济利益与回报。所以，对于多元化的投资需求，需要根据不同的资金来源制定不同的政策措施，来引导和促进这些投资的合理化。

（四）中介服务机构因素

中介服务机构的影响权重为 0.339 1，可决系数和判定系数为 0.989 8、0.961 8，相关性比较强。目前影响黑龙江两大平原农业综合开发试验区地区林业发展的中介服务组织涵盖面比较广，涉及林业保险机构、林业科研机构、林业交易场所、林业专业培训组织、林业监督机构、林业网络机构。这间接造成一些指标的多重共线性问题。中介服务组织——林业生产合作社对于黑龙江两大平原林业发展影响作用最大，主要原因是：黑龙江两大平原林业的参与者大多为农户，一家一户的分散经营管理，不能很好地为两大平原的林业发展提供服务。需要根据不同地域特点建立不同的林业专业合作社，将农民组织起来，壮大合作社力量。林木交易场所、林业专业培训机构的建立以及网络信息化平台的建设，都对黑龙江平原林业的发展具有积极的作用，要不断完善这些中介服务机构。黑龙江两大平原农业综合开发试验区地区林业中介服务结构不健全，也不利于生态林业的健康发展。

黑龙江两大平原农业综合开发试验区现有的林业社会化服务体系的缺陷，主要表现在以下几个方面：

1. 体系行政化且服务能力弱 现行的林业社会化服务体系，主要是从农业社会化服务体系中脱离出来的，而且服务的主体比较复杂，有各级林业行政主管部门，有涉及林业管理的事业单位，还有一些涉及林业的企业和部门，而且一些协会等组织机构也是在政府的推动下建立的。这些部门、企业和组织与行政部门有着联系，他们各自行事，以不同的方式从事着社会化的服务。但他们各自的地位、工作的内容以及行事的方式都不同，其中最强势的就是行政部门。而有行政部门背景的事业单位，风格也与行政部门极为相似。这就造成了现在的林业社会化服务机构的服务内容比较单一，服务的积极性比较差，服务的能力也不强，仅仅限于生产资料的提供、一些低层次的基础的科学技术的指导，对于市场信息的把握不准确也不及时，造成了体系的行政化和服务能力的弱化。

2. 资金不足致使基础条件落后 随着我国经济的发展和综合国力的增强，各级财政收入不断增加，国家也加大了转移支付的力度，把财政收入投向基础的公益事业和产业发展，不断增加对于林业的支持和投入。但是，相比对其他产业的支持，国家对于农业的支持比例不高，而林业作为农业的一个组成部分，所能分到的财政投入就更少了。长期以来，这造成了林业社会化服务机构的资金投入不足和办公等基础条件的落后，有些林业机构被关闭和合并，林业科技的推广经费不足，先进的、实用的科学技术没有得到及时推广。与此同时，生产资料的价格不断上涨，如化肥、电力、水资源的价格都在不断上升，林产品的比较利益又进一步降低了。

3. 侧重产前和产中服务而忽视产后服务 现有的林业社会化服务机构，虽然进行了改革与调整，但其服务的内容没有太多的变化。现在的服务内容，与原来相比，仍然是侧重于产前和产中的服务，对于生产之后的服务和管理不重视，或是没有意识到其重要性。原来的服务主要为对栽培、种植技术和采伐更新作业的指导，提供树苗种苗，林木的抚育管理，病虫害和火灾的预防等，对于市场的信息捕捉不够、反应不灵敏，对林产品的加工、市场的开发，以及林产品的销售和相关服务等都没有涉及或涉及很少。所以，为了促进林业的健康发展，需要加强对经济价值更高的产后服务领域的关注和服务力度。

4. 服务内容与需要相差甚远 黑龙江两大平原农业综合开发试验区生态林业的经营管理水平不断提高，原因之一就是市场对于林产品存在刚性需求，吸引农户投入林业生产。但是由于农户自身的科学素质不够，对于林业的经营及管理不甚精通，所以迫切需要一些中介服务组织来指导农民。尤其是在林业发展的资金、科学技术、市场信息等方面，农户的需求量非常大，要求也很高。但从上面的分析可以看出，目前该区域内的林业中介服务机构其能力还满足不了农户的需要，这也迫切地要求林业中介服务机构要不断地提高其服务的水平与能力，完善其配套设施，增加服务的内容，满足农户和企业的经营需要。

5. 农户主动接受服务意识薄弱 一方面，林业中介服务机构的服务能力较差，服务水平不高；另一方面，作为被服务的对象，农户主动接受林业中介服务机构的服务意识还不强。许多农户由于其自身思想陈旧、文化素养不高，对于新事物的接受力不强，受到长期的农业生产的影响，一直从事着粗放式的、自给自足的生产经营，以一家一户的小作坊式的生产为主，这样的生产经营方式与现代林业的建设也背道而驰，不符合建设现代林业的要求，尤其是市场意识比较弱，捕捉市场需求的能力比较差。所以，这就更需要林业中介服务机构进行全方位服务，来提高农户的经营能力和水平。

本章主要基于对黑龙江两大平原农业综合开发试验区生态林业的制约因素进行定量分析。确定生态林业的质量指标以及影响因素指标，对影响生态林业发展的影响因子与其发展的相关性进行分析。最终确定林业权属问题、林业投入问题、生态效益补偿问题、林业中介服务机构为黑龙江两大平原农业综合开发试验区生态林业影响的主权重影响因素。

第六章 上海市崇明区农业园区与黑龙江两大平原农业综合开发试验区农业废弃物产出及利用概况

第一节 上海市崇明区农业园区农业废弃物概况

一、上海市崇明区农业园区概况

上海市崇明区农业科技园区位于崇明岛东北部，东西长 15km，南北宽 2.2km，总面积为 33km²，定位为都市型生态农业园区，发展目标是高效生态农业。目前，园区内三大主导产业分别为以低碳农业示范区为标杆的种植业、以设施农业为基础的生态观光旅游业和以优质农产品为原料的食品深加工产业。其中，稻谷和蔬菜作为大宗农作物，其种植面积在园区内分列第一和第二。稻谷作为高效丰产的粮食作物，其种植面积在园区达到 2 940hm²。鱼类养殖产业是崇明区的特色产业，各类鱼产品年产量 5 万吨。2020 年，崇明区绿色农业生态循环发展模式不断取得新成效：构建了农业生产废弃物利用监测体系，并在此基础上开发出高标准农业生产农田 800hm²，占全区耕地面积的 2%；农田基本设施不断完善，优质高产高效的绿色病虫害防治技术应用面积达 $2.289 \times 105hm^2$。崇明区作为上海市最大的农产品绿色生产基地，为更好构建友好型农业生产模式，建立了上海市第一个农业生产废弃物利用体系；还建设了农业生产废弃物资源化利用站点 30 个，包括 3 座镇级废弃物循环利用站点和 27 座行政村级农业生产废弃物利用示范点，依托各镇推广技术体系，在周边农业循环利用过程中取得了较好的示范效果。该体系通过 5G 物联网建设智能绿色无污染堆肥技术体系，使用蔬菜废弃物生物绿色发酵技术，使废弃物转化为有机肥料并低价销售，促使农户使用绿色有机肥，进一步减少了崇明区面源污染来源，促进农业绿色可持续循环发展。到目前为止，崇明区农业产业园区已经形成了气电热肥循环使用系统，鸭稻/蛙稻共生系统，林草、林药套种间作模式，湿地生态农业一体化循环发展等新型农业产业模式，示范效果显著。

二、废弃物循环利用存在的问题

上海市崇明区农业园区在农业废弃物循环利用实践中取得了显著成绩，但在农业废弃物总量控制、资源化利用等方面仍存在一些问题。

（一）农业废弃物年产量大

随着农业生产及加工技术的发展，农业劳动生产率显著提高，农业生产出现了两个鲜明转变，即化肥替代农家肥与人工饲料替代原始农业废弃物饲料，这种转变导致的直接后果就是农业废弃物的大量堆积。以种植业为例，我国每年都会产生大量秸秆和地膜待处理。根据《第二次全国污染源普查公报》数据，我国 2017 年秸秆产生量为 8.05 亿 t，秸秆利用量为 5.85 亿 t，利用率为 72%；地膜使用量为 141.93 万 t，多年累积残留量为 118.48 万 t。2007 年我国秸秆的年产生量约为 7 亿 t，位列世界首位，秸秆综合利用率平均不到 40%，60% 以上的副产物被随意堆放、丢弃或用作肥料还田、生活燃料。根据《第一次全国污染源普查公报》，2007 年我国地膜年使用量 61.42 万 t，地膜残留量 12.10 万 t。两次调查相距 10 年，尽管 10 年间我国秸秆利用率、地膜回收率都有显著提高，但从总量上看，仍有数量巨大的秸秆和地膜待回收利用。2018—2021 年，上海市崇明区秸秆还田 9.3 万公顷次，在测土配方精准施肥基础上，运用高效能、低毒性的绿色农药和虫害天敌防控技术，使化肥农药施用量大幅降低，由 410kg/hm² 下降至 350kg/hm²，农药施用强度由 11kg/hm² 下降至 9kg/hm²，土壤环境质量达到 1～2 级标准的耕地面积超过 99%，畜禽粪便资源化利用率提高了 7%。

（二）农业废弃物处理粗放且利用率低

随着农业生产规模逐渐扩大，秸秆、畜禽粪便等农业废弃物总量逐年增加，但由于农业生产技术不高、农户经营理念滞后等因素影响，农业废弃物循环利用率较低。以畜牧养殖业为例，目前我国每年畜禽粪污产生量约 38 亿吨，但综合利用率不足 60%。在畜禽养殖水污染物排放量中，氨氮 11.09 万 t，总氮 59.63 万 t，总磷 11.97 万 t，化学需氧量 1 000.53 万 t。而全国水污染排放化学需氧量为 2 143.98 万 t，其中工业水污染排放 90.96 万 t、农业水污染排放 1 067.13 万 t、生活污水排放 983.44 万 t。畜牧养殖业的水污染排放已经接近生活污染和工业污染的总和，接近全国总排放量的 50%。如果这些污染物得不到有效处理，不仅会对农田生态环境承载能力形成挑战，也会对人类身体健康造成间接伤害。

与全国总体情况相比，上海市崇明区农业园区对废弃物利用由单一利用向协调共生方向发展，其农业废弃物利用率与《上海市推进农业高质量发展行动方案（2021—2025 年）》的目标还有一定差距。方案要求，到 2025 年，基本建立农业高质量发展制度框架体系，高效特色农业占比达到 85% 以上；地产绿色优质农产品占比达到 70%；打造 3～5 个具有市场影响力的区域公用品牌；设施菜田绿叶菜生产机械化水平达到 60%；农业科技进步贡献率达到 80%；农业信息化覆盖率达到 80%；农业废弃物综合利用率达到 99%；农业产业化组织带动率达到 60%。

（三）农户对农业废弃物再利用意愿低

农业废弃物循环利用对整个社会而言具有较高综合效益，但对农户而言，所要投入的经济成本、时间成本将更高，且投入产出周期长、收益慢，绝大部分农民基于个人利益、眼前利益，对农业废弃物循环利用行为动力不足、缺乏主动性。农户往往是在政策因素制约下被动完成农业废弃物利用，一旦出现监管漏洞，部分农户仍然愿意选择低成本、非资源化、传统的利用方式处理秸秆资源。因此，农户在农业生产过程中自主创新、改进农业废弃物利用方式的意愿较低，绝大部分循环利用技术创意都来源于实验室，在创新环节农户智慧贡献不明显。

三、上海市崇明区农业园区废弃物循环利用影响因素分析

（一）自然资源因素

1. 自然资源因素　崇明区由崇明岛、横沙岛、长兴岛组成，辖区总面积 $1\ 413km^2$，主体位于崇明岛。崇明岛位于长江入海口，由河口泥沙常年冲击而成，是继台湾岛和海南岛之后国内第三大岛屿。崇明区四季分明，属于亚热带季风区，气候湿润温和，日照时间长，雨量丰富，年平均气温 $16.5℃$，年平均降雨量 $1\ 128.9mm$。

2. 农业资源因素　崇明区以农业为主，耕地面积占上海市耕地总面积的 33.4%，但地块被河流等水域分割为大小不均的区域，农业生产分散且道路不宽，大型农业机具难以进入，所以不利于大型集约化农业的发展，在一定程度上限制了农业规模化发展进程和废弃物循环利用产业集约程度。

3. 地理区位因素　崇明岛战略位置重要：处于长江经济带主要区域，靠近长江三角洲核心地带，是"一带一路"和"海上丝绸之路"的重要交汇地点，对东部沿海尤其是上海市口岸发展具有重要作用；现有航运线路 7 条、客运码头 6 个，岛内有沪陕高速。主要发达乡镇集中于岛屿南侧，临近长江入海口；北部为主要农业用地和林业用地。由于仅有一条高速陆运通道，所以崇明岛发展具有边缘化特征，岛内主干道不足、交通力量弱，限制了区域经济发展，且上海市劳动力成本较高，增加了农业废弃物资源化利用成本。

（二）社会经济因素

1. 政策法规因素　农业废弃物循环利用及产业的健康发展离不开政府的有力支持。政府对于循环农业的支持主要表现在政策的制定、法律体系的构建、补贴机制的健全等方面。随着生态文明理念的逐步推广，我国陆续颁布了一些促进人与自然和谐发展、农业可持续发展的政策法规，如《中华人民共和国循环经济促进法》《中华人民共和国可再生能源法》《中国 21 世纪初可持续发展行动纲要》《全国生态环境保护纲要》等。这些法规的颁布和实施有效遏制了乱砍滥伐、农业面源污染等问题的加重，使我国生态环境不断好转。"循环农业"的理念在政府文件中的使用可追溯到 2006 年中央 1 号文件的出台，在《推进社会主义新农村建设的若干意见》中，明确提出中央"要发展循环农业"。在农业生产废弃物利用方面，目前尚未建立明确的法律法规，国家环保局出台了畜禽养殖行业污染物排放的相关要求和标准，促进农村沼气产业发展，但由于对农户的激励和奖励措施力度不足，这一规定的执行尚不到位。

2. 技术体系因素　在农业生产废弃物利用技术方面，虽然国家明令禁止秸秆焚烧、畜禽粪便等污染物直排，但农户由于法律意识薄弱，在政府监管不到位的地方仍采取秸秆焚烧、蔬菜垃圾燃烧掩埋、畜禽粪便沿街堆积等原始方法处理生产废弃物；高校院所开发的农业废弃物加工利用技术也由于存在固有缺陷和与市场需求相脱节而无法应用于农业生产，如农业有机物饲料化技术、大型高效农机设备、厌氧菌种筛选等技术大都存在较多短板和问题，致使废弃物绿色无害化处理及利用效率不高。同时，年轻劳动力向往城市生活、大量年轻人移居城市，造成农村空心化、劳动力老龄化，高龄劳动力接受新鲜事物、新技术过程长、获取信息的渠道单一，很多实用新技术和新装备得不到有效使用，在一定程度上造成农业废弃物转化利用率和商品率低。

3. 产业体系因素　循环农业的发展理念，强调因地制宜、循环发展，以循环、再生、协调、整体为发展原则，发展模式多样化。以稻鱼共生、稻鸭共生、稻蛙共生、林下套种等为代表，形成了种植、养殖、加工一体化和废弃物再生利用的循环产业链条，并与第三产业紧密结合，促进了农家乐旅游等体验式农业的发展。即便如此，整体来看农业废弃物的利用程度仍不高，产业链条不够长，循环发展模式有待完善。究其原因，主要是废弃物循环利用理论与实践脱节，部分技术装备仅限于实验室或中试生产，缺少对整个农业产业链条的考虑，设计和开发理念没有上升到循环和可持续的高度。

（三）劳动力因素

1. 人员供给不足　崇明区农业劳动力匮乏，不能满足农业生产需要。年轻人向往城市生活，本地大学生毕业后回乡就业人员不足 1/5，导致青壮年劳动力人口不足；调查结果显示，崇明区 55 岁以上的劳动力占全部劳动力的近 50%。由于区域人才服务的能力及吸引外来人才就业的政策不足，引进与培养人才的路径都受到制约，不利于当地农业发展。以种植业为例，上海市从事农业生产总人数为 5.4 万人，平均年龄为 57.7 岁，而崇明区的劳动力平均年龄高达 60.9 岁。

2. 人力成本较高　崇明区位于上海市东南边缘，相关土地、人力政策、都按上海市本地政策执行，造成土地成本和人力资源成本高，间接造成农业收益低。加之农业劳动生产率不高、增长缓慢，农业收益被进一步压缩。2018 年，上海市第一产业从业人员人均产业增加值为 2.56 万元，比 2017 年的 2.73 万元有所下降，且低于全国同期 3.2 万元的水平，更明显低于苏州 9.86 万元和杭州 5.13 万元的水平。成本高、收益低二者叠加在一起，使崇明区地产农产品比较优势不足，竞争力弱，进而造成农业可持续发展陷入困境。农民的收入来源主要包括工资性收入、财产性收入、转移性收入和其他经营性收入 4 个类别，经营性收入低、打工能力弱造成工资性收入低，政府补贴力度不够造成转移性收入不高，其他经营性收入也不多，使农民收入不高。此外，休闲农业、农家乐等第三产业发展较慢，其财产性收入也受到限制，这使得崇明区农民只能依靠微薄的初级农产品交易收入度日。

3. 就业能力不强　根据《2020 年度上海市人力资源和社会保障事业发展统计公报》，崇明区初中文化水平及以下的现有劳动力占全部劳动力人口的 88%，现有农业生产管理人员文化程度不高且年龄偏大，致使新技术、新装备、新配方等农业科技新成果运用较难。此外，在农业生产中，自耕农较多，新型的农业经营主体少，致使农业从业人员结构比例失调，不利于绿色农业理念的宣传和推广。全区仅有水稻这一传统生产领域农业机械化水平相对高一些，水果、蔬菜等传统种植产业基本以劳动力密集型为主，只有部分特色经济作物机械化水平略高。调查结果显示，在全区农业人口中，各类合作社、家庭农场、农家乐等新型农业经营模式的参与人员为 1 311 人，占农业人口的 5%；自耕农为 14 793 人，约占农业人口的 56%。可以看出，全区农业生产仍以分散型、传统小农业为主，留守的农户主要从事自给自足的小农户生产，对绿色、高效农业生产技术需求不足。因而，在某种程度上，培养新型农业面临着难度大、余地小、就业能力不强的问题。

四、上海市崇明区农业园区废弃物循环利用路径选择

（一）完善政策体系

为了更好地促进崇明区农业生产废弃物综合循环利用，可以从以下几个方面开展工作。①在政府层面明确农业生产废弃物循环利用、资源化利用的发展定位与农业发展方向，在已有国家、省市支持政策基础上，深入调研，制定适合崇明区的农业生产废弃物资源化利用政策。如通过政策性补贴鼓励企业采取绿色生产技术标准和手段，减少废弃物的产生，提高废弃物的利用率。②进一步加强资金补贴的力度，调动农户及农业生产企业利用绿色高效农业生产技术的积极性，加强农业生产废弃物资源化利用转移支付资金支持力度，通过调研，设立企业感兴趣的、操作性强的补贴类别及标准并简化申领程序。③针对农业弱质性特点，对融资能力不强的企业给予政策支持与帮助，鼓励其采取先进农业废弃物综合利用技术，实现农业废弃物生产资源化利用。

（二）构建产业体系

伴随农业生产力的不断进步和农业科技水平的不断提升，在人与自然和谐共生的理念影响下，农业生产废弃物资源化利用将逐渐深入人心，企业发展、农户生产等活动都将受到巨大影响。而随着农村劳动力不断减少，农业生产集约化、规模化程度不断增加，传统的一家一户的手工农业生产将被逐步淘汰，高投入、高消耗、高污染的农业生产模式也将逐步退出历史舞台，取而代之的将是绿色、高效、集约、友好的农业生产技术和装备，农业产业也将与二三产业深入融合，"六次产业"的发展地位将越来越凸显。结合市民绿色生态农产品需求和农业观光沉浸式旅游行业的发展，农业已不仅仅是生产行业，更普遍的是通过生产技术的提升与改进，减少污染环境的废弃物产量并提高其利用价值，形成生产与加工紧密结合的新业态。因此，未来的都市型农业将是以第一产业为辅，以观光体验为主，紧密结合加工、生产、销售、包装、策划、文娱等行业，成为一个覆盖全产业链的行业。

（三）发展技术体系

农业生产废弃物资源化利用主要得益于农业新技术的研发与创新工作，通过与相关高校合作，进一步加强对专业化技术人才队伍的培养，创新农业废弃物资源化技术研发机制，引入先进农业废弃物资源化生产手段和设备。在农业废弃物资源化利用方面，崇明区农业园区的一些企业开始引入生物质发电设备，这些设备能有效提升农产品废弃物资源化循环利用的水平。同时，政府通过设立新技术使用专项补贴资金，引导企业购买使用相关技术与设备，不断激发相应资源化利用企业技术改造的积极性。

（四）培养新型农民

习近平总书记强调，要让农业成为有奔头的产业，让农民成为有吸引力的职业，让农村成为安居乐业的美丽家园。生产力中最活跃的因素是劳动者，新型农民是未来农业的主要参与者，因此，培养懂技术、爱农业、会管理的新农民尤为重要。①在崇明区设立吸引农业技术人才的鼓励政策，使农业生产队伍年轻化、知识化，引导外来人口和人才留在崇明区，并致力于培养本地农业人才。②与农业高校和科研院所合作，加强农业技术推广培

训力度，通过科技特派员、村村大学生等形式，将科学技术引入田间。③倡导绿色生产、循环利用理念，引导农民减少废弃物排放，增加其资源化利用，真正建成产业兴旺、生态宜居、乡风文明、治理有效、生活富裕的新农村。

第二节　黑龙江两大平原农业综合开发试验区农业废弃物情况

一、黑龙江农业废弃物产出情况

黑龙江省各市、（区）县秸秆分布不均衡，总体上呈由北向南、由东向西增加的趋势；秸秆产量较高的地方包括双城区、讷河市、龙江县、巴彦县和肇东市，秸秆产量分别为349.4万t、347.7万t、323.9万t、316.5万t和310.8万t，分别是黑龙江省123个市、（区）县秸秆平均产量86.1万t的4.0、4.0、3.8、3.7和3.6倍。

二、黑龙江省秸秆综合利用情况

（一）秸秆综合利用率

2019年，黑龙江省秸秆利用量6 609.9万t，秸秆综合利用率达到91.48%。全省各市中，农垦总局综合利用率达到99%，大兴安岭地区、森工集团、绥化、伊春、黑河、鹤岗、佳木斯和哈尔滨市秸秆综合利用率均超过90%。各类农作物中，马铃薯和小麦秸秆综合利用率均达到98%以上，大豆、水稻、玉米及其他作物秸秆综合利用率也都达到了91%以上（图6-1）。

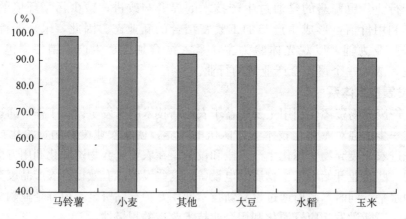

图6-1　黑龙江省各类农作物秸秆综合利用率

（二）秸秆综合利用能力指数

2019年，黑龙江省秸秆综合利用量6 597.1万t，秸秆综合利用能力指数达到0.915。其中，肥料化、饲料化、燃料化、基料化和原料化利用量分别为5 184.7万t、477.6万t、874.6万t、11.6万t和48.6万t，肥料化、饲料化、燃料化、基料化和原料化利用比例分别为71.75%、6.61%、12.10%、0.16%和0.67%（图6-2）。

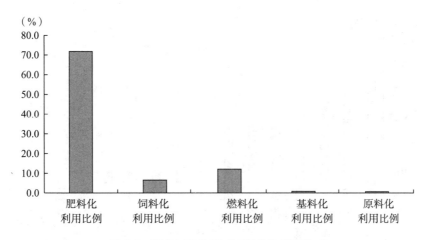

图 6-2　黑龙江省秸秆"五料化"利用构成

具体到各市及相关单位，农垦总局秸秆综合利用能力指数最高，达到 0.99；监狱管理局秸秆综合利用能力指数最低，为 0（图 6-3）。

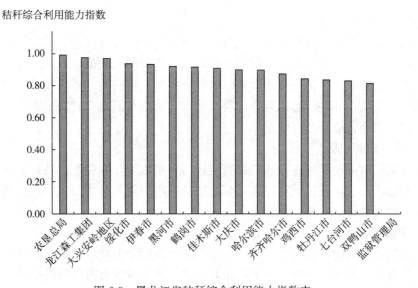

图 6-3　黑龙江省秸秆综合利用能力指数表

（三）秸秆产业化利用能力指数

2019 年，黑龙江省秸秆产业化利用能力指数为 0.13。其中，绥化市秸秆产业化利用能力指数最高，达到 0.26。七台河、齐齐哈尔、哈尔滨市、佳木斯市、森工集团、大庆市、鸡西市和牡丹江市分别为 0.22、0.17、0.16、0.14、0.14、0.13、0.13、0.11；双鸭山市、鹤岗市、黑河市、伊春市和农垦总局秸秆产业化利用能力指数分别为 0.08、0.06、0.05、0.02、0.02；大兴安岭地区和监狱管理局秸秆产业化利用能力指数为 0（图6-4）。

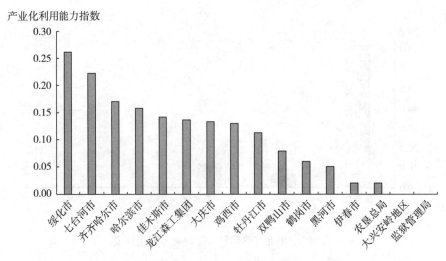

图 6-4　黑龙江省分市秸秆产业化利用能力指数

三、黑龙江秸秆综合利用的主要途径

（一）秸秆做动物饲料

秸秆加工应从高效、高品质角度入手，追求精制加工，在现有加工利用成果的基础上，将大量廉价的稻草加工成商用饲料产品，以提高资源附加值，形成以机械化和工厂生产为基础的加工工业。在秸秆资源丰富的地区，谷物、蛋白质、矿物及微量添加剂还可以混合、软化、压缩在各种形态的复合饲料产品中，这也是黑龙江省实现资源可持续利用和农业与畜牧业相结合道路的有效途径。

（二）秸秆做有机肥

通过将秸秆机械粉碎后还田或整秆直接还田，可以生产有机肥。秸秆中含有大量氮磷钾以及多种微量元素，还田后可使大部分被作物吸收的粗灰分回归土壤，土壤肥力、作物产量都能因此得到提高，从而促进农业发展。

（三）秸秆做燃料

秸秆是生物质能源，具有可再生、分布广泛和低污染的特点，通过秸秆生产的新燃料可以逐步代替煤、石油、天然气等传统化石燃料，从而减少有害气体的排放，加快黑龙江省形成绿色经济模式。新型环保秸秆燃料的出现顺应了社会对环保的迫切需求，成为节能减排政策实施的一大助力。

（四）利用秸秆发电

全球用电量持续增加，虽然有太阳能、风能、水能等可用于发电，但大部分国家还是采用传统的化石燃料燃烧的方式来发电。这就意味着需要保证能源的可持续利用，并找到更清洁的能源，如可再生能源，以满足全球需求。大多数国家都制定了相应的政策，为寻求发展可再生能源技术的公司提供多方面支持。在丹麦、西班牙和德国，创新和发明与可再生能源有关的技术受到高度欢迎。秸秆发电能充分满足清洁、可持续的要求，所以黑龙江省应大力推广秸秆发电技术。

（五）用于生产多种绿色建筑材料

秸秆用作填充材料，与其他原料混合用于板材建造和安装，具有重量轻、强度高、适应气候变化的优点。可以秸秆为主、硅酸盐溶液和硅酸钠为黏结剂，根据需要加入添加剂，从而生产保温性能好、重量轻、强度高的施工板材和轻质、低导热、抗静电、阻燃、抗菌的建筑板材。

（六）用于编织工业

秸秆编织最常见的、最广泛的应用是蔬菜项目的编织垫。生产蔬菜的大棚，冬季需要保暖，夏季需要遮阳，对草席、草垫需求很大。而且草制品加工技术成本低、容易学习，故以秸秆制作草席可以增加农民收入。

第七章 试验区生态林业建设体系总体设计框架

本章根据上一章对于黑龙江两大平原农业综合开发试验区生态林业建设影响因素定量分析的结果进行研究，对黑龙江两大平原生态林业建设体系的目标、设计原则、构成要素以及各部分之间的耦合作用进行了阐述。

第一节 试验区生态林业建设体系构建的目标与原则

一、试验区生态林业建设体系的目标

（一）改善地区生态环境

黑龙江两大平原农业综合开发试验区生态林业建设体系的构建，要有利于该地区生态林业的建设，不断提高森林资源存量、森林覆盖率，进一步解决地区生态环境恶化的问题。由于黑龙江平原地区承载着黑龙江农业及工业的发展，开发历史较长，也是人口相对聚集的地方，所以生态环境不断恶化。恶劣的生态环境给人们的生产、生活造成很多不便，不利于该地区经济社会可持续发展，而林业建设工作在该地区对改善生态环境具有重要作用。所以，在黑龙江平原地区发展林业，要以改善当地生态环境为目标。要依靠先进的科学技术，充分利用国土资源，通过大力植树造林、退耕还林，恢复和增加森林植被，对水土流失区、生态脆弱区采取生物措施，加强生态环境综合治理力度，提高森林资源综合水土保持和水源涵养能力，恢复森林生态功能和生态景观。采取切实有效措施，对农田草牧场防护林、村屯、城镇、公路、铁路、煤炭矿区及江河渠堤坝等进行综合规划和绿化，使农田草牧场得到有效庇护，公路、铁路、库渠堤坝等基础设施能长期发挥效能，避免风、沙、雪、洪水等自然灾害的危害；保证江岸、河岸、湖岸免遭冲刷和崩塌，避免土地水蚀，维护国土安全；积极探索实用的造林绿化技术，使植被全面恢复、环境明显改善，实现治理大于破坏的目标。

（二）保障粮食生产

黑龙江两大平原农业综合开发试验区是国家重要的商品粮基地，该地区农业生产环境的好坏事关粮食生产，所以，要加强该地区生态林业建设，改善生态环境。黑龙江是粮食生产大省，是商品粮大省，关系全国粮食安全，正如温家宝原总理所说的"中国大粮仓，拜托黑龙江"。黑龙江两大平原地区是黑龙江主要粮食生产地区，松嫩-三江两大平原地区生产的粮食占黑龙江粮食产品的 80%，对于国家粮食安全的战略意义不言自明。而黑龙江两大平原地区林业的建设和发展，尤其是农田林网建设，对于改善农业生产环境、促进粮食增产具有重要作用，所以，黑龙江两大平原农业综合开发试验区生态林业建设要以保障该地区粮食生产为主要目标。

从宏观上看，林业生态建设对于保障和促进粮食生产发展有着积极作用。作为平原省

份，以农田林网为主的农田防护林体系建设，是黑龙江省林业生态建设的重要组成部分。农田林网改变了农田上空的气流从而使风速降低，林网内风速的改变使农田上空近地面层气流的垂直交换及水平输送发生了变化，可有效减少大风对农作物的危害，使作物倒伏率减轻。研究表明，在实现了林网化的地方，强热带风暴过境时林网能使水稻倒伏危害减轻70%，使水稻因倒伏而造成的减产率降低三分之二。同时农田林网亦可预防和减轻干热风的危害，使林网内的作物对灾害性天气的抗御能力增强，促进作物的增产。林网通过对小气候的调节，使冰雹的危害程度降低。林木的蒸腾作用，可使浅层地下水位降到返盐临界深度以下，减少土壤返盐积累，同时也为灌溉和降水对土壤盐分的淋洗创造了有利条件。

但是，由于受林带胁地的影响，在林带两侧一定范围内，农作物生长发育不良，会部分减产，这一定程度上影响了部分干部群众对农田防护林的正确认识，一些农田至今仍还缺乏林网的防护。加之黑龙江省基本农田比例很高，有些低山丘陵、高岗地、低洼滩地等宜林地也被划入基本农田。而从另一方面来看，因生态环境相当脆弱，工业和农业面源污染较重，开展植树造林、改善环境依然是社会和谐发展不变的主题。这就在一定程度上造成了林粮矛盾。为有效化解林粮矛盾，在推进绿色林业生态环境建设的同时要充分发挥林业对粮食生产的保障作用。

1. 科学确定林业建设的重点　虽然近年来黑龙江省的植树造林不是以耕地为主体，但高标准农田林网和林粮间作占很大比重。对此，我们应按照基本农田保护有关规定和保障粮食安全政策的要求，及时研究和调整林业建设的工作思路，科学划定林业建设的重点区域，突出加强丘陵岗地绿化、村庄四旁植树、农田林网和农田防护林建设，加快林业生态工程建设步伐。全省的统计数据分析表明，年造林总面积和粮食总产量增长呈一定的正相关关系，说明科学开展以植树造林为主体的林业生态建设，不仅不会导致粮食减产，而且可以有效协调林粮发展，化对立为统一，促进林粮互利共赢。

2. 逐步提高对林业保障作用的认识　虽然在宏观尺度的多项科学研究监测表明，林业生态建设对粮食生产具有很强的保障作用，但对于千家万户分散的农业生产，林带的胁地效应现实存在。加之在自然灾害较轻时农田林网的防护作用不很明显，导致群众认识不到位，抵制、破坏林网建设的现象时有发生。为此要扩大宣传教育，充分利用广播、电视、报刊等新闻媒体，广泛宣传农田林网在涵养水源、保持水土、防风防尘、提高农作物产量方面的巨大作用以及林木资源自身的经济价值，提高农民群众对农田防护林建设的认识，构筑农业生产屏障，做到农业增产增效。

3. 合理布局木本粮油生产　长期以来，玉米、大豆等被很多产区群众誉为"铁杆庄稼"，是改变单一粮食结构的有益补充。作为农业大国，我国不仅栽培利用木本粮食历史悠久，而且资源丰富，其中不少资源为我国特有。据不完全统计，木本粮食植物有100多种，食用油料树种有10多种，目前已形成较大商品量的树种主要有枣、板栗、核桃、柿、仁用杏、油茶等。要充分挖掘木本粮油生产潜力，减轻传统粮油供应对耕地的压力和依赖，实现粮食安全和生态建设的双赢。

4. 强化自然保护区及湿地保护　大自然中蕴藏着极为丰富和宝贵的物种资源。但受人为活动等影响，不少物种在我们还没有认识到其作用前，就已经消亡。现实证明，不少物种对粮食生产有着深刻的影响。如果没有雄性不育野生稻，我们可能现在还看不到杂交水稻。不少野生物种在抗病性等方面存在一定的优势，对粮食良种选育意义深远；有些物种对我们发展木本粮油生产也十分有利。不少湿地植物也已走上我们的餐桌，满足了人民的饮食需求。在经济社会发展对自然环境干扰日趋加重的今天，我们更要下大力气加强自然保护区和湿地保护力度，减少人为活动对野生动植物的干扰，为子孙后代留下一个物种基因宝库。

（三）提高农民收入

黑龙江两大平原农业综合开发试验区地区聚集了黑龙江近70%的人口，这其中超过50%为农民，与南方发达省份的农民相比，他们的收入较低。该地区农民收入主要包括家庭经营性收入、工资性收入、财产性收入和转移性收入四部分。家庭经营性收入占农民收入的60%，其他收入不高。所以，在该地区发展平原林业，要坚持分类经营、农林间作，充分发挥林业多种效益，组织农民进行林下经济开发，充分利用平原地区的优势发展林业与林下经济，让农民得到实惠，以促进该地区农民收入为目标。

（四）促进地区可持续发展

伴随着经济社会的不断发展，人类行为对于环境的影响也不断增加，这里有正向的也有反向的影响。人类向自然界无限度地索取资源，相应的保护力度不够，造成生态环境的不断恶化，也促使人们对于自身的可持续发展关注度不断增加。当前，生态环境的负面影响，主要表现在自然资源可持续供给受到影响，资源约束不断增加。一些重要的自然资源供给匮乏，对于我们这个人口多、正值经济发展的关键时期的大国，资源匮乏问题更为凸显：石油的对外依存度达到56.7%，年均水资源匮乏达到536亿 m^3，我国67%的大中城市面临缺水问题，农业耕地面积不断减少到18亿亩的底线，重点河流受到污染，大城市雾霾现象严重，涉及环境污染的群体事件不断增加。这直接导致人类赖以生存的生态系统遭到破坏、不断退化，全国水土流失面积达到37%，土地沙化面积达到了18%，现有草原有90%以上出现退化，生态系统的退化导致自然灾害的不断发生。黑龙江平原地区生态环境不容乐观，地区可持续发展受到影响。生态林业建设可以有效解决生态环境问题，所以，在该地区发展平原林业应以可持续发展为目标。

二、试验区生态林业建设体系的原则

（一）整体性原则

整体性原则要求构成体系的各要素是相互联系的有机体，各要素之间是相互影响、相互促进的关系。它们之间相互依存、相互制约，其存在是为共同的目标，即为体系的主要目标服务。各要素之间有序、协同工作，不存在相互掣肘的负面作用。其主要的预期是1+1＞2的结果，只有当整体之和大于部分之和的时候，各要素的作用才能正常发挥出来，保障总体目标的实现。黑龙江两大平原农业综合开发试验区生态林业建设体系所涉及的构成要素，也需要服从于总体性原则，促进该地区生态林业建设体系的目标实现，避免各要素之间不和谐情况的发生。

（二）生态优先原则

黑龙江两大平原农业综合开发试验区是粮食主产区，是黑龙江省主要商品粮和牧业生产基地，包括哈尔滨市所辖部分县市、齐齐哈尔市、绥化市、大庆市，是黑龙江八大经济区之一——哈大齐工业走廊主要集聚区，是黑龙江经济发展的重点区域。黑龙江平原地区荒漠化以及草地退化严重，西部土地沙化、中部土壤盐碱化，而且风沙较大，干旱灾害时有发生，该地区生态环境较为脆弱。因此，在该区域应该重点发展生态经济防护林，以防沙治沙、改善生态环境为首要任务，同时不断完善农田林网建设，铁路、公路两侧绿化，以及江河两岸绿化。

（三）分类经营原则

黑龙江两大平原农业综合开发试验区地区林业建设形式包括农田林网、农林间作、村镇绿化、绿色通道以及片林。这一区域的生态林业建设，对于美化居民生活环境、保护农业生产，以及促进区域经济的可持续发展和增加农民的林业经营收入，都具有积极的促进作用。在黑龙江两大平原农业综合开发试验区生态林业建设的过程中，需要根据科学发展观的要求，进一步澄清发展理念，对于林业实施分类经营：在生态环境脆弱地区建设森林，应归于公益林建设范畴，以生态优先发展为主要原则，这类林业的建设应该由政府为主导，增加生态效益补偿的范围与力度，重点发展公益林建设，对其进行严格科学管理，以发挥生态功能为主导；在一些荒滩、沟渠附近建设的防护、用材兼用林，应该由政府主导，出台相关鼓励措施，吸引企业、社会闲散资金以及农化进行投资建设，由政府提供相关服务与政策，进行灵活经营，力争生态、经济效益协调发展；对于以提供木材为目的的商品林，则应该结合市场的发展，尊重市场经济规律，以效益为先，促进企业、社会、个人、农户参与建设，政府提供市场及中介服务，以市场供求来确定其生产建设规模，以产生经济效益为主。这样，按照林业分类经营的原则，使林业由原来单纯的培育林业向多产业协调发展，以进一步促进区域林业产业结构的升级，充分发挥其多重效应。

（四）遵循市场经济规律原则

在林业分类经营的指导之下，林业的运作和发展，需要根据市场的变化不断进行调整，坚持市场化运作的方式和模式。在家庭联产承包经营责任制的前提下，坚持林地所有权不变，不断放活林地的使用权，把林业资源逐渐集中到善于经营和管理的参与者手中，逐步形成投资、经营和管理的多元化，使不同利益主体的责、权、利趋于统一。放活林地的使用权，主要就是指进一步明晰林业产权，不断完善林业的相关政策体系，充分调动林业建设参与者的积极性与主动性，说到底，就是物质利益的确权。要根据国家政策，坚持"谁造谁有，谁投谁收"的原则，公益林由国家运作为主导，吸引社会成员参与；商品林以市场调节为主，政府提供服务以适当扶持。林业用地的使用权转让形式不断丰富，可以通过拍卖、承包以及租赁合作等生产经营形式，促进林地不断流向善于经营管理的人员手中。通过调研、完善政策，把活立木也纳入流转的范围，引导资金、土地等要素不断合理流动。

（五）依靠科技原则

科技是第一生产力，林业科技也是促进林业发展的第一生产力，黑龙江两大平原农业综合开发试验区生态林业的发展，更离不开科技的支撑。要不断提高生态林业的建设和发展水平，就需要实施"科技兴林"的战略。要不断培育适应两大平原地区生长和发展的新树种和新栽培育种技术，树种的更新以及新技术的推广和应用，能够提升林业生产科技水平，增加林产品科技含量，间接增加其经济价值；要不断探索科学的农田林网等林业建设模式，建立绿化的跟踪问效体系，建立新的、立体化的管理标准；要探索生态高效的农林复合经营体制，探索这一区域商品林的建设和发展，增加生态效益补偿，解决林业参与者短期经济利益与生态供给的矛盾；要坚持科技创新，做好技术服务工作，把林业科研部门先进的科学技术迅速推广到亟须的地方，强化技术服务体系建设，做好市场的信息服务工作，最大程度地让利于民，激发各类参与主体的积极性，以科技作为保障，促进生态林业的不断发展进步。

第二节 试验区生态林业建设体系的任务与重点

一、试验区生态林业建设的任务

黑龙江两大平原农业综合开发试验区生态林业建设体系的主要任务就是为该地区生态林业的建设服务。这一体系的构建，需要充分发挥体系内各构成要素的作用，使各要素相互配合、协调稳进，促进该地区生态林业的建设水平不断提高，改善该地区生态环境，为该地区农业生产尤其是粮食生产提供良好生态环境，保障粮食供应和保证国家粮食安全。同时，发挥农林相互影响的作用，充分利用有利条件，开展林下经营、林下经济，增加农民收入渠道和来源，不断提高农民收入水平、生活水平，为黑龙江农村经济发展、黑龙江小康社会的建成提供有利条件，最终促进该地区的可持续发展。

二、试验区生态林业建设的重点

（一）西部松嫩平原发展生态经济林和水土保持林

这一区划包括哈尔滨及其所辖县市区、齐齐哈尔及其所辖县市区、绥化及其所辖县市区、大庆市。这一区域是粮食主产区，是主要的商品粮基地，是畜牧产业的基地。这一地区土地盐渍化程度较高，南部地区沙化及荒漠化程度较高，部分县市如齐齐哈尔风蚀严重，耕地的旱涝灾害时有发生，林业资源匮乏，是生态环境脆弱区。这一区域的林业产业较为落后，林业经济发展后劲不足，西部松嫩平原地区的沙化、盐碱化需要加强治理，应突出对风沙干旱的生态治理，建设生态经济林。这一区域以农业，主要是种植业为主，是黑龙江省的小麦、大豆主产区，原始森林基本没有，现存的是天然次生林、人工林和一些灌木林。地形以丘陵漫岗缓坡为主，由于缺少植被、土地疏松，抗腐蚀、抗水冲的能力较差，雨季雨水冲刷，水土流失较为严重，耕地形成大量沟壑，养分不断流失。

这一区划的生态林业建设重点应该是：加强植树造林，不断提高森林的覆盖率；在现有的湿地周围植树造林、恢复植被，保护湿地资源。树种上要不断丰富，避免单一，逐步形成多树种、乔灌草立体防护体系。首先重点实施松嫩流域重点防护林体系建设工程（包括三北防护林工程、防沙治沙工程等），营造水土保持林、水源涵养林，开展小流域治理、废弃地造林。其次加强农防林优化更新改造。再次进行盐碱地造林试验研究和推广应用，促进盐碱区、"三化"草地改良。最后是在风沙干旱区营造防风固沙林，结合防风固沙及沙产业，大力开发碳汇林项目，大力发展沙产业。

（二）东部三江平原重点建设农田防护林

这一区划包括佳木斯及其所辖县市区，双鸭山及其所辖县市区，鹤岗市、七台河以及鸡西地区，地理位置处于三大河流的交汇处下游地区。由于多年的开垦，森林资源被大量砍伐，植树造林力度不够，原有的湿地生态系统受到破坏，生物多样性不断降低，加之农田水利设施建设时间较长、翻新不够，导致风蚀、春旱以及秋涝发生，间接造成水土的流失。乌苏里江、黑龙江沿岸我国一侧缺少防护林，江岸线坍塌严重，造成国土流失。这一区划内要根据生态发展的需要，结合现有自然条件重点进行平原绿化工作，加大植树造林力度，尤其是农垦集中的地方，更要加强近农田防护林的建设。对于现有的湿地进行保护，在其周围建造防护林。

这一区划的建设重点：一是加强以治水为重点的农田防护林基本建设，沿江大规模营造护堤、护岸林，于中部山前台地及丘陵区营造水源涵养林及水土保持林，于农区营造农防林，尽快形成防护林体系。二是在现有湿地资源的基础上建立自然保护区，杜绝滥砍滥伐，保护湿地周围的森林资源和生物群落的多样性，尤其是濒危动植物资源，严禁不合理的毁林、毁草、开荒，维护生物多样性；三是根据经济发展需要，在现有立地资源的基础上，推进原料基地的建设和发展，根据企业和工程的需要，实行定向培育，发展速生丰产林。

二、试验区生态林业建设的内容

（一）重点区域退耕还林建设

1. 退耕地还林　湿地保护区核心区内的耕地、大中型水库及重要水源地周围的耕地，以及公路两侧、居民点附近视野范围内15°以上的耕地和其他地段25°以上的超坡度耕地，均应退耕造林。根据退耕造林地的立地条件，采取适地适树的原则，采取植苗造林的方式，形成多林种、多树种、防护效益最佳、经济效益最大的生态林或经济林。

2. 宜林荒山荒地造林　根据规划地块的区位特点，营造适宜的生态林或商品林，选择适宜的造林技术模式，通过人工植苗造林恢复森林或森林植被，形成结构稳定、防护效益最佳、生态效益最高的生态林或商品林，发挥土地的最大生产潜力。

3. 封山育林　对疏林地、低质低效林及适宜封山育林的地块，选择合适的造林树种，采取补造、人工促进等必要的育林措施，使疏林地及低质、低效林逐步恢复为有林地或提高林分质量，从而提高防护效能。

（二）农田（草牧场）防护林建设

1. 农田防护林建设　黑龙江省的农田防护林主要集中在松嫩平原区、三江平原以及其他丘陵、山区的大片农田地区，应通过进一步加快农田防护林建设步伐，不断提高农田防护林的建设标准和建设质量，形成覆盖黑龙江省的农田防护林体系。根据农田防护林建设标准，凡地势平坦，集中连片农田面积在2 000亩以上的，均应营造农田防护林或者与护路林结合的农田防护林。可参照以下网格配置：松嫩平原严重风沙区农田防护林网规格为300m×300m或300m×500m，松嫩平原其他地区农田林网规格为500m×500m；三江平原及其他地区由于气候条件较好、农业机械化作业程度高，农田林网可以适当扩大至500m×1 000m或1 000m×1 000m。

农防林的设置应采取因地制宜、因害设防的原则，建设与护路林、护村林、护堤护岸林相结合的农田防护林体系。对已规划的农田防护林要按原规划进行建设和完善，对新规划的农田防护林要参照林网设置标准，一般按防护林面积占农田面积的 3%～6% 进行设置。为便于大型机械化作业，大片农田可以只设主带、不设副带，或主带 3～5 行、副带 2～4 行。

2. 草牧场防护林建设　草牧场防护林以林带为主，网、带、伞、疏、片相结合，使用乔木或乔灌结合的树种配置，建立以林护草、护牧，布局合理，结构多样，乔灌一体的草原生态体系。可参照以下网格配置：松嫩平原以打草为主的草牧场，其防护林可实行网、带相结合，林网建设标准为 300m×300m 或 300m×500m，三江平原的网格可放大至 500m×500m 或 500m×1 000m。松嫩平原以放牧为主的草牧场防护林建设标准为 200m×200m 或 200m×500m，三江平原为 300m×500m 或 500m×1 000m。以放牧为主的草牧场，可以从实际出发，采取网、带、伞、疏、片相结合的原则，在起伏不平的坡地营造 1～3 亩用以保持水土或兼顾用材的伞状林，供牲畜防寒避暑用。林带行数一般为 2～3 行。

（三）村屯绿化

黑龙江省目前有 2.3 万个村屯未达绿化标准。因此，村屯绿化任务重、难度大，各地绿化面积的差异也比较大。应通过村屯绿化的实施，形成以乡（镇）绿化为主体，辐射周围村、屯，以点带面，具有一定规模的生态网络点状分布区。同时，带动场区、庭院、军营实现全面绿化。村屯绿化是指在村屯四周 0.5km 范围内的村旁、路旁、水旁、宅旁及废弃地内的造林绿化。可根据当地实际情况，将村屯绿化和用材林、经济林、薪炭林结合起来，建成林果飘香、多种效益兼顾的防护林体系。

1. 护村林　在村、屯四周，选择适宜的造林技术模式，为有效防止村屯受到风沙侵害，营造集防护、美化于一体的防护林带。乔木树种方格内行数不少于 3 行，栽植的宽度根据实际情况确定，树种要以乡土树种为主。

2. 街道绿化　栽树前应修整街道，清理垃圾、修好边沟，栽植后应加强管护。由于农村街道普遍较窄，在绿化时，应充分考虑行车及庄稼、薪柴的运输问题。为避免胁田并有效为路面遮阴，东西走向的道路树木宜栽在南侧，南北走向的道路宜栽在西侧。另外，农村路面尘土较多，为有效减少烟尘和污染，街道绿化应乔、灌、花、草相结合，层次高低错落。

3. 沟、坑、泡及废弃地绿化　根据沟、坑、泡及废弃地的地形、地物，以建设园林景区或园林景点为目标，结合护村林、街道绿化进行建设。

（四）公路绿化

公路绿化以完善、提高国、省主干道建设标准，辐射县、乡、村及田间道路，形成覆盖黑龙江省的"绿色走廊"为目标。林种以护路林、风景林为主。

1. 国省道绿化　在国道两侧各栽植 10m 宽绿化林带，省道两侧各栽植 5m 宽绿化林带。国省道经过林业施业区时，可适当增加林带宽度，每侧建设 10m 到 50m 的绿化林带。国省道两侧现有防护林要全面提高和完善，坚持高标准、多树种结合，形成针阔混、常绿落叶混、乔灌混，多代复层，错落立体的空间格局。

2. 县乡村及田间道路绿化　两侧各栽植 2 行以上，5～10m 宽的防护林带，有条件的地区，可以在国省道出入口，特别是城市的出入口营造高标准的防护林和风景林。

（五）铁路绿化建设

对清理后的铁路安全保护区实施封闭绿化。按照内灌外乔，宜灌则灌、宜乔则乔，土质路堤（堑）边坡以灌木防护，地界内宜林地全面绿化，非宜林地经改造后进行绿化的原则，以消灭绿化断带、缺乔补乔、缺灌补灌为目标，以补种立见成效的大苗为主进行绿化，实现铁路沿线林带不断、绿化美化并举的格局。

（六）江河湖库渠绿化

通过完善江河湖库渠护堤护岸林建设和重点区域水土流失区治理，保证江岸、河岸、湖岸免遭冲刷和崩塌，避免水土流失，维护国土安全，巩固和发挥水利设施长期效能，形成水资源保护安全体系，美化水利设施周边环境。针对水土流失重点治理区，特别是侵蚀沟造成局部水土流失的地区进行治理时，植树造林是控制水土流失与重建生态环境的重要举措。根据黑龙江省水土流失区的实际情况，应选择适宜的造林树种，采取综合措施局部综合治理，达到保持水土、防止水土流失、改善区域生态环境的目的。水土流失治理可采用筑反坡梯田、水平阶、鱼鳞坑和水平沟等整地方式，营造乔灌草结合的水土保持林。

四、技术模式

（一）确定林种

林种结构即根据森林的不同培育目的而区分的森林种类。根据《森林法》第四条，可将森林分为以下五类：①防护林。以防护为主要目的的森林、林木和灌木丛，包括水源涵养林，水土保持林，防风固沙林，农田、牧场防护林，护岸林，护路林。②用材林。以生产木材为主要目的的森林和林木，包括以生产竹材为主要目的的竹林。③经济林。以生产果品，食用油料、饮料、调料，工业原料和药材等为主要目的的林木。④薪炭林。以生产燃料为主要目的的林木。⑤特种用途林。以国防、环境保护、科学实验等为主要目的的森林和林木，包括国防林、实验林、母树林、环境保护林、风景林、名胜古迹和革命纪念地的林木、自然保护区的森林。要根据区位特点，因地制宜确定林种。重点区域退耕还林时，湿地保护区核心区内的耕地应营造为自然保护区林，大中型水库及重要水源地周围的耕地应营造为水源涵养林；其他地区的超坡度耕地可营造为水土保持林、国防林、风景林以及经济林等。另外，也应营造农田草牧场的防护林、护村林、风景林、护路林、护堤护岸林。

（二）树种选择

加强我国林业生态建设工作是改善我国生态环境现状的重要保证。由于在过去一段时间，我国在经济建设方面存在不平衡，导致我国在追求经济发展的同时在一定程度上破坏了生态环境，而生态环境的破坏引发了一系列问题，反过来不利于我国经济的健康发展。因此，我们需要重视起林业生态建设工作，从而实现我国生态环境问题的改善。同时，加强我国林业生态建设工作也是践行社会主义科学发展观的要求。科学发展观强调要坚持可持续发展的原则，对于社会发展的目标是建立一个资源节约型与环境友好型社会，在这样的原则指导下，我们应把保护生态环境作为工作中的不容忽视的内容，因此加强林业生态建设是践行我国社会主义科学发展观的重要体现。而树种选择则是决定林业工作是否起到保护生态环境作用的重点之一。

1. 林业生态建设中树种选择的原则

（1）适地适树原则。在进行林业生态建设时必须要保证树种的选择与当地的自然条件相适应，适地适树是确保造林的经济效益和生态效益以及林木成活率的首要原则。树种应当与当地的土壤、气候、水文、地形等条件相适应。适地适树原则的贯彻可以分为三种情况。一是未进行种植且无其他的限制条件的土地，可以直接根据土地的需要选择合适的树种，或者是在确定树种的情况下选择合适的种植环境。二是树种、土地都已经确定，但二者不相适应，这时可以对土地进行相应的改造，包括换土施肥等，或者是直接加强树木后期的肥培管理。三是土地树种都确定的情况下，可以保持土地性状不变，采取恰当的培育改良措施，改善树种的某些特性，使其适应当地的土壤环境。

（2）乔灌草结合原则。现代林业建设对于生态多样性提出了更高的要求，因而在进行树种选择时也应坚持乔灌草相结合的原则，保证生态林植物种类的多样性，为实现森林生态系统的多样性和稳定性提供必要条件。首先乔灌草与当地的自然环境应当是相适应的，其次乔灌草之间可以共生，在进行生态林建设规划时要在保证植物生长的同时，注重生态林的层次的体现。

2. 树种选择的策略分析

（1）注重生态效益与经济效益的协调。林业生态建设的主要目的是改善生态和环境状况，但是只有兼具经济效益的生态林才可以得到良好的发展，因而在进行树种选择时也需要考虑到品种的种植策略和经济效益，尽可能在兼顾当地农民经济状况的同时加快对生态林的建设。在进行树种选择之前需要作出经济林建设的整体规划，并根据经济林的要求进行树种选择，制定合理的培育和种植措施，协调好林业建设的生态效益和经济效益。目前密种和疏种相结合、林草穿插种植等种植方式的应用范围较广。需要注意的是，对于生态林建设的根本目标要进行明确，不可为了经济效益而忽视生态效益，造成树种选择的不合理，因而林业部门要加强对农民树种选择和林木种植的引导。

（2）对地区环境气候条件的分析。林木的种植必须与当地的气候环境相适应，因而在选择林木前首先要对当地的气候、地形、水文、聚落分布等情况进行科学合理的考察和分析。林业工作人员在实地考察前可以先搜集相关的资料，对当地的情况有了基本的认知之后再选择考察的内容和方式。在进行气候环境分析时，林业部门要积极主动地寻求气象部门的协作，考察的内容包括土壤条件、光照、温度、降水等。之后要将可选用树种的环境适应性与当地的气候环境进行比对分析。要避免不经实地考察、凭经验和印象选择树种的行为，以免造成树木成活率低、人力和资金浪费的情况。

3. 商品林树种的选择 不同的商品林对于树种的要求要有所不同，为了充分发挥商品林的经济效益，必须要根据商品林类型的要求和树种的生长习性进行选择。用材林、经济林和炭薪林是商品林的三大类型。其中用材林对于树种形状的稳定性要求较高，为了适应不同的自然环境、减少自然灾害的影响，对于树种的抗旱性、抗寒性等有着一定的要求。一般来说平均材积生长量和立地指数是用材林树种选择的两项主要指标。小黑杨、赤峰杨等由于生长速度较快且抗逆性强，被广泛种植在干旱地区。经济林对树种的成活率、高产稳产等性状的要求较高，其次还要求树种具有较强的抗病虫害能力。在选种过程中要坚持适地适树的原则，还要根据市场需求的变化对树种进行及时更换。炭薪林中种植的树木主要是作为薪柴和燃料使用的,因而应选择生长速度较快、燃料价值高且燃烧后无异味的树种。确保树种选择的合理性,可以促进我国林业生态建设的发展,贯彻落实可持续发展战略,促进我国生态文明的建设。相关林业部门要提高对于树种选择的重视程度,科学地进行树种的选择工作,有效推进我国造林工作的进程,促进我国生态环境的改善和农林经济的发展。

应根据造林地的立地条件和造林树种的生物学特性等因素,因地制宜地选择合适的造林树种。树种选择应以乡土树种为主,将适宜性强、生长快、生态效益好和经济效益高的树种列为主要造林树种,提倡营造混交林。水土保持林的适宜树种有落叶松、樟子松、红皮云杉、鱼鳞云杉、杨树、柳树、白桦、蒙古栎、紫椴、水曲柳、黄菠萝、胡桃楸、榆树等;水源涵养林的适宜树种有樟子松、红皮云杉、蒙古栎、榆树、柳树、杨树、椴树、水曲柳、黄菠萝、胡桃楸、色木槭等;国防林的适宜树种有红松、落叶松、樟子松、红皮云杉、白桦、柳树、杨树、蒙古栎等;农田(草牧场)防护林、护路林、护村林的适宜树种有杨树、樟子松、落叶松、云杉、槭树等;护堤护岸林应选择根深抗冲刷、耐水湿的树种,迎水面以柳为主,背水面可以选用杨树、榆树、水曲柳、黄菠萝、胡桃楸等;经济林的适宜树种有红松、梨、李子、海棠、沙棘、黑加仑、大果沙棘等;薪炭林主要选用杨树、灌柳等;能源林的适宜树种为文冠果;煤炭矿区植被恢复主要选用锦鸡儿、枸杞、沙棘、胡枝子等菌根的树种。

松嫩平原植物区,包括哈尔滨市、双城区、五常市、克山县、甘南县、明水县、拜泉县、望奎县、兰西县、青冈县、依安县、林甸县、克东县、方正县、宾县等县(市),基调树种为榆树、柳树、樟子松、云杉类;乔木及亚乔木骨干树种为杨树、旱柳、糖槭、五角槭、茶条槭、水曲柳、糠椴、紫椴、山槐、蒙古栎、白桦、水榆花楸、毛山楂、山杏、梨、京桃、樟子松、黑皮油松、红皮云杉、青扦云杉、白扦云杉、丹东桧等,灌木骨干树种为紫丁香、白丁香、洋丁香、小叶丁香、重瓣榆叶梅、珍珠梅、枸子木、树锦鸡儿、东北接骨木、金银忍冬、黄花忍冬、扁核木、木绣球、偃伏莱木、毛樱桃、多李玫瑰、四季锦带、南蛇藤、五叶地锦等。

(三)造林整地

造林整地是指为了防止造林及幼林生长期间的水土流失,合理利用坡面径流,改善林木生长条件,对造林地采取的各种蓄水保土的措施。包括水平阶、水平台地、反坡梯田、鱼鳞坑、撩壕、穴状整地等。造林整地可以提高林木成活率,尤其是在幼树没有郁闭成林之前,可代替树木控制水土流失,拦沙蓄水,促进树木生长;是人工林培育技术的主要组成部分。清理造林地和翻耕土壤对提高造林成活率、促进幼林生长、实现人工林的速生丰产具有重要意义。造林整地的主要作用是改善幼苗生长的立地条件,从而提高造林成活率和促进幼林生长;同时也可使造林施工容易进行。整地对改善立地条件的作用主要表现在:可以影响地表的光照强度和受光时间,因而也影响到热量状况;清除植被和翻耕土壤可使雨雪直接落到地表上,覆盖在地表的茎秆可以抑制水分蒸发,并降低植物本身的蒸腾;小块地形的变化有时可用于蓄水,有时又可使土壤具有排水壤的物理性质(土壤容重减少,孔隙度加大),从而在干旱条件下起到蓄水保墒的作用,而在过湿条件下又能够排除过多的水分;在一定程度上改变土壤肥力,如在山地薄层土壤上局部加厚土层可以减少土壤中石砾的含量等。

此外，在山区，造林整地也是简易的水土保持措施。春季造林的前一年秋季，应细致整地。15°以上的山坡，为防止水土流失，应适当保留山顶、山腰、山脚部位的植被，采用带状水平整地法；易引起水土流失的山坡和易引起风蚀的沙地，应进行局部带状和块状整地；水土流失地应因田地制宜修筑反坡梯田、水平阶、鱼鳞坑和进行水平保持法整地。整地具体步骤如下：

1. 植被清理　这是翻垦土壤前清除造林地上灌木、杂草、杂木的一道工序。清理的方法有割除、堆积、火烧、化学药剂处理、粉碎撒布、综合利用等。中国各地多以割除和火烧清理为主。近年来一些国家用化学药物清除植被，进步很快。常用的化学药剂有氯酸钠、亚砷酸钠、五氯酚钠以及利谷隆、敌草隆等，效果好、成本低；可以从空中或地面喷洒水溶液、油溶液或拌施粉剂，也可以喷洒、涂抹到植物茎、叶上或开沟注入伐桩。

2. 土壤翻垦　整地的主要工作内容分为全面整地和局部整地两种。全面整地是对造林地的土壤普遍进行耕翻。这种方法对立地条件的改善作用大，能彻底消灭灌木、杂草，便于机械化作业和实行林农间作；但花工多、投资大，且很多地方常受地形限制，主要应用于平原地区无风蚀的荒地、沙地。

局部整地的方法很多，主要有：

（1）带状整地。整地面与地面基本持平。整地带之间的原有植被和土壤保留不动。适用于平原受到风蚀的荒地和半固定沙地以及平整的缓坡。整地带的宽度可为 0.5～3 米，保留带的宽度可略宽或略窄。

（2）水平阶整地。阶面水平或稍向内倾斜。阶宽因地而异，石质及土石山可为 0.5～0.6 米，黄土地区可为 1.5 米，阶长不限。这种方法可以蓄水保墒，比较灵活，适用于土层较厚的缓坡。

（3）水平沟整地。特点是横断面呈梯形或矩形，整地面低于原土面。沟上口宽约 0.5～1 米，沟底宽 0.3 米，沟深 0.4～0.6 米。这种方法的优点是能蓄水拦泥，缺点是整地费工，多用于黄土高原需控制水土流失的地方。

（4）反坡梯田。地面向内倾斜成反坡，内侧蓄水，外侧栽树。田面宽约 1～3 米，反坡坡度 3°～15°。能蓄水、保墒、保土，但工程量大，较费工，适用于黄土高原等坡面平坦完整的地方。此外还有一种撩壕整地，是在中国南方山地栽培杉木过程中创造的一种整地方法。干旱贫瘠的丘陵地区使用此法尤为适宜。

（5）穴状整地。一般为直径 0.3～0.5 米的圆形穴。这种整地方法灵活性强，整地省工。

（6）块状整地。形状呈方形，边长 0.3～0.5 米乃至 1 米不等，规格较小，适用于山地及地形破碎处。

（7）鱼鳞坑。为近似半月形的坑穴。坑的长径 1.0～1.5 米，短径 0.5～1.0 米，蓄水保土力强，使用机动灵活，适用于水土流失严重的山地和黄土地区。

（8）高台整地。将地面整成正方形、矩形或圆形的高台，利于排除土壤中过多的水分。适用于过湿的采伐迹地、草甸、沼泽地以及盐碱地等。

无论采用何种整地方式，都要根据造林地区的气候特点、土壤状况以及苗木根系长度合理地确定整地深度。一般深度为 30～35 厘米，营造丰产林时可为 50～60 厘米，甚至 1 米以上。进行造林时除用手工机具外，还可应用各种农业机械，如割灌机、挖坑机、推土机等。整地时间方面，整地若与栽植或直播同时进行，对立地条件的改善作用较小，多用于条件较好的造林地。在栽植或直播以前几个月甚至一个生长季进行整地，可使造林地的土壤水分状况更好地得到改善，植物残体更充分地分解，有利于造林苗木的成活和生长。

（四）苗木选择

采用良种壮苗，选用长势旺、发育良好、根茎粗壮、顶芽饱满，无病虫害、无机械损伤的Ⅱ级以上苗木造林。苗木出圃前，必须进行检疫。苗木从起苗、包装、运输到植苗的全部过程中必须采取保湿措施。农田（草牧场）防护林建设、村屯绿化、公路绿化、铁路绿化、江河湖库渠绿化要采用大苗造林，争取一次成林。

（五）造林密度

重点区域退耕还林主要树种每亩造林株数如下：

落叶松 133～167 株；杨树 50～107 株；柳树 40～73 株；樟子松 67～120 株；红松 147～200 株；李子 30～83 株；黄菠萝 147～220 株；沙棘 110～220 株；黑加仑 110～220 株；水曲柳 147～220 株；紫椴 133～167 株；胡桃楸 147～220 株；蒙古栎 100～133 株；桦树 107～147 株；梨 30～83 株。

（六）幼林抚育

幼林抚育是为提高造林的成活率和保存率，促进幼树生长和加速幼林郁闭而在幼林时期采取的各种技术措施。新造幼林，特别是在造林后的头几年，常常树体矮小、根系入土浅、生长缓慢，易遭各种不良环境因子的侵害，其成活和生长均不稳定。因此，及时采取相应抚育措施，不断排除不利因子的干扰，对提高造林质量、巩固造林成果具有十分重要的意义。因为造林以后至成活、成林这段时间，林木既受到气候、土壤、植被、病虫鸟兽危害、人畜破坏等外界环境的影响，又受树木个体、群体之间或树种之间的影响；如果抚育和保护不及时，不仅会导致杂草丛生，夺取幼林所需的水分和营养，遮蔽阳光，抑制林木生长，而且还会引发病虫害；林地也会因草根盘结导致土壤变得十分坚实，土壤的结构和通气保水性能变差，严重影响林木生长发育。因此，及时采取相应抚育措施，不断排除不利因子的干扰，对提高造林质量、巩固造林成果具有十分重要的意义。

幼林抚育的内容和方法，因造林地环境条件、造林树种生物学特性和造林方法等的不同，可大致归纳为土壤管理和幼树管理两大类。

1. **土壤管理** 土壤管理的目的是对造林地的土壤及其天然草被（有时包括灌木）直接进行人为干涉，以改善幼树成活和生长发育的环境条件。主要措施包括下述几种：

（1）除草松土。除草的主要目的在于消除杂草对土壤水分、养分和光照的争夺，同时在一定程度上又可减少某些病、虫和啮齿类动物的危害。松土的目的则主要在于破碎土表结皮，切断表层和下层土壤的毛细管联系，从而抑制土壤水分的无益蒸发，并改善土壤的通气性和透水性，促进土壤微生物的活动、加速有机质的分解和转化。在大多数情况下，除草和松土是同时进行的。除草松土的年限根据树种和造林地的环境条件的不同而定，一般从造林年度起连续 3～5 年，主要在一年中生长季的前半期进行。但植苗造林当年的第一次除草松土应尽量提早，并结合进行培土、扶正、踏实等工作。造林后，头 1～2 年的除草松土次数应多些，以后可减少（每年 1～2 次）。可分为穴状（块状）、带状和全面除草松土等方式，前两种应用较广。除草和松土的深度根据幼树表层根系的分布情况确定，应力求少伤根系，但对长期失管而根系再生能力强的树种（如杨树、杉木）可深些。除手工方式外，还可使用各种除草松土机械（如割灌机等）。化学除草也是一种颇有前途的方法，但不能达到疏松土壤的目的。

（2）灌溉施肥。幼林灌溉多在生长季的前半期进行。灌溉的浸润深度视主要根群分布的深度而定，一般为 50 厘米左右。灌溉的次数和间隔期可根据当地的降水量、蒸发速度、天气状况，以及土壤条件和林龄等综合考虑确定，一般是：地区越干旱，则间隔期越短、次数越多；林龄越大，则每次的灌溉量也越大，但间隔期越长、次数越少。灌溉的方法主要有漫灌、畦灌和穴灌 3 种，后两种应用较多。幼林施肥的时期、方法以及肥料种类等，决定于树种和立地条件，并应在土壤营养诊断的基础上进行。

2. 幼树管理 幼树管理主要包括：（1）平茬。即利用某些树种（如杨树、榆树、刺槐等）的萌芽能力，在造林后 1～2 年内切除因机械损伤、霜冻和病虫危害等而生长不良、失去培育前途的幼树地上部分，促使长出新的茎干。其方法是：在早春树液流动开始前，将地上部分齐地面切除，待根茎部长出萌条后再从中选留健壮的一株作为新茎干的培育对象，其余的则在生长季的中、后期全部除掉。（2）除蘖。即对某些萌蘖力强的树种（如杉木、杨树、榆树等）除去从根茎附近发出的萌条，以促进主干速生，并利于培育圆满通直的干形。具体做法是：在基部尚未木质化前结合其他幼林抚育措施及时抹去萌条，有时需进行数次。

红松、红皮云杉抚育年限为 5 年，抚育次数分别为 2-2-2-1-1 次；水曲柳、胡桃楸、黄菠萝、紫椴抚育年限为 4 年，抚育次数分别为 2-2-1-1 次；落叶松、樟子松、杨树以及其他阔叶树幼林抚育年限为 3 年，抚育次数分别为 2-2-1 次。对大苗造林可以根据实际情况，以成林郁闭为原则，适当减少抚育年限和次数。抚育的内容包括抹芽、定株、扩穴、松土、踏实、除草、割灌、打枝等，并应对幼林病虫害进行综合防治。

第三节 试验区生态林业建设体系的构成及其耦合机制

一、试验区生态林业建设体系的构成

根据第五章的分析结果，林业产权制度、林业投入、生态效益补偿制度以及林业社会化服务机构是影响黑龙江两大平原农业综合开发试验区生态林业建设的主要因素，这同时也构成了黑龙江两大平原农业综合开发试验区生态林业建设体系的要素，这些要素的相互作用与相互配合能够影响该地区生态林业的建设与发展。

（一）制度要素

新制度经济学派的代表人物之一，也是诺贝尔经济学奖的获得者诺斯这样定义制度：制度是一系列的规则综合，它们的主要目的就是对人们的选择空间进行规制，对人们相互之间的关系进行约束。制度的构成包括社会普遍认可和接受的非正式的约束，如道德、民俗等；还包括国家和政府强制推行实施的正式约束，即国家出台的各项法律法规政策。本研究中所说的制度要素，主要指以林业产权制度为主的各项规章制度。在黑龙江两大平原农业综合开发试验区，有关生态林业产权的制度主要基于黑龙江集体林权制度改革建立。制度建设是一切系统和组织有效运转和高效运作的基础，正如科斯所说，企业的一切效率的起始在于产权制度的建立，只有产权制度清晰明确，企业的一切行为才是高效而精准的。

（二）投入与补偿要素

投入与补偿是黑龙江两大平原农业综合开发试验区生态林业建设的主要驱动力，同时也成为区域经济发展与增长的前提和基础，一定程度上影响着生态林业建设的速度与质量。投入与补偿的不足必然造成生态林业建设乏力、后续发展力量不足。在本研究中，投入与补偿主要指粮食主产区生态林业的资金投入与生态效益补偿。在黑龙江两大平原农业综合开发试验区，林业的生态效益明显比经济效益和社会效益更为重要和珍贵。黑龙江两大平原农业综合开发试验区是黑龙江粮食主产区，关系国家粮食安全，地位极其重要和特殊。所以，林业在该地区的建设和发展更具有明显的公共性和正外部性，要促进该地区林业建设的发展，必须对其生态效益的发挥进行补偿，具有一定的激励性和强制性。如果林业的建设和发展没有得到合理的生态补偿，势必会影响其长远的发展和生态作用的进一步发挥。

（三）服务要素

在本研究中，社会服务要素主要指林业社会化服务中介机构。现代农业已在快速发展，其最重要的特征就是规模化、现代化、机械化、科学化。林业的经营形式和方式，在某种程度上可以借鉴农业的组织形式和方式。在黑龙江两大平原农业综合开发试验区生态林业的建设和发展过程中，社会化服务体系的支撑作用不可或缺。尤其是林业专业合作社、林业科技推广中心等基层组织，对于生态林业的建设具有重要指导作用。科学技术是第一生产力，林业科技是林业的第一生产力。目前在黑龙江两大平原农业综合开发试验区内，林业科技的创新以及成果的转化和推广还没有成为林业发展的推动力，经黑龙江省林科院统计，目前黑龙江的林业科技成果的转化率只有 20% 左右，与发达国家 60%～80% 的科技成果转化率相差甚远。而且，科技成果的覆盖区域主要集中在大小兴安岭等国有林区和林场，平原地区林业发展缺乏科技支撑。这就要求把林业科研单位、林业推广单位、林业企业和农户等有机组织形成科技成果的转化生产线。

二、试验区生态林业建设体系的耦合机制

（一）生态林业体系与试验区的耦合域

黑龙江两大平原农业综合开发试验区是黑龙江粮食主产区，试验区的建设是目前国家开展的唯一涉及农业生产关系的重大调整和变革，也是黑龙江省经济建设史上唯一上升到国家层面的重大发展战略。国家确定在黑龙江省开展先行先试、量身定做重大政策设计和制度安排，为调整经济结构、转变发展方式提供了契机，为深化改革、扩大对外开放搭建了平台，为提升整体影响、增强竞争实力创造了条件。试验区承载着保护国家粮食安全的使命，区域内生态环境的改善与稳定，与经济的可持续发展以及农业生产和人民生产生活息息相关。生态林业建设与试验区建设的耦合域主要表现在：

1. 战略目标的耦合 黑龙江两大平原农业综合开发试验区的建设是基于保障国家粮

食安全而提出的，两大平原地区农业资源富集，占黑龙江省土地面积的 63%，占黑龙江省耕地面积的 80%，粮食产量占黑龙江省总产量的 90%，占全国商品粮产品的 8.8%，是世界仅存的三大黑土分布地区之一，战略地位极为重要。试验区的建设对于探索现代农业建设生产关系结构调整和发展方式的转变，加快现代农业建设的步伐，增加农民收入都具有极为重要的理论与实践意义。

试验区建设的主要目标：

(1) 发展方式转变明显加快。形成以规模化、标准化生产和产业化经营为主导的现代产业体系，三次产业协调发展。使农业资源高效开发利用，生态环境明显改善，走上生产与生态平衡发展、人与自然和谐统一的发展道路。

(2) 综合生产能力明显增强。巩固粮食生产第一大省、绿色有机农产品生产第一大省、畜牧生产大省地位，对国家粮食和食品安全保障能力进一步增强。

(3) 农民收入水平明显提高。农民实现由生产者向生产经营者的转变，构建起生产、加工、销售全产业链增收长效机制。

生态林业建设的主要目标：

(1) 改变地区生态环境。逐步建立起以农业生态为主的农业防护林，逐步改变水土流失、风沙成害的生产环境，为地区农业发展筑起绿色屏障。

(2) 增加农民收入。通过探索农林间作等农林复合经营的模式，寻找适合各地自然情况的林下经营模式，拓展农民收入渠道和来源，增加农民收入。

(3) 实现地区可持续发展。经济上必须做到可持续发展，以往先污染后治理的发展道路已经不可采纳，需要按照可持续发展的要求规划地方经济活动。林业在地区可持续发展中具有重要的作用。

从二者的战略目标可以看出，黑龙江两大平原农业综合开发试验区与生态林业建设是互为目标、相互统一的。

2. 规划范围的耦合　黑龙江两大平原农业综合开发试验区位于黑龙江省腹地，包括 11 个市的 51 个县（市、区）和黑龙江农垦总局 9 个管理局的 114 个农场，这一区域是黑龙江省主要农业生产地区，是黑龙江省农垦系统主要聚集地区，聚集了黑龙江省近 70% 的人口。这一区域也是黑龙江省主要的经济活动区域，哈大齐工业走廊等工业规划区域都位列于此。省会哈尔滨，齐齐哈尔、佳木斯、大庆等重要城市、工业城市均在这一区域范围内。试验区内生态林业的规划建设主要是以这一区域的农业生产为核心进行的。这些规划、建设在农业生产集中的农垦地区以农田林网、农林间作的形式进行，在城市及交通沿线以村镇绿化、城市林业、绿色通道的形式进行，在齐齐哈尔、大庆等风沙严重的城市周边，以防风林、水土保持林的形式进行，在三江平原湿地退化地区以水土保持林的形式进行。所以，试验区以及生态林业建设范围是相互融合的，并不是彼此割裂、毫无关系的独立概念。

3. 规划基本原则的耦合　黑龙江两大平原农业综合开发试验区的建设能够进一步释放资源要素潜能，提高保障国家粮食安全、食品安全和生态安全的能力，促进农民持续增收；能够巩固和完善农村基本经营制度，探索建设农业现代化的新体制、新机制，引领和推动农村改革实现第二次飞跃；能够加快转变农业发展方式，提高农业发展质量效益，增强市场竞争力，加快由农业大省向农业强省的转变，从而把"两大平原"建成国家商品粮基地核心区、绿色食品生产样板区、高效生态农业先行区和统筹城乡发展先导区，为全国粮食主产区同步推进新型工业化、信息化、城镇化、农业现代化发挥示范引领作用。

试验区规划的基本原则：

（1）综合配套，协调推进。加强改革试验的统筹规划，做好与经济社会发展重大规划、政策的衔接，有序推进重点领域配套改革，形成相互协调、相互促进的改革试验局面。

（2）尊重民意，广泛参与。坚持农村基本经营制度不动摇，切实保障农民合法权益。充分发挥农民的主体作用，尊重农民意愿和基层首创精神，营造全社会广泛参与的良好环境和氛围。

（3）先行先试，规范运行。围绕解决改革试验的重点难点问题，解放思想，先行先试，封闭运行，降低风险，积累经验，逐步推开。

（4）保护环境，合理开发。把保护生态环境摆在突出位置，综合考虑资源和环境承载能力，科学确定发展目标和改革措施，大力发展低碳农业和循环农业，促进农业可持续发展。

生态林业建设规划建设的原则：

（1）统筹兼顾，生态为主。生态林业的建设，要充分发挥生态林业经济、社会、生态三大效益，以生态效益为主。

（2）政府引导，农户参与。以政府提供政策引导和其他服务为先导措施，鼓励与引导广大农户参与生态林业的建设。

（3）资金保障，科技支撑。政府制定鼓励政策引导各类资本流入生态林业建设，完善社会化服务体系与机构，促进林业科技成果快速转化为现实生产力。

4. 建设成果的耦合 黑龙江两大平原农业综合开发试验区和生态林业建设的最终目标及成果，都是实现地区经济社会的可持续发展，为区域内的社区公民生活服务。

黑龙江两大平原农业综合开发试验区建设的主要预期成果是：

（1）创新农业生产经营主体。坚持农村基本经营制度不动摇，培育农民合作组织、专业大户、家庭农场和农业企业等四种经营主体，逐步建立起以农民合作组织为主体、以专业大户和家庭农场为两翼的新型农业生产经营体系，加快土地流转，促进土地规模经营，增强农业抗风险能力和市场竞争力。新型农业生产经营主体带动农户到 2015 年覆盖面达到 80％以上。

（2）深化农村土地管理制度改革。创新土地管理制度，优化城乡用地结构，加强土地整理和耕地保护，促进土地节约集约利用。创新土地利用管理，加强土地利用规划管理。推进土地整治，推动集体建设用地流转，加强土地征用管理。完善并创新耕地保护制度和创新耕地总量保护制度。建立耕地质量监测体系。

（3）推进农业科技创新和应用。整合农业科技资源，搭建农业科技平台，重点推进种业等领域科技创新，建设集聚科技资源的高地，加快农业科技成果向现实生产力的转化。创新农业科技攻关机制，整合涉农科研机构等资源，实现科技资源开放共享，开展联合攻关、协同攻关。突出农业科技创新重点，创新农业生物技术、农业生产技术、农业装备技术、农业加工技术、农业科技推广体系。

生态林业建设的预期成果是：

（1）发展新型经营主体。大力发展合作组织，鼓励发展专业大户，支持发展规模化经营，扶持发展林业企业。推进以农村土地承包经营权流转为基础的林地流转，健全林业用地承包经营权确权登记办证制度，建立林业用地流转信息网络和服务平台，建立农村土地承包经营权推出和调处机制，引导土地流转和规模经营。

（2）创新林业科技服务形式。一是服务手段信息化，包括推进遥感技术、物联网技术在林业生产领域应用。二是服务方式社会化，包括推动林业科技服务机构开展服务性收费，直接用于科技服务发展。三是技术承包专业化，支持和鼓励科研部门、公益性林技推广机构和科研推广人员，以技术承包、技术入股分红等形式开展经营性服务和科技创新创业。

（二）试验区生态林业建设体系的耦合结构

黑龙江两大平原农业综合开发试验区生态林业建设体系中各个要素之间是相辅相成、相互作用的。任何一个整体想要有效运转，都需要各个要素有机地整合在一起，彼此相互衔接、相互作用、相互影响、相互支撑、共同促进。黑龙江两大平原农业综合开发试验区生态林业的建设和发展，需要一个高效协同的体系来保证。在上一章的分析中，我们确定了林业产权制度、生态效益补偿、林业资金投入、林业社会化服务体系为影响黑龙江两大平原农业综合开发试验区生态林业发展的主要影响因素。这同时也就明确了黑龙江两大平原农业综合开发试验区生态林业建设系统的构成要素。这四个要素相互影响、相互促进，为生态林业的建设和发展服务，它们之间的相互作用见图 7-1。

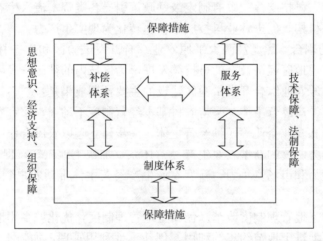

图 7-1　黑龙江两大平原农业综合开发试验区生态林业建设体系耦合机制

首先，对黑龙江两大平原农业综合开发试验区生态林业建设影响权重最大的林业产权制度，在该地区生态林业建设中具有基础性地位，构成黑龙江两大平原农业综合开发试验区生态林业建设制度体系。产权制度的明晰可以进一步激发对于林业生态效益发挥的补偿渴望与需求；可以激发对林业建设的投资热情，增加林业投入以及管护力度，提高林业资源存量；可以间接增加对于林业中介机构的需求，促进林业中介服务机构的不断完善与发展。

其次，作为黑龙江两大平原农业综合开发试验区生态林业建设影响权重第二位的因素，林业投入在该地区生态林业建设中具有保障性作用。稳定的林业投入可以保障生态林业的快速健康发展；可以进一步增加对于明晰的林业权属的要求，促进林业产权改革；可以弥补生态效益补偿不足的缺陷，也进一步促使生态效益补偿不断改进；还会增加林业社会化服务的购买力，促进林业社会化服务的不断提升和丰富。

再次，作为黑龙江两大平原农业综合开发试验区生态林业建设影响权重第三位的因素，生态效益补偿对于该地区的林业建设具有激励与补偿的作用，能够规范和引导生态林业，使其生态效益成为主要效益，进而发挥生态防护的作用。目前的生态效益补偿基于公益林范围，而且补贴范围较小、补贴标准不高。对于亟需生态效益的黑龙江两大平原农业综合开发试验区地区，林业的生态补偿没有列入其中，这无疑将造成该地区林业生态效益的挤出效应。生态补偿的完善可以进一步稳固林业权属；可以带动其他林业投入；可以增加对林业社会化服务的需求。

最后，林业社会化服务体系的不断完善与提升可以有效支撑黑龙江两大平原农业综合开发试验区生态林业建设的发展，作为该地区生态林业建设的服务体系。完善的林业社会化服务体系可以为林业的发展提供科技支撑，促进林业资源增加；有效增强对明晰的林业权属的要求，促进林权制度改革；林业社会化服务体系的完善促进林业资源的发展，进而能够吸引更多的林业资金投入；林业社会化服务体系的完善促进林业质量的改善，有效发挥生态效益，可以大幅提高生态效益补偿的标准。

从以上的分析可以看出，黑龙江两大平原农业综合开发试验区生态林业建设的制度体系、补偿体系、服务体系构成了黑龙江两大平原农业综合开发试验区生态林业建设体系，这三者两两相关、两两相互作用、两两相互促进（见图7-1）。将其中任意两者的关系协调好，处理融洽都能带来黑龙江两大平原农业综合开发试验区生态林业建设质量的提高，都能进一步促进该地区林业生态效益的更好发挥，为该地区农业生产、粮食生产提供生态保护作用，充分发挥出林业的三大效益。

第四节　试验区生态林业建设体系的效果评价与监督保证

一、试验区生态林业建设体系的效果评价

黑龙江两大平原农业综合开发试验区生态林业建设的目的，主要是为区域内农业生产，尤其是粮食生产提供生态保障，充分发挥其生态效益，为千亿斤粮食产能的实现、保障国家粮食安全作出贡献。所以，针对其体系需建立效果评价机制，以评价机制为标准监督和修正该区域内林业的建设和发展。应按照建设评价指标机制与考核评价制度，对区域内生态林业建设进展情况开展动态评估，研究建立绿色 GDP 核算机制，科学分析和评价生态林业建设的成效和阶段性成果。

在生态林业建设的标准上，要坚持定性和定量相统一的原则，根据《黑龙江两大平原农业综合开发试验区实施总体方案》的阶段性规划目标，从生态保护、经济发展、农业生产和

社会进步几个方面，确定生态林业建设体系指标机制，使其便于实施和考核。根据总体及阶段性规划目标，从生态效益、经济效益、农业生产和社会效益四个方面确定指标机制。

（一）生态效益是区域可持续发展的基础

黑龙江两大平原农业综合开发试验区地区是国家重要商品粮基地，是粮食主产区，同时也是生态环境弱质区。生态环境的好坏直接关系区域的可持续发展，关系区域内农业生产。所以，生态林业的生态效益是该区域可持续发展的基础，只有生态林业建设好了，生态效益最大程度地发挥出来，才能保证区域经济、社会的可持续发展，保证粮食生产的顺利进行。

（二）经济效益是促进区域生态林业建设的保障

区域生态环境的改善，有赖于生态林业的建设和发展，生态林业的建设和发展需要经济建设的持续支持与保障。黑龙江两大平原农业综合开发试验区是黑龙江哈大齐工业走廊腹地，是黑龙江省主要的经济聚集区域，对于黑龙江省经济的发展具有至关重要的作用，该地区的经济发展关乎黑龙江省经济走向。所以，要摒弃以往以经济指标为主的发展方式，建立绿色 GDP 核算模式，在确保经济发展的基础上，走可持续发展道路。

（三）农业生产是区域发展的任务

黑龙江两大平原农业综合开发试验区是黑龙江省农业生产聚集地，农业资源富集，耕地面积 1.62 亿亩，占黑龙江省 2 亿亩耕地的 80% 以上；2012 年粮食产量 521.5 亿 kg，占黑龙江省粮食产量 576 亿 kg 的 90% 以上，占全国产量 58.955 亿 kg 的 8.8%，是我国重要的粮食主产区和商品粮生产基地。该地区的农业生产，尤其是粮食生产承载着国家粮食安全的使命。所以，生态林业的建设应以生态效益为主，以保障区域内农业生产作为主要任务。

（四）社会效益是生态林业建设的目标

社会效益的发挥要以提高区域内人民生活的质量为目的，积极促进社会向文明、公正、安全、健康的方向发展；通过改善生态环境，促进经济发展，保障粮食生产，给人民群众提供良好的生活环境，为区域的可持续发展提供基础和保障，把社会效益作为生态林业建设发展的主要目标。

二、试验区生态林业建设体系的监督保证

（一）以政府为主体提供制度供给和制度保障

科斯认为，政府是一种提供公共产品而收取税收的组织。正是基于这一认识，科斯认为政府就是一个超级企业。这一理论在林业领域的应用是：政府为林业的发展创造市场运行条件和环境，保障市场在林业资源配置中发挥基础性作用，在优化林业资源配置的同时达到林业经济效益、社会效益和生态效益的统一。

（二）以市场为主提供资金投入保障

市场配置资源的路径是需求和供给受市场机制的作用而达成均衡的过程，是一个周而复始的循环流。价格信号反映着供求关系，是供求机制共同作用的结果，并反过来调节供求关系。价格上升显示供不应求，价格下降显示供过于求，以此引导资源向社会最需要或

最有效率的地方流动，从而达到供给和需求的相对均衡状态。市场引导资源配置的结果是：使资源流向效率较高的企业和产业部门，增强经济增长的内在活力和有效性。作为一种制度形式，市场的优势在于它能以较低的交易成本发现资源价格。资源的价格信号不但反映了市场上的资源供给余缺，而且随时调剂非公有制林业经营主体的经济行为。所以，林业市场发育的成熟程度直接决定了生态林业的发展水平。一方面，生态林业的生态效益属于纯公共品，存在免费搭便车的行为，作为公共资产，需要政府加强管理。另一方面，由于财政投入有限，不可能无上限地增加投入，所以需要利用市场的多层次、多角度，调动各方面的投入力量，增加资金投入，保障生态林业的资金供应。具体主要从以下几个方面进行：

1. 完善资金投入机制，推动林业建设和产业发展　各级政府要将生态林业建设投入列为本级财政支出的重点内容并逐年增加。应形成多元化的环境保护投融资机制，建立生态林业建设专项资金，主要用于引进、开发、推广生态林业建设先进技术等基础性工作。各级财政部门要严格执行国家定员、定额标准，保证各项工作正常开展。大力开展技术示范和成果推广，加快高新技术在该领域的应用。

2. 探索建立生态补偿机制　坚持"谁开发、谁保护，谁破坏、谁恢复，谁受益、谁补偿"的原则，建立黑龙江省粮食主产区生态补偿整体框架，通过调整、优化财政支出结构，逐步加大对生态补偿的转移支付力度。

3. 严格环境准入制度　建立健全环境友好型社会的决策机制。各级政府要对会对环境有重大影响的决策和规划进行环境影响论证，对不符合环境保护要求的决策和规划必须尽快调整。对于生态林业建设发展相关的问题要尽快研究解决。

（三）以科研、高校为主体的社会化服务保障

林业的发展和进步离不开科技的进步与发展，林业科技的发展与进步主要得益于林业科研院所、林业高校的不断进步。在黑龙江两大平原农业综合开发试验区，要以黑龙江省林业科学院、黑龙江林业厅、东北林业大学以及各层级林业科技服务站为主体，组建生态林业的社会化服务结构。政府要起到充分的组织协调作用，将各方力量组织和协调起来，形成合力，满足该区域内生态林业的建设和发展的需要。具体从以下几方面进行：

1. 加强林业科研院所与林业高校的联系，将理论与实际相结合　将高校的理论研究成果在科研院所进行实践或实验，将适合区域生态林业发展的技术，通过基层林业科技工作站进行推广和普及。

2. 加强法治建设，建设完备的执法监督机制　要尽快制定或修订《黑龙江省环境保护条例》《黑龙江省居民居住环境保护办法》等法律法规，规范政府环境责任，加大环境违法行为处罚力度，增强立法可操作性，重点解决"违法成本低、守法成本高"的问题。完善地方标准和技术规范，努力使环保标准与环保目标相衔接。加强环境执法活动的行政监察，有效处理各类环境矛盾和纠纷，维护社会和谐稳定。

3. 构建环境监测预警机制，完善生态破坏和环境污染应对机制　要加强流动环境应急监测能力建设，建成以省级环境预警应急监测中心为龙头，以哈尔滨、大庆、齐齐哈尔、牡丹江、佳木斯监测中心为分中心的基本辐射黑龙江省的应急监测网络。以科学、及时、准确的环境监测数据为各级政府决策提供依据。建立和完善政府主导、部门协同的环境应急启动、协调联动和快速处理机制。抓紧建立省环境应急监控指挥中心、环境信息网络中心，有效监控预警和应对突发环境事件。

此外，要加强各个部门的协调配合，注重信息共享，实行科学决策。应建立健全民主决策与专家咨询机制，对生态建设重大决策实行公众听证制度，对重要规划、政策以及重大项目实行专家咨询论证制度，提升决策的透明度。提高社会团体和公众参与程度，形成政府、专家与社会团体、公众相互配合的民主决策机制，科学有效地推进生态林业建设。

（四）以政府为主体构建高效的执行组织体系

应建立试验区生态林业建设领导干部考核目标责任制，确定工作重点和目标，层层落实任务，层层督促检查。通过强化领导、明确责任，保障生态林业建设有组织、有计划地顺利实施。政府提供科学有效的制度基础，为生态林业的健康发展提供制度基础和保障。要落实目标责任制，由省林业主管部门对区域内生态林业建设和目标责任完成情况进行检查。重点检查内容包括：贯彻执行基本法律及实施的情况；各阶段年度计划的完成情况。首先，严格责任考核，严肃责任追究。建立健全严格的监管机制和行政监察制度，政府实行对林业建设的定期报告制度，主动接受人大和政协的监督和检查。其次，建立与完善社会监督机制。扩大公众参与的参与范围，建立群众监督举报制度，强化民主法治的监督约束机制，深入开展宣传教育。再次，强化生态林业建设监管，合理配置和统一规划省域生态环境监控机制，形成多层次、多类型的生态监测网络；建立联动监测网络。

本章主要对黑龙江两大平原农业综合开发试验区态林业建设体系的构成及其相互之间的耦合机制进行了阐述。对试验区生态林业建设体系构建进行了总体框架设计，对生态林业建设体系的目标与原则、任务与重点、构成及耦合机制进行了设计，还构建了生态林业建设体系的效果评价机制和监督保障机制，确保生态林业建设体系运转科学有效。

第八章 构建试验区生态林业制度体系

本章主要对黑龙江两大平原农业综合开发试验区生态林业建设的制度体系进行了构建。林业产权制度对于该区域生态林业的建设和发展具有基础性的指导作用,权属清晰了,林业建设的效率才能更高。本章具体以黑龙江宾县和鹤岗市为例进行了分析阐述。

第一节 导入农业生产经营制度

我国农业生产实行家庭联产承包责任制,以公有制为基础,所以,一切政策都以公有制为前提。现行的家庭联产承包经营责任制就是公有制的体现,在公有制的基础上建立起来,实行统分结合的双层经营体制,这一方面体现了公有性质,另一方面也是为了更有效率地配置资源。实践证明,家庭联产承包责任制是适合中国农业发展的经营模式,农业生产经营建立在这个制度基础之上。林业作为农业的保障体系,属于同一制度体系,所以也应建立在这个基础之上,然后再研究其他的政策与机制的问题。事实证明,家庭联产承包责任制,适合平原地区林业的经营和管理,是目前比较有效的资源配置方式。林业产权制度的改革,也要以此项制度作为制度基础,从这一政策体系出发才能有更好的成果。同时,在坚持公有的基础上,要充分发动广大农户的参与性和积极性,在不违背大原则的前提下,放活林业的管制,真正搞活林业、搞好林业,充分发挥林业的生态效益和社会效益,并在此基础上,最大限度满足农户的利益需求。

黑龙江宾县和鹤岗市在林业经营制度上做了有益的探索。截止到 2012 年,宾县涉及生态林业的土地面积面积为 213.58×10^4 亩,有林地面积为 159.82×10^4 亩,现有蓄积面积为 $96 \times 10^4 m^3$,2007 年以来,参与林权改革的面积为 19.6×10^4 亩,涉及林地面积 0.8×10^4 亩,森林蓄积面积为 $2.6 \times 10^4 m^3$,林权改革的各类拍卖收益为 312×10^4 元。鹤岗市涉及生态林业面积为 189.47×10^4 亩,有林地面积为 132.19×10^4 亩,现有蓄积面积为 $751 \times 10^4 m^3$,2007 年以来,参与林权改革的面积为 17.7×10^4 亩,涉及有林地面积 0.6×10^4 亩,森林蓄积面积为 $2.2 \times 10^4 m^3$,林权改革的各类拍卖收益为 $1 409 \times 10^4$ 元。

宾县和鹤岗市以家庭联产承包责任制为基础,将农业经营制度导入林权制度改革中,按照每人 15 亩的标准,采取自由组合联合经营的模式。按照《黑龙江省森林林木林地流转试点管理办法》的规定,对参与流转的农户进行价格优惠,流转时限为 70 年。宾县因为 70 年流转承包价格较高,改为 50 年,也得到相关部门批准。改革的过程中,对于林地流转办法、程序、林权证的发放等,都不断进行调整和细化。同时在行政区划内健全完善了资产评估机构,与银行等金融机构联合进行抵押手续的简化和完善,大大激发了地区生态林业建设的积极性。

宾县和鹤岗市的林业生产实践证明,将家庭联产承包责任制导入到林业生产经营中,能够有效激发林业生产活力，调整林业经营生产关系，有效调动林业生产经营参与者的经营活力和积极性，促进林业资源"双增"。

第二节　规范林地流转机制

我国的林业权属制度改革，其最重要的初衷一直是将林业资源变成增值的资本，这样可以最大程度地发挥林木权属的经济效益，使资源的配置最优化。通过林业权属的有偿转让，可以实现社会生产要素的优化组合和最优配置。在林权制度改革初期，相关的服务体系以及具体内容不完善，存在流转上的漏洞，使得一些人在林地流转时，暗箱操作，间接造成林权制度改革的经济效益损失，导致林权制度改革遭遇了很大阻力。要想达到公开公正的林地流转，对于林地流转的机制就必须进行改革，建立规范的机制体系。要进一步明晰林地流转的程序，尤其是对流转的合同内容进行规范，使之细化、科学化，加强对林地资源流转的监管，使得林业权属的流转规范有序。

一、细化林权流转办法

在黑龙江省林权制度改革的基础之上，要完善和细化林地流转的管理办法，根据这些办法加强林木权属的流转管理和监管。内容主要包括林地使用权的流转方式、流转的要求及原则、林地的评估机制及操作规程、流转的合同内容及样式、转让资金的管理及使用、资金的监管等，并且要制定出切实可行的操作细则。要对承包经营者的主体地位进行明确，在文件以及相关制度的制定上，充分体现其主体地位。林地权属为集体权属的，应该在村屯内召开村民大会，全体村民参加会议，且有半数以上成员同意才可以进行权属的转让；国有性质林地的权属转让，应由企业全体职工召开大会，半数以上同意，形成文件报到相应的主管部门进行审批后，才可以进行流转，而且要在国有资产监管部门备案立案。

对于林地流转的配套政策也要完善，在政策制定上给予倾斜与扶持。如对于生态公益林、防护林的承包经营大户，要尽快确权，并发放权属证明；在林业产业扶持上，符合政策规定要求的集体林，只要达到了一定的规模，政府在项目审批、资金支持、融资贷款、补贴政策上都要给予支持；在林地权属的流转上，要细化相关内容，如林地流转期限的明晰、流转的面积、流转的损失赔偿等。真正做到公开、公平、公正，保障农户及林业建设的参与者的利益得到保护与最大化，保证社会的稳定。

二、完善林权流转程序

林地的流转需要规范的环境，这些环境的建立需要制度的保护与指导，比如林地价格的形成机制、林木市场的规范化管理等，不然的话，林地权属的流转也会处于无序的状态。对于集体林地的流转及其使用，要使其运作程序化、规范化、制度化，现在最急需解决的就是林地使用权的流转程序问题。要保证林地流转的正常进行，首先，要对林地资源进行科学评估。林地资源的流转要有合理的价格支撑，没有价格的支持，会造成有市无价，这就要求各级政府要建立科学的林地资源评估机构，为林地流转进行科学评估；其次，要支持林地资源的二次流转。市场资源的效率发挥，主要取决于各类要素的不断优化配置与组合，最终实现帕累托最优。一般来说，一次林地流转也就是林地资源配置的效率再次优化，不断进行市场交易，可以不断优化林地资源的配置，从而使林地经营规模化，增加产出效益；再次，各类招标、拍卖等活动要公开进行。各个县乡镇可以根据现有的林业科技工作站设立中介服务机构，为林地流转服务，包括信息的收集与发布等；最后，根据各地的实际情况，在坚持大原则的前提下，可以开展多种形式的流转，比如活立木的流转、采伐权的流转、迹地使用权的流转等，多渠道、多形式地灵活林地流转的程序和内容。

三、规范林权证及合同

明晰的林木权属是林木进行流转的基础，权属存在争议的林木或是权属不清的林木是不能进行流转的。林木权属的表现形式是林权证，这个证是以政府的公信作为保证的，是以公开的程序对林木权属进行确认的一种财产权利证书。给农户发放林权证是林木权属确定的首要工作，这也是林业生产参与者享有林权、行使林权的大前提，更是进行林权转让的必要条件。林权的管理机构要在林木承包关系确定后进行实地勘界、记录等工作，以此发放统一的林权证。林权证的作用主要体现在林权流转的过程中，出让方凭林权证进行流转，而受让方则依据林权证进行登记过户等，这样的流转才是合法有效的。在进行林木流转的时候，应该依法签订流转合同，才能办理相应的林权变更手续。对受让方提出申请的、合理的流转，要进行受理和登记，认真审查合同的完备性。审核后，手续完备的及时进行登记变更；流转合同填写不规范，但没有损害集体的利益，且受让方已经进行了实际经营的，可以通过双方协商，规范相关的手续，然后办理登记。如果双方有异议的，应及时进行沟通协调，以受让方和出让方都可以接受的方式进行协议补充，其手续仍按正规程序进行。与此同时，要建立土地流转登记备案制度，对土地承包的关系已经变更的，其经营管理部门要及时进行手续的变更。这些依法登记的档案，要进行公开，使公众可以进行查询、交易双方都能清楚了解自己的权益，以及合同的合法与真实性，促进公开公平交易的进行。

四、加强林权流转监管

对于林地的流转要加强监督管理，需要设立专职林地流转监督机构，这些机构的主要职能就是对林地流转进行监督，应该包括以下几部分内容：

（1）审核批准。这一般是针对林地流转的受让方的资格审查。

（2）土地管理。这包括对涉及的林地所有权和使用权进行登记、造册、发证，对转让过程的备案等内容，还包括转让林地的实地测量、林地质量的记录等。这些管理对于处理一些林地纠纷具有很强的借鉴和说明作用，有助于及时掌握林地的变化动态，变化规模等。

（3）查证、查处。在市场经济活动中，对于利益的追逐能够激发很多行为，这些行为有合理的也有不合理的，有依法的也有违法的，这就要求林地流转的监督机构具有查证、查处功能。一旦发生违法行为，要及时进行调查取证，查实后坚决予以取缔查处。

宾县和鹤岗市在逐步规范与完善林地流机制后，加强了对林地流转的监管力度，在审核程序上不断深化细化，对于林地进行严格监管，对于突发的林业资源破坏及林业非法流转坚决查处。这些监管措施使宾县与鹤岗市在森林资源存量、森林管护效果以及林业投入上都有了很大提高：

首先，在森林资源存量上，原有林木由国家或集体所有转为农户承包经营，有了自主权，林业资源增加显著，承包后的林木蓄积和株数失常消耗大大减少，相当于改革前的1/65 和 1/119。宾县的森林蓄积由 2007 年前的 $79 \times 10^4 m^3$ 增加到 2012 年的 $545 \times 10^4 m^3$，增加了 37.8%，平均每年增加了 6.3%。

其次，在林业管护上，管理的效果比较明显，林木病虫灾害与火灾现象明显减少，特别是火灾现象基本不再发生。鹤岗原来较为严重的舞毒蛾灾害，自 2007 年改革前发生一次后，至今尚未发生。

再次，林木乱砍滥伐现象被杜绝，宾县 2007 年以前有 9 次相关事件发生，改革后至今没有发生一次，保护效果明显。

最后，在林业投资上，来自农户、林业企业等的财政投入大幅增加。从《黑龙江林业统计年鉴》查询的数据显示，宾县和鹤岗自 2007 年改革至 2012 年，林业投资总额分别从 528.4×10^4 元和 710×10^4 元增加到 790×10^4 元和 $1\,203 \times 10^4$ 元，增加了 49.5% 和 69.4%。

林业监管措施的严格到位，有效保障了林地流转的效果与效益，使森林资源存量增加，减少了病虫害发生，杜绝了乱砍滥伐现象，提高了农户投资林业生产的意愿。

第三节　完善森林资源评估及抵押贷款体系

一、加强森林资源资产评估

《中共中央、国务院关于全面推进集体林权制度改革的意见》对于森林资源的评估进行了明确的规定，指出"加强森林资源的资产评估管理，应该尽快建立森林资源评估师和评估的制度，规范其评估行为，维护林木交易的合法权益"。评估体系要做到配置科学合理、能够适应森林资源的流转和抵押贷款需要，凡是集体经营管理的林木林地，在其使用权和所有权进行流转的时候，必须进行对森林资源的评估。因此，要做到以下几项改革：

（一）建立县域森林资源资产评估机构

在两大平原地区各县域范围内建立评估机构，定期进行对森林资源的评估与培训，不断提高从业人员的专业素质。森林资源存在特殊性，其管理与评估并不同于其他的常规资产清查，对其进行评估与管理的难度就比较大。林地资源的评估则更为烦琐，这就要求必须由国家正式认可的认证机构或森林资源调查规划单位进行清查评估，而且还必须进行修正和再评估。因此要成立专门的资源评估机构，需要成立森林资源资产评估委员会和行业协会等社会团体组织机构，由这些机构进行专业培训、考核、继续教育等活动，保证评估的科学与合理。目前，在黑龙江两大平原地区，这样的评估组织比较欠缺，从业人员的素质也良莠不齐，需要尽快进行规范整理，提高行业素质与水平。

（二）评估需保障科学公正，确保国有资产增值

在评估的过程中，需要不断随着社会的需要，逐步完善与修改原有的评估制度与内

容，对于森林资源的评估内容与准则进行变更。进一步细化森林资源评估的细则，对评估的程序进行细化、深化，确保各项内容科学合理、公开公正，做到资产的保值增值。关于评估的方法，应该采用市场价值倒算法、成本法，或是林地期望价值法，这些方法也可联合使用。

（三）强化森林资源评估的监督管理

这里的监督管理内容主要包括林地、林木的评估，试用技术的行业管理以及对专业评估人员及机构的资格审查与监督，这就要求对森林资源的评估必须保证真实性与公正性。除此之外，在森林资源评估的实践活动中，还要不断加强理论深化，结合实际编制主要树种的收获预测表、商品出材率等，完善森林资源评估的方法与技术。

二、深化林权抵押贷款体系

抵押贷款是林业生产经营者扩大经营规模的主要方式或途径，要促进林业经营的不断扩大，就要不断完善对林权抵押贷款的研究。目前林权抵押贷款方面还有很多问题，主要是：实际进行林权抵押的农户比较少；办理一些手续的过程过于烦琐；对森林资源等的评估费用较高，而且内容泛泛，没有针对性；与相关部门的沟通协调不够，造成掣肘。对于抵押的模式，学术研究主要集中在以下几种模式上：林权证直接抵押，小额贷款，金融机构、担保公司和农户共同抵押贷款，微小农户联保递延贷款，林业协会组织农户进行抵押贷款。在实际的操作中，需要尽快完成的工作有：

（一）丰富林权抵押贷款来源

目前，农村金融服务机构不全、农村金融服务缺位，造成了农村信用社一家独大的局面，信贷市场没有竞争、缺乏活力、机构单一，这一定程度上不利于林权抵押贷款业务的进一步拓展。根据这一形式，要在各县域内设立多种所有制的金融服务机构，尽量鼓励私有资本、民营资本的参与，培养大量的小额贷款组织，探索适合当地的农村小额信贷组织模式，这样可以激发农村金融服务的活力，增加竞争，提高资金的使用效率，增加资金收益，让真正需要资金的农户得到资金支持。

（二）促进林业信贷服务体系专业化

林业金融服务机构的建设，要按照有利于提高金融服务质量、增加贷款额度、激活市场活力、满足需求的原则进行，要不断推出多样化、个性化、定制化的金融服务产品。可以在以下几方面开展工作：小额小户林权抵押贷款，根据抵押贷款申请者个人信用记录、其拥有的林木数量、从事的林业经营规模进行测算，确定其可获得的抵押贷款额度；开展小额抵押和农户联保，对于经营规模较小的农户发放小额贷款，将一定数量的小户经营者联合捆绑起来，形成联保贷款机制，进行抵押、贷款、还款等。对于这些小户经营者，可以引导其在资源的基础上进行联合，组建公司进行经营管理，根据出资额度确定股份比例。商业银行要不断扩大基层林权抵押贷款业务的受理权限，对抵押贷款业务进行统一信贷管理，保障信贷的连续性和稳定性。

（三）简化程序，提高效率

各县域林业的管理部门应该根据不同树种、不同林龄、不同的立地条件编写林地面积的经济价格表，这样在抵押贷款时就可以直接套用，保障公平合理。这样的手续可以大大简化办理程序，提高工作效率。

（四）落实贴息制度

林业主管部门要会同金融服务部门，充分利用国家政策导向，保障林业权属抵押贷款的贴息制度，对于确定的贷款额度要及时发放到位，不得拖延，从政策上引导林权抵押贷款业务的健康快速发展，为黑龙江两大平原地区生态林业建设提供金融支持与服务。

第四节　健全林权改革配套政策

林权制度的改革是一个极其复杂的问题，也是一个极其复杂的体系，仅靠政府的推动是远远不够的，需要建立一系列的配套政策，来吸引全社会参与到林业的生产与建设中来。首先，要培育符合现代林业发展要求的经营主体。随着社会主义市场经济体制的建立与完善，需要更多懂市场、会经营、善管理的林业生产经营者，参与到林业经营过程中，这样才能更好地促进林业的发展，满足市场的需要，同时也让经营者取得更多的收益。其次，要做好转移富余劳动力的准备。随着现代化进程的加快，未来规模化的、集约化的生产会越来越普遍，在这个过程中也势必会解放大量的劳动力，这样就会产生大量的闲置劳动力。所以要提前做好准备，吸纳和转移好这部分劳动力，促进社会发展和改革平稳进行。再次，对现行的采伐管理制度要进行改革。基于生态保护的林木采伐管理体制，对于木材的采伐有严格的限制。这也势必会影响到林业的经营积极性和经营的效果。在立地条件允许、市场成熟度高、经济效益比较充分的地方可以适当放宽和灵活处理采伐限额问题，实行弹性管理制度。

本章主要围绕试验区生态林业的权属问题，构建了黑龙江两大平原生态林业建设的制度体系。从生态林业基本的经营制度、林地流转机制、森林资源评估及抵押贷款体系的完善、林权改革的配套政策等方面进行了阐述。以黑龙江宾县与鹤岗市的具体实例，说明了农业生产经营制度导入林业生产经营制度的必要性及加强林地流转监管的必要性。

第九章　构建试验区生态林业补偿体系

本章主要对黑龙江两大平原农业综合开发试验区生态林业建设的补偿体系进行阐述，从补偿的指导思想与基本原则入手，对补偿的范围、标准、构成以及绩效进行了评价，建议构建粮食主产区的生态补偿体系。本章还以黑龙江省龙江县为例，分析阐述了补偿的构成及标准。

第一节　试验区生态林业补偿的指导思想和基本原则

一、试验区生态林业补偿的指导思想

（一）改善生态环境

黑龙江两大平原农业综合开发试验区内的生态林业建设，应以发挥生态效益为主。林业类型应该以生态防护林为主，主要为农业生产提供生态屏障，为地区生态环境的改善提供庇护，是一项公益事业，建立和完善生态补偿的最终目的也是促进地区生态林业的建设和发展。

（二）立足省情

黑龙江省近些年经济发展迅速，但总体而言，其经济实力在全国排名靠后，省级财政总体规模不大，与发达省份和地区相比差距较大。这样一来也难以满足各方面对财政的需求。所以要立足省情，结合财政实力，量力而行。更为重要的是广开渠道，吸引各方投资，将外来投资纳入该区域内的生态林业建设，减轻财政负担。

（三）建立公正公平的补偿制度

黑龙江省地域辽阔，两大平原地理位置差异较大，西部地区风沙灾害严重，东部地区湿地洪涝灾害严重，其发展的生态林业类型和内容不甚一致。这就要建立差异化的补偿制度，但总体要保持公平公正，尤其要对补偿资金的管理进行监督，确保公平。

二、试验区生态林业补偿的基本原则

生态补偿主体应根据利益相关者在特定生态保护、破坏事件中的责任和地位加以确定，生态补偿的付费和补偿可根据下面几个原则确定：

（一）破坏者付费原则（Destroyer Pay Principle，简称 DPP）

破坏者付费原则，主要用于行为主体对公益性的生态环境产生不良影响，从而导致生态系统服务功能退化的行为进行的补偿。这一原则适用于区域性的生态问题责任的确定。

（二）使用者付费原则（Users Pay Principle，简称 UPP）

生态资源属于公共资源，具有稀缺性，故应该按照使用者付费原则，由生态环境资源

占用者向国家或公众利益代表提供补偿。该原则可应用在资源和生态要素管理方面，如占用耕地、采伐利用木材和非木质资源、矿产资源开发等，企业在取得资源开发权时，需要向国家交纳资源占用费。

（三）受益者付费原则（Beneficiary Pay Principle，简称 BPP）

在区域之间或者流域上下游间，应该遵循受益者付费原则，即受益者应该向生态环境服务功能提供者支付相应的费用。如对国家生态安全具有重要意义的大江大河源头区、防风固沙区、洪水调蓄区等区域的保护与建设，国家级自然保护区与国家级地质遗迹或自然与文化遗产的保护，受益范围是整个国家乃至世界，国家应当承担其保护与建设的主要责任。同时，国际社会亦应承担相应责任。区域或流域内的公共资源，应由公共资源的全部受益者按照一定的分担机制承担补偿的责任。

（四）保护者得补偿原则（Protector Get Paid，简称 PGP）

对生态建设的保护做出贡献的集体和个人，对其投入的直接成本和丧失的机会成本应给予补偿和奖励。

（五）可操作性原则

森林的生态补偿是一项极其复杂的工作，涉及方面较多，对此要建立试点区域，根据各区域不同的条件，逐步推开。补偿的标准与各层级的责任义务要切实可行，保障补偿的可操作性。

（六）分类补偿原则

生态林业按照能否经营或能否带来收益划分，一般分为有收益的生态林业和无收益的生态林业。在进行补偿的时候，要区分这两类林业，进行分类补偿。没有收益的要依靠财政支持，有收益的要根据其收益大小进行评估，确定补偿标准。

第二节　试验区生态林业补偿体系的构建

一、构建试验区生态林业补偿的必要性

《中共中央　国务院关于加快发展现代农业进一步增强农村发展活力的若干意见（2012 年 12 月 31 日）》中指出，要加大农业补贴力度。按照增加总量、优化存量、用好增量、加强监管的要求，不断强化农业补贴政策，完善主产区利益补偿、耕地保护补偿、生态补偿办法，加快让农业获得合理利润、让主产区财力逐步达到全国或黑龙江省平均水平。

依据《国家粮食安全中长期规划纲要（2008—2020 年)》，我国选择河北、内蒙古、辽宁、吉林、黑龙江、山东、河南 7 个北方粮食主产区和江苏、安徽、江西、湖北、湖南、四川 6 个南方主产区作为研究范围。粮食主产区具有自然环境优势良好、粮食生产资源优势突出、农业科技优势明显、粮食生产经验丰富、粮食产业发展空间广阔等特征。现行的粮食主产区利益补偿体系主要包括三个方面：对粮食主产区生产者的补贴、对粮食主产区地区的补贴以及产销区间的利益协调机制。对粮食主产区生产者的补贴主要包括粮食直接补贴、农资综合直补、良种补贴和农机具购置补贴为内容的"四补贴"政策以及最低收购价和临时收储政策；对粮食生产地区的补贴主要指国家财政对产粮大县的奖励政策；

粮食主产区与主销区间的产销利益协调机制是指国家鼓励粮食主产区到主销区建立粮食销售基地、发展粮食加工，也鼓励粮食销区到粮食主产区建立粮食生产基地、兴建粮食仓储设施等。

经过几年的不断发展完善，我国粮食补贴政策初步形成了以粮食直接补贴和农资综合直接补贴为主要内容的综合性收入补贴、以良种补贴和农机具购置补贴为主要内容的专项性生产补贴和最低价收购政策与临时收储政策相结合的粮食补贴政策体系，这对增加农民收入、提高农民积极性、发展粮食生产、保障粮食安全起到了重要作用。但在实施过程中也存在着一定的问题：不注重粮食生态安全，现行的补贴项目忽略了对农地的可持续利用和生态保护，使得粮食主产区的地区土壤肥力在下降，各地相当普遍地存在着种地与养地的矛盾。黑龙江省尤为突出，土壤肥力、有机质含量不断下降，尤其由于缺少林木屏障，水土流失较为严重，这些在前面的章节中已有叙述。所以，建议增加粮食生产生态保护的补贴政策，采取发达国家普遍实行的有关保护粮食生产生态安全的措施，比如实行土地休耕补贴，保护土地肥力、增加科技投入、实行测土施肥、提高肥料的利用效率等。

二、补偿的范围及对象

（一）补偿的范围和重点

生态林业的生态补偿需要在其生态界定基础上进行，通过统筹规划，分清各类林业资源的生态效果大小以及可获得收益的多少，根据实际情况进行补偿。西部松嫩平原风沙灾害严重地区如齐齐哈尔、大庆等哈大齐工业走廊要道，要明确其生态防护作用，作为重点补偿的对象和区域。东部三江平原湿地退化地区，洪涝灾害严重、水土流失严重地区，要确定生态防护的主要功能区域。

重点生态林的范围主要包括：一是处于主要河流源头和大型湖库，发挥区域性森林生态作用的水源涵养林、水土保持林和防风固沙林等防护林，干旱荒漠化严重地区的天然林和沙生灌丛植被，沙漠地区的绿洲人工生态防护林及周围大型防风固沙林基干林带，沿海岸线第一层山脊以内或平地1 000m以内的森林、林木和林地，不论是天然林还是人工林，不论是国有的、集体的还是个体的，一律划入重点生态林。二是各级各类自然保护区，生态公益型苗圃、母树林、种子园、国防林等。

（二）补偿对象

《森林实施条例》第15条规定"防护林和特种用途林的经营者，有获得森林生态产品补偿的权利"。依据这一权利，参与生态林业建设的经营者，都有权利获得补偿，但是对于补偿的标准要进行区分。例如农户参与了就要补偿农户，林业企业参与了就要补偿企业，国有企业参与了就要补偿国有企业，个人参与的就补偿个人，集体参与的就补偿集体。从市场的角度来说，补偿的主体和对象较为简单，也就是交易的双方达成协议后就成了补偿的主体和对象。在研究区划内，补偿对象主要包括：

1. 农户　主要是参与生态林业建设的农户，或是在林业承包过程中发展起来的林业种植户。

2. 农场　指以农垦为主要代表的粮食生产单位。

3. 集体林业企业　主要是指参与林业生产和建设的集体性质的林业企业，如村办的参与森林承包管护的企业等。

4. 国有林业企业　主要是指国有企业改革后，实行政企分开，具有独立法人资格的国有出资企业，且是参与或承包林业经营，补偿对象为企业的法人，具体操作中，根据股份的比例进行分配。

三、补偿的标准及构成

（一）生态效益补偿的标准

生态补偿的标准问题是补偿体系的核心问题，关系到林业建设参与者的补偿及其经济压力的缓解。生态林业的生态效益属于纯公共品，具有非排他性，所以，补偿的标准确定应该周密考虑到生态区位、经营管理、可否获得收益、基础设施的安排等，还要结合所在区位的社会经济状况综合权衡。影响生态林业生态效益发挥的因素主要有：林木自身硬件条件，如林分、林龄、林种、树高、蓄积、郁闭度等林业生态指标；林业管理、效益等经济指标，如社会贡献的大小、获得收益的多少；林业管护基础设施的完备程度，如交通、通讯、自然灾害防范措施、病虫害防治措施等。生态林业生态效益补偿标准构成如图9-1。

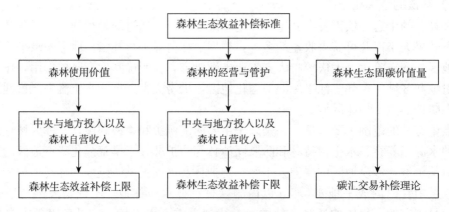

图 9-1　生态效益补偿标准确定流程

（二）生态效益补偿的要素

1. 直接投入　包括造林、抚育、管护及基本建设（如林道、管护棚、防火线等）的投入，这是营造公益林过程中直接发生的成本费用，必须得到全额补偿。

2. 间接投入　包括公益林规划设计、调查、监测、质量管理、工资及其他管理费用等间接投入，这也是一项成本费用，应得到补偿。

3. 灾害损失　包括病虫害、火灾、洪灾、风灾、崩塌等自然灾害使生态林受到损失而恢复生态效能所需的费用，应得到补偿。

4. 利息　使用资金只能用于经营生态林而不能改变用途，更不能投入到营利性更强的项目中，因此，生态林投入资金的利息也应得到补偿，且应按同期商业利率计算额给予补偿。

5. 非商品林经营利益损失　由于经营生态林而限制商品林经营所造成的经济损失。

这种损失也应得到合理补偿，使其获得社会平均经营生态林利润。

现以黑龙江省龙江县为例，对相关补偿构成进行分析。该县位于黑龙江省西部，地处大兴安岭与松嫩平原的过渡地带，地势西北高、东南低，自西向东地貌单元依次为低山区、丘陵区、平原区，呈现出阶梯式自然景观。同时，全县地处嫩江沙地西北边缘的风口处，是嫩江沙地东南部的主要发源地，也是黑龙江省西部典型干旱区，生态地位十分重要。自"三北"四期工程实施以来，龙江县把生态建设作为推动县域经济发展的有力保障，通过生态激励措施，吸引社会各方力量参与生态林业的建设。形成了沙化土地和沙化程度"双降"、水土流失面积和侵蚀程度"双减"、粮食产量和林业经济"双增"的生态环境改善趋势，全县造林建设工作取得了良好成果。其补偿的具体做法是：

1. 直接投入 县财政每年从财政收入中划拨出专项经费 100 万元，用于林业的基础设施建设，如林业防火、防灾、防虫害等设备设施的完善与购入。

2. 间接投入 出台了高薪引入科技人员、重奖林业科技人员等优惠政策，鼓励林业科技人员从事科研和推广工作。通过职称评聘、高薪聘用等手段，加强了中高级林业基层技术干部队伍，为全县林业工程建设奠定了坚实的人才基础。

3. 灾害损失经费 从直接投入中按照灾害的比例拿出防灾专项经费，用于防灾以及灾害发生后的治理，进行林业权属改革后，该县目前尚未发生重大火灾或虫灾，森林管护也较原来更加完善到位。

4. 特色项目补偿 制定了一系列林业生产优惠政策，使利益与责任有机结合，在经济林建设上，对樟子松嫁接红松、山杏改造甜仁杏项目，县财政每亩补助 130 元，营造果树经济林除享受国家苗木补贴外，县财政每亩补助 30 元，为林业建设提供良好的发展空间。

龙江县的这一补偿与激励政策出台后，激发了农户及林业企业参与生态林业建设的积极性，"三北"四期工程造林共完成人工造林 23.76 万亩、封山育林 7.9 万亩，全县森林覆盖率提高了 2.5 个百分点，实现了生态效益、经济效益、社会效益"三赢"的目标。在生态效益上，通过营造防风固沙林，扭转了生态环境恶化的局面，使水土流失得到控制，受庇护农田面积不断增加，近十年来没有发生大的自然灾害，农业生产得到有效保护。在经济效益上，通过实施"三北"四期工程，共营造生态经济林 3.6 万亩。以龙江梨为代表的经济林，亩效益远远高于种植收益，拓宽了农民致富增收渠道，预计 5 年后可进入高收益期，可实现年产值 8 000 万元。全县粮食产量实现了"四连增"，2012 年突破 70 亿大关，成为黑龙江省产粮第一县。在社会效益上，通过生态激励补偿措施的实施，使社会各界的生态意识显著增强、崇尚自然的社会风尚更加浓厚、文明环保的生活习惯逐步形成，为建设生态文明奠定了坚实的群众基础。十年的造林成果也得到了上级部门的认可，曾获全国造林绿化模范县，黑龙江省"2008—2010 年三年造林绿化先进县"，全国粮食生产标兵县、先进县等称号。

四、补偿的来源及管理

（一）生态效益补偿资金的来源

这里的补偿是指广义的补偿，凡是其他各个行业、各个渠道反哺到林业中的各种资金，都算是对林业的补偿。

1. 财政转移支付　现阶段在黑龙江两大平原地区，生态效益补偿来源主要是财政转移支付。其他资金来源渠道尚待拓展。生态林业的主要作用是生态防护，这一产品为典型的公共产品，公共产品的支付只能由代表民众的政府进行。生态林业在这一地区具有典型的生态防护作用，在非排他性的作用下，免费搭便车行为普遍存在，只有通过政府财政调节才能有效补偿，使生态林业的生态效益得到发挥。

2. 税收附加　可以设置资源税，规定谁开发谁承担。生态林业具有重要防护作用，对可开发的生态林业要征收资源税作为促进林业再生产的资金来源；另外，可以设置消费税，对消费生态环境、破坏生态环境的集体或个人的行为征税，减少破坏环境现象的发生；还可参照教育税附加或城建税附加的征收办法，将生态产品补偿金（税）作为一种社会性税种（如营业税、增值税、所得税或消费税）的附加费，按一定比例由税务部门统一征收，以建立中央、省、县三级生态产品补偿专项基金。

3. 受益者收益分配　应该进一步完善法律，以法律的形式对生态林业的受益者进行明确。受益者或是受益单位需要为生态林业的发展分担费用，为生态林业的恢复、生态产品的再生产提供资金，以此作为其社会贡献的评价标准。

4. 绿色国债　可以发行绿色国债，由政府向国民筹集所需资金，一方面能够增加资金来源，另一方面可以引导民众参与生态环境建设，真正使其成为生态环境的利益攸关者，增强其生态环保意识。

5. 捐助　可以通过公益性部门筹集该项基金，基金的来源主要是接受国际组织、单位、个人和国内单位、个人的捐款或援助。《中国21世纪——林业行动计划》也提出"以国内外捐款为主要来源，建立发展基金，用于资助那些对国内外有重大影响的可持续发展活动，如消除贫困，防治荒漠化，建立防护林体系，治理环境污染"。

（二）生态效益补偿资金的管理

生态补偿资金主要用于生态林业的补偿及补贴，应列入专项资金范畴，对其进行严格管理。不管生态补偿资金是来源于国家财政转移支付，还是来自国外资金，都应设立专门的账户，根据补偿的对象及范围实行分级管理。这类账户应该由财政部和省级财政主管部门协同管理，根据补偿的范围与对象设立生态补偿资金专用账户，省级以下的生态补偿拨付到省级财政部门，中央相关项目资金存入中央财政账户。每一财政年度之初，各级林业主管部门根据生态公益林建设规划，向中央和省级林业主管部门上报生态补偿资金计划，经相关部门平衡协调后，从财政专户拨付，具体实施由林业主管部门履行。

生态补偿基金除了要受到财政部门的审核外，其使用、管理的整个流程都要受到人大、审计、税务的监督。任何部门和个人，不能以任何理由挪用、扩大、缩小生态补偿资金的使用范围和额度，审计部门要加强对生态补偿资金的监督和检查，将常规检查和不定期突击抽查相结合，严格保障资金的使用及管理。财政主管部门应建立健全生态补偿资金的收支核算，日常管理制度和监督、考核、奖惩机制，对资金实行项目管理、专户存储、单独核算、专人管理、预决算制度。

对生态补偿资金必须建立认领签收制度。发放时由补偿对象签收，并将认领签收情况造册登记、存档备查，建立生态补偿落实情况监督卡。在森林被确定为公益林后，更新林权证，并将生态补偿落实情况监督卡一起发到森林所有者手中。上级林业主管部门应当定期对生态公益林档案、生态产品补偿基金支出财务档案与林权证、生态产品补偿落实情况的一致性进行核对审查。防止出现使用对象和拨付对象不一致的现象发生。

五、补偿资金的绩效评价

生态效益补偿资金下发后，需要对其发挥的经济效益以及成本进行核算与分析。由于市场失灵现象的存在，对于林业资源的正外部性的内部化，也就是森林生态效益的补偿，需要有政府介入。但是，如果政府干预过当或行为不到位，就会出现政府失灵的问题，会造成资源尤其是资金的极大浪费和损失。这样的话，如何保证森林生态效益补偿的有效性？这时我们可以通过成本与效益的分析方法，来评价政府行为的有效性。这也是根据森林生态效益补偿问题的特殊性来分析的。政府虽然承担着宏观的经济调控职能，但作为经济活动的参与者，或多或少得考虑自身的经济利益，所以它也是有限理性的经纪人。在选择项目进行投资或是补偿的时候，也需要进行资源效益分析，选择最优项目进行投资，在保障基本的生态效益的同时，尽可能多地获取经济收入。

在这里，我们可以运用社会效益净现值的计算公式来进行评价和分析，计算公式如下：

$$NSB = PV(B-C) = \sum_{r=0}^{H} \frac{B_t}{(1+r)^t} - \sum_{r=0}^{H} \frac{C}{(1+r)^t}$$

式中：NSB 代表社会效益的评价值；PV 代表资金的现值；B 代表投资的经济收益，C 代表投资的成本；r 代表实际的现金贴现率；t 代表投资的年限；H 代表投资的时间期界。由社会效益净现值的公式，我们可以分析出，政府进行投资的条件和约束要求。当 $NSB>0$ 的时候，此时的投资是具有效益的、有利可图的，除了能够保证生态效益的补偿，还能有经济收入，这是最有利的决策方案；当 $NSB=0$ 的时候，需要来借助内部收益分析投资的可行性，当内部收益大于银行的贷款利率的时候，就可以投资这个项目，否则，就要撤出投资；当 $NSB<0$ 的时候，这个项目是根本不可行的。

本章主要构建了黑龙江两大平原农业综合开发试验区生态林业建设补偿体系，从生态补偿体系的指导思想和基本原则入手，对补偿的范围、补偿的对象、补偿的标准、补偿的构成以及绩效进行了分析。以黑龙江省龙江县为例，说明了补偿的构成及标准对于农业参与林业生产具有很强的激励与导向作用。从黑龙江两大平原实际出发，建议构建粮食主产区的生态补偿制度，以进一步保护地区生态环境、保障粮食生产的可持续发展。

第十章　构建试验区生态林业服务体系

本章主要针对黑龙江两大平原农业综合开发试验区生态林业建设服务体系，对林业社会化服务的主体及服务的内容进行了阐述，从试验区实际出发，提出了构建服务体系的对策建议。

第一节　林业社会化服务体系的构成

一、林业社会化服务的概念与现状

（一）林业社会化服务的含义

继党的十八大将生态文明建设作为国家发展的五大战略部署之一后，党的十九大又对生态文明建设提出了新的、更高的要求，即不断增加生态供给，这成为建设人与自然和谐共生现代化的重要任务。发展现代林业，是增加生态供给的根本路径。而在现代林业的建设过程中，包括林业生产经营的社会化和林业服务的社会化在内的林业社会化进程和水平，是制约整个林业现代化，进而制约人与自然和谐共生的现代化进程的关键因素。因此，研究如何尽快实现林业资源生产经营的社会化和新型林业服务社会化的问题，对指导林业改革的实践，有着重要的现实意义。

林业社会化服务是林业的各类专门机构提供服务的总称，包括林业合作组织，政府相关部门，以及其他的社会机构和金融服务机构共同建立的、主要为林业的发展提供产前、产中、产后服务的组织。服务的主要项目有政策咨询、技术指导、市场营销、信息查询等，还有科技指导，以及与政府部门的沟通协调等内容。林业社会化服务是伴随着林业的发展，以及林业经营者的各种需要而出现的，对林业的发展具有重要的促进作用。

（二）林业社会化服务的作用

林改后，集体林经营面临分户经营与资本的挑战。在这个阶段资金成为制约林农发展林业的最主要因素，也成为林业社会化服务着重解决的问题。许多林农最为关注的是如何得到更多的优惠贷款。资金的缺乏也导致了林农所掌握的技术无法全部得到应用，制约了林农对技术的学习了解，使林农与市场脱节。另一方面，林改后，农户作为经营主体，自主经营、自负盈亏，面临"小农户、大市场"的问题。然而，林业具有"生产周期长、投资大、风险高、地域分散"等特点。林改后产权到户，林权分散，经营单位变小，这给资源培育、林木采伐、森林保护、林业技术指导带来不利影响，也增加了经营成本。在林农自主经营条件下，生产者信息不灵，不能及时掌握市场动态，生产往往存在自发性和盲目性，易造成被动局面而蒙受损失。此外，农户缺乏管理知识也对发展现代林业形成挑战。森林长期以来被认为是"天赋之物"，造林后就靠自然生长，就是不造也可自然长出树来，林农基本上没有经营与管理的经验，所以发展现代林业相对困难。

上述问题凸显了健全林业社会化服务体系的重要性。健全林业社会化服务体系是适应经济体制改革，转变政府职能的需要。传统模式下，中央政府是林业政策的制定者，各级林业管理部门执行林业政策的过程具有强制性和不可逆性，有时会忽视了公众的参与。林业社会化要求中央政府在制定林业政策时，注意各相关社会成员的共同参与，要求各级政府林业机构由管理部门变成服务部门，实现工作职能的根本性转变。林改后，林权主体实现多元化，经营形式更为灵活多样。为了适应这种变化，政府和有关部门对林业管理的认识、工作方式应有所调整。林业社会化服务体系是服务林农的需要。林改后，林农获得了宝贵的林地，成了林业的经营主体，过去那种林业生产由村集体、林业部门规划、组织、实施、验收的传统格局被打破，种什么、怎么种，种好以后怎么管、管好以后怎么砍，资金不够怎么办，砍了以后又怎么对接千变万化的大市场，成了每一户林农必须面对的经营难题。破解这些问题，林农没有经验，也缺乏相应知识。因此，需要通过建立各种林业合作组织和行业协会，建设林业社会化服务体系，满足林农产前、产中、产后的服务需求。林业社会化服务体系是提高林业管理部门运行效率的需要。林改后，各地积极建立林业服务体系，使林业产前、产中、产后的服务内容相互联系起来。各部门积极引进专业人才，实行一条龙服务，规范了操作程序，提高了办事效率。此外，分散的林农也得以将各自面对的问题汇集起来、集中反映，由林业管理部门整理后统一解决，减少了管理部门的工作量，也缩短了解决时间。

（三）林业社会化服务的方式

林业社会化服务的主要方式有以下几种：一是林业产前的服务。这里的林业产前服务，主要指林业生产前的一些准备活动，主要包括在组织林业生产前的准备工作，如资金的服务、市场信息的服务、科学技术服务等，还有一些基本的生产资料的提供、基础设施的建立等。二是林业生产过程中的服务，这些服务的内容主要包括林业生产中的抚育、种苗的提供，对林业用地的规划、统筹安排，以及灾害的防治和处理等。三是林业生产后的服务。这里的服务主要是指对木材的加工，以及加工后产品的销售、储运、售后服务等活动。

（四）林业社会化服务体系存在的问题

一是经费投入与保障严重不足。资金投入主要包括林业基础设施投入和对林业服务机构建设的投入两个方面，这两部分的投入都明显不足。由于各级政府财政经费的限制，全国绝大多数市县林业科技推广尚无固定的投资渠道，有的省每年林业推广经费仅数十万元；同时，林业服务行业对社会投资的吸引能力相对不足，致使林业社会化服务体系建设一直存在较为严重的资金短缺问题。二是服务体系覆盖面有限，服务能力弱、数量少。长期以来，由于对林业社会化服务体系作用认识不足，且在林业建设中过于强调以营林为主，林业社会化服务体系建设比较薄弱。现在对林农的服务，集中于森林病虫害防治、森林防火等公共服务，林业种植技术培训等产前服务，林副产品销售等产后服务，但产前、产中、产后涉及的其他相关服务供给不足。三是服务手段落后，服务人员素质低。当前，林业服务体系中的大部分工作面向基层，条件艰苦、经费少、待遇低，缺少对高素质、高学历人才的吸引力，现有的工作人员中人才流失现象较为严重。例如，在全国林业站的职工中，大专以上学历的只占少数，大部分的人员为初中以下文化程度，而且部分人员为非专业技术人员，知识结构、年龄结构优化不够。四是部分地方政府领导认识不足，重视不够。政府部门对林业审批手续的不断简化，执法部门对林业成果的保护等，都对林业的持续、稳定发展起着决定性的作用。然而，部分省份片面强调林业的经济效益，而忽视其社会效益；部分地方政府领导不重视林业社会化服务，使本无经济效益的林业社会化服务体系失去生存保障，造成机构不稳、人心不定，正常工作难以开展。

（五）完善林业社会化服务体系的对策和措施

一是鼓励多渠道筹集资金，国家、地方、部门以多种方式集资。财政部门要在林业社会化服务所需资金上予以扶持，可考虑调整现有预算内财政支农资金的使用结构，提高林业社会化服务体系建设的投入比重；金融部门可以通过低息或无息贷款支持林业社会化服务体系建设，解决资金短缺问题。在市场经济条件下，林业社会化服务要逐步走向市场，实行有偿服务，收取一定的服务费用，使林业社会化服务组织本身产生较强的自我发展能力。二是突出建设重点，加强服务组织和服务能力。社会化服务体系建设是一项系统工程，涉及的内容十分广泛，在市场经济条件下，不同服务内容的运行机制是不同的。由于传统的林业经济管理体制与计划经济体制相联系，组织机构设置、人员的配置和资金的配置都难以适应林改后的要求，因此，必须适当调整组织机构和人员的配置，突出服务部门组织建设，并加强人员的继续教育和培训，提高服务能力和服务水平。三是强化服务体系人才队伍建设。林业社会化服务离不开专门从事的人员，应结合社会劳动保险和工资制度改革，有条件的林业社会化服务组织要逐步建立和完善职工养老保险制度，以解除他们的后顾之忧。同时，要加强林业社会化服务人员的业务能力培训和职业道德教育，提高林业社会化服务人员的服务技能，增强他们为林业提供社会化服务的事业心和责任心。一方面要多方面吸引优秀人才，另一方面要加强对现有服务人员的职业培训，让高素质人才为林业服务。四是发挥政府在林业社会化服务体系的重要作用。由于林业具有"生产周期长、投资大、风险高、地域分散"的特点，结合我国的国情，政府的支持和参与是必不可少的。首先，政府应完善相应的规章制度。由于缺乏完备的法规章程，一些林业经济组织经常与林农出现矛盾纠纷，损害林农的权益。因此，应尽快制定系统的林业法律，使林业社会化服务有章可循、有法可依。其次，加大对林业社会化服务体系的财政投入。应无偿或优惠提供林路建设、维修，加强森林灾害防御系统建设，降低交易成本。政府应当承担起发展林区交通、防御灾害的责任。再次，要围绕林农的需要进行管理和提供服务，增加服务项目，取消无意义的限制林农生产经营自主权的行政审批项目。

二、林业社会化服务的主体

（一）林业专业合作社

农业经济合作组织，被实践证明是一种科学的组织，对于农村区域经济的发展、农业的生产发展起到了巨大的组织协调作用，有助于将各类资源组织起来。把这种组织形式导入到黑龙江两大平原地区林业的生产经营活动中，建立林业的专业合作社，有助于将各类社会资源集中起来，为林业发展提供条件。这里的资源主要指市场的信息、信贷资金、科技服务等，主要解决的问题就是林业经营过程中的科学技术问题、生产运营管理问题、产品销售渠道问题、政府优惠政策问题等。林业专业合作社是农民专业合作社的一种形式，是在集体林地、林木实行家庭承包经营的基础上，同类林产品的生产经营者或者同类林业生产经营服务的提供者、利用者，自愿联合、民主管理的互助性经济组织。可以带领农户成立各种不同类型的专业合作组织，如科技服务型的、资金服务型的等，也可以根据所经营的树种划分，如红松合作社、果树合作社等。

《农民专业合作社法》规定，农民林业专业合作社是独立的市场经济主体，依法经工商行政管理部门登记后，取得法人资格，享有生产经营自主权，参与经济社会活动。其主要特征有以下几个：第一，农民林业专业合作社是由依法享有林地承包经营权和林木所有权的农村集体经济组织成员，即以农民为主体，自愿组织起来的新型组织。农民至少应当占成员总数的80％。第二，农民林业专业合作社是一种经济组织。农民林业专业合作社是从事林业经营活动的实体型农民合作经济组织，属于《农民专业合作社法》的调整范畴，不同于只为成员提供技术、信息等服务，不从事营利性经营活动的农民专业技术协会、林产品行业协会等。第三，农民林业专业合作社是专业组织。农民林业专业合作社以同类林产品的生产经营或者同类林业生产经营服务为纽带，提供该类林产品的销售、加工、运输、贮藏、生产资料的购买，以及与该类生产经营有关的技术、信息等服务，以实现成员共同的经济目的，其经营服务的内容具有很强的专业性。第四，农民林业专业合作社是自愿和民主的组织。任何单位和个人不得违背农民意愿，强迫他们成立或参加农民林业专业合作社；同时，农民林业专业合作社的各位社员在组织内部地位平等并实行民主管理，在运行过程中始终体现"民办、民有、民管、民受益"的精神。第五，农民林业专业合作社是具有互助性质的组织。农民林业专业合作社是以社员自我服务为目的而成立的，参加农民林业专业合作社的社员，都是从事同类林产品生产、经营或提供同类服务的林业生产经营者，目的是通过合作互助提高规模效益，完成单户农民办不了、办不好、办了不合算的事。这种互助性特点，决定了它以社员为主要服务对象，决定了对社员服务不以营利为目的的经营原则。农民林业专业合作社及其社员的合法权益受法律保护，任何单位和个人不得侵犯。

为了鼓励成立林业专业合作社，国务院特意下发了通知，要求推动专业合作社的建立，并提出了相应的政策。这些政策的主要内容是：①在融资和保险方面，鼓励现有的林业专业合作社多渠道申请或争取资金，参与进入林业保险；②在基础设施方面，要求各级财政对于林业专业合作社积极支持；③在工程建设方面，鼓励林业专业合作社承担林业工程建设项目；④在科技推广方面，对于条件相对较好的农户，鼓励其承担科技推广项目；⑤在品牌建设方面，支持和扶持林业专业合作社创建知名的林业产品品牌；⑥在税收费用方面，不断减少行政性收费，鼓励对林业专业合作社进行财政补贴；⑦在经营方面，鼓励林业专业合作社之间互相开展森林可持续性的经营活动。

（二）林业乡镇服务站

林业乡镇服务站是林业社会化服务组织的一个形式，是其中的一项内容和组成部分。林业乡镇服务站是各级政府及林业主管部门，对林业生产经营活动、农村集体生产以及农户从事生产经营活动进行管理的基层组织和基层服务单位，但也是沟通起农户和各级政府及其林业行政主管部门的桥梁和纽带。乡镇林业站全称为"某某乡（镇）林业工作站"，是县（市）林业部门在乡镇的管理机构（一般为事业单位，科员级），与乡镇的国土管理所等性质类似。一般实行县（市）林业部门、所在乡镇双重领导，以林业部门领导为主。主要任务包括林政管理、森林资源管理、护林防火、病虫害防治、营林生产等。

乡镇林业工作站的主要职责：

1. 宣传与贯彻执行林业法律、法规和各项林业方针、政策；

2. 协助乡镇政府制定林业发展规划和年度计划，组织指导农村集体、个人开展林业生产经营活动；

3. 开展森林资源调查、造林检查验收、林业统计和森林资源档案管理工作；

4. 负责配合做好林木采伐的伐区调查设计，监督伐区作业和伐区验收工作；

5. 做好森林防火、森林病虫害防治工作；

6. 依法保护管理林地、森林和野生动植物资源；

7. 协助处理山林权属纠纷、查处破坏森林和野生动植物资源案件；

8. 配合乡镇建立健全乡村护林网络，负责乡村护林队伍的管理；

9. 推广林业科学技术，开展林业技术培训、技术咨询和技术服务等，为林农提供产前、产中、产后服务；

10. 负责本辖区内生态公益林的保护和管理，做好森林生态效益补助资金的发放和护林员的管理工作；

11. 负责辖区内木竹加工企业用材管理；

12. 做好山林权登记发证和指导、协调集体林产权制度改革工作等各项工作任务。

乡镇林业站的存在，一度曾为林业的发展作出了巨大的贡献，是国家林业政策的基层执行单位和组织，很好地贯彻了国家的政策和方针。但是随着经济的发展，乡镇服务站机构不断变化，多年的经营和发展，也造成了乡镇服务站的人员构成复杂，其工作的内容和职务不明确，财政供养的人员越来越多，导致最后要进行事业单位改革，这也成为黑龙江省事业单位改革的主要内容之一。表10-1反映了原双城市（现哈尔滨市双城区）基层林业站2009年前的人员结构情况。

表10-1 原双城市林业站基本情况表

年份	个数（个）	人员结构						
		总数（个）	专业技术人员（个）	所占比例（%）	大专以上学历	所占比例（%）	中专以上学历	所占比例（%）
1998	236	631	562	89	124	22	360	64
2003	175	326	241	74	84	35	113	47
2005	138	264	206	78	95	46	68	33
2008	125	217	178	82	43	53	52	29

数据来源：原双城市林业局2009年统计数据。

从中我们可以看出，从1998年到2008年的11年间，双城市乡镇林业站规模不断缩减，工作人员不断精简，人员的学历水平也不断提高。林业工作站在林业发展中扮演了很重要的作用。从2004年开始，乡镇农业技术服务站伴随着事业单位的改革，不断进行整合与重组，一些乡镇的林业站也因此被撤销。原来的农业技术服务中心和林业站合并，形成了现在的农业技术推广服务中心或服务站。2006年时，事业单位改革不断深化细化，进行了第二轮的乡镇机构改革，在这次改革中，撤销了农业技术中心，将其他的工作站与之合并，最后成立了乡镇农业技术推广服务站，且每个乡或镇只保留了两名林业工作人员，这些人员的供养问题由乡级财政来解决。

（三）林业科技推广体系

现代林业的发展主要依赖于先进的科学技术，而林业科技的推广体系，是林业社会化中介服务的核心内容之一，主要任务就是把林业经营和生产中先进的科学技术，推广到林间田野，送到农户的手中，让这些科学技术真正发挥出作用来。健全的林业推广体系是林业发展的必要条件和保障。尤其是在县乡村三级体系中，农业科技推广体系具有重要的促进作用，对于林业的健康发展具有很强的保护作用。对于县级的林业科学技术推广系统和基层的乡镇农业（林业）工作站，要加大支持的力度，这里所说的林业科技推广系统就是指林业科研机构，林业科技推广机构主要就是指县乡一级的林业科技推广工作站，或是农业技术服务推广中心；林业的科研工作结构，主要是指林业高校、科研机构等，在黑龙江省主要就是东北林业大学、黑龙江省林业科学院等机构。以这些机构为载体和依托，把他们的科研技术通过林业推广机构送到广大农户手中，有助于促进黑龙江平原地区林业的发展和进步。

林业科技推广过程中存在一些问题。一是我国林业的整体产业化程度较低。出现这种情况的原因是，我国对林业是在工商业经过迅猛发展，并且对自然环境造成了不可逆的影响之后才逐渐重视起来的。我国的林业产业并未得到长时间的沉淀和发展，因此产业化程度较低，这也是一个历史性遗留问题。林业产业整体产业化程度较低，导致在目前的时代背景下群众对于林业资源的价值没有深入了解。在部分地区，甚至会出现故意损毁林区和没有节制地取用等破坏林业可持续性发展的不当行为。同时，林业产业化程度较低，也导致林业在其被管辖的乡镇或者农村体现不出其应有的价值。二是群众对于林业科技的重要性认知不足。林业科技从其概念上来说，主要包括林业经济林栽培、森林培育、林业管理、林木病理学等内容。林业科技其实是涉及如何对于森林环境进行科学性的生产经营和林木疾病预防等工作的一项重要的学科。对于林业科技的重要性认知不足，导致林区的林业科技推广体系的构建面临着极大的困难。群众对于林业科技的重要性认知不足，就无法实现对于林区的科学性研究和了解，继而进行林区的产业化经营和经济林的培育。三是林区群众的知识文化水平普遍不高。林区就其所处的地理位置而言，一般处于尚未经过大量开发的农村和山林地区。而在当前的时代背景下，越来越多的农村人口倾向于前往大城市发展，导致林区遗留下来的群众主要以中老年人为主，并且其知识文化水平普遍不高。由于林区遗留的群众本身的特质导致他们在涉及政府部门的林业科技推广体系构建或者林业知识的宣传教学的时候很难简单地进行理解和深入思考，林业推广工作需要经过长时间的努力，才能够得到群众的深度理解和认同。这样的林业科技推广体系的构建进程，显然是不符合我国当前时代背景下林业科技推广体系建设要求的。

关于如何构建和完善林业科技推广体系，特进行以下探讨。一是应加强乡镇部门和群众对于林业产业的了解。为了构建和完善林业科技推广体系，首先要加强乡镇部门和群众对于林业产业的了解，让他们在对林业产业有深入了解的情况下，能够产生自发性的兴趣，并且进行自发性的学习和思考。这样做的目的主要是让林业产业能够深入到乡镇部门和群众的具体意识当中，让他们从意识层面上首先解决构建林业产业科技推广体系的困难。他们在对于林业产业的具体行事法则和行为有了了解之后，才能够对林业产业的未来发展充满信心，能够对林业产业将会产生的对于他们未来生活的积极作用有所了解。对于林业产业的深入了解，能够让他们认识到，林业产业的开发既是为了维持我国的自然资源和自然环境，也是为了进一步改善人民群众的生活条件，从而产生集体性认同。二是增强林区群众的知识教育和林业科技教育。在乡镇政府和群众都对林业产业的概念和行为有所了解的基础上，我们还需要增强林区群众的知识教育和林业科技教育，让他们具体地认识到林业产业价值挖掘和林业科技推广体系构建过程中需要涉及的科学知识要求。对林区群众进行全面的知识教育和林业科技教育，进一步提高他们的知识文化素养、开阔他们的眼界，使得他们对于林业产业产生更深层次的思索和研究。林区群众作为政府构建林业科技推广体系后的关键执行者，其本身必须具备相应的科学知识，来支撑后续的林业科技推广体系的运行和林业产业的不断发展。而增强对林区群众的林业科技教育，能够让他们不仅具有发展当地林业的意识，也能够学到发展林业的现实手段，让群众能够在科技知识的支撑下，不断地为我国的林业产业发展、林业科技进步做出贡献。三是增强人才储备，为林业科技推广体系增加后备力量。人才始终是一个地区和一个产业进行可持续性发展的关键要素。林业产业和林业科技推广体系要想得到长足的发展，必然需要新时代的人才增强对林业产业的理解，并且能够自愿投身到林业科技推广体系的完善过程当中。我们需要将林业科技推广体系的构建放到更加重要的位置，来加强新一代的人才对于林业的深入了解。林业科技推广体系的构建和完善，是当前阶段我国十分重视的一项工作，同时也是涉及自然资源可持续发展的一个关键项目。需要大力增加人才储备，为林业科技推广体系的发展提供后续力量。

三、林业社会化服务的内容

林业社会化服务的目的主要是满足黑龙江两大平原地区生态林业建设参与者的需要，这里的参与者包括政府部门、林业主管部门、科研机构、高校、林业企业、农户，服务的内容主要包括：

（一）科技信息

主要是以林业科研机构及科技推广机构为主体，为生态林业建设的参与者（主要是种植的农户），提供适合各地区要求的树种选育、种植栽培技术的培训，肥料的选择、间伐择伐的程度、林木病虫害的防治、种苗的提供、气象服务等技术和信息。

（二）政策法规信息

主要以政府部门和林业主管部门为主，同时林业行业协会可以参与进行。针对国家、省市地方等出台的各类政策，尤其是关于农业和林业发展的重要战略、政策以及法规等内容。这类信息要及时准确地进行传递，同时要以农户等参与者能理解的方式进行传达。

（三）市场信息

主要以林业主管部门、林业行业协会等组织为主，为参与生态林业建设的农户提供市场信息。主要包括种苗价格、化肥价格、农药价格、林产品信息等，以及为农户的林下经济产品选择提供及时准确的信息。

（四）金融信息

主要以政府部门和林业主管部门以及银行为主。目前农村的金融服务机构单一，主要以农村信用合作社为主要形式，资金来源少，活力不足，限制了林业的经营与发展。生态林业的建设和发展离不开资金的支持，所以金融信息对于生态林业的发展也很重要。政府和林业主管部门要联合银行机构，对农户的生态林业给予资金保障。

第二节　试验区生态林业建设服务体系的构建

一、林业科研和科技推广体系

林业科研和科技推广体系是社会化服务体系的重要组成部分，关系着林业科技的发展及推广，对于黑龙江两大平原农业综合开发试验区的生态林业建设具有重要的科技支撑作用。目前，黑龙江两大平原地区的科研机构以林科院为主，东北林业大学则是理论创新基地。随着事业单位的改革深化，林业科技推广体系不断压缩，不再能满足服务需要。目前林业科研产出不足，应加大林业科研的投入力度，尤其是要关注林业企业发展动态，把企业纳入其中成为创新的主体，实行林业科研单位、林业企业、高校联合攻关，产出的科研成果通过企业和林业推广体系快速转化到农户手中，将创新的林业科技转化为现实生产力。对林业企业提供优惠的技术转让条件，让林业企业充分利用现有的科研技术，如林木良种培育技术，困难地区营造林技术，森林抚育与管理技术，林产品加工技术，名特优经济林新品种丰产、贮藏、保鲜技术等，提高林业产品的技术含量和企业经济效益，促进企业的发展。要加强林业科技的培训和推广，加快林业知识和技能的普及教育，加强林业科技人员和林业建设者的培养，提高林业人力资源的整体素质，造就能够运用现代林业科技和管理方法的现代林业建设群体。要鼓励科技人员创办、领办科技型企业，建立科技示范点，开展科技承包和技术咨询，为林业经营者提供有效的科技服务。

二、森林资源保护体系

林业属于弱质性产业，生产周期长，易受自然灾害和病虫害影响，而且林业的经营主体大多为农户或是小型林业企业、集体林业企业，经济规模小，市场反应慢，抵御风险能力弱。这样的一个经营体系，总体属于弱质产业，需要受到更多的保护。所以，应该建立黑龙江两大平原农业综合开发试验区生态林业方面的森林资源保护体系，重点保护该区域的生态林业。可以从以下几方面着手：

（一）建立基金

建立生态林业防火基金，国家、省、市、县等各级财政部门和林业经营管理者按照一定比例出资，成立防火基金，主要用于生态林业火灾的处理及补助。

（二）建立防火计划

将生态林业的防火工作纳入国家防火计划，统一上报组织计划和安排，各级政府要把防火工作纳入日常工作进行管理，千方百计减少火灾的可能性，一旦发生也要组织联动，尽可能减少损失。

（三）建立病虫害防治计划

把生态林业病虫害的防治工作纳入国家病虫害防治计划，在资金安排上，从林业重点工程建设经费中抽出一部分、各林业主管部门和地方政府都要提供配套资金，应对可能发生的大规模病虫害。

（四）及时更新防治技术

林业科研部门和科技推广部门及时到地方，把最新的栽培种植技术以及防病防虫知识送到农户手中，不能局限于实验室，更要注重实践运用，让农户掌握基本的防治方法，设立林业"110 热线"，24 小时值守，确保问题得到及时有效处理。

（五）加快生态林业保险研究

目前黑龙江省森林保险尚未建立完善体系，由于林业的投资周期长、回收慢、见效慢，导致资金不愿流入林业企业和林业行业，国家要从公益角度加大对森林保险的支持与研究，小型林业农户可以联合自保。

三、林业投资中介服务机构

林业投资中介服务结构是林业发展资金来源的重要支撑，对于增强林业融资活力、增加林业资金供给具有很强的促进作用。林业投资中介服务机构主要包括森林资源的评估机构、林木要素交易市场、林业会计师事务所以及其他一些代理和林业咨询机构。在试验区，这些中介服务机构还不甚完善，存在很多漏洞与不足，需要尽快培养一批林业估价营销人才，为林业生产要素的交易提供专业化的服务。同时，还要建立林业生产要素交易的信息服务网络，把各地市的林业要素统筹起来，通过信息共享达到生产要素的最优配置。现存的林业投资中介服务机构要逐渐独立，脱离政府，独自运营，坚持诚信原则，加强自我约束，不断降低交易成本，为林业投资和经营者提供多形式、灵活的金融服务。对现有的林业中介服务机构要鼓励采取合伙制、股份制等多形式进行改组和改造，确立规范、有序、政府监督、行业自律的管理方式，打破地方封锁与行业垄断，确保建立公正、公开、公平的林业投资中介服务机构，强化其法律责任与意识。

四、林业行业协会

林业行业协会是指从事林产品生产、加工、流通的企业和专业合作组织，专业种养和购销大户，以及从事林业科研、技术推广等的组织和个人，为谋取、维护和增进全体成员的利益，自愿组成的具有法人资格的非营利性社团组织。

集体林权制度改革后，林业经营类似农业经营，以家庭联产承包责任制为主，一方面增强了林业生产经营活力，另一方面也造成了林业小规模经营、重复建设，不利于林业长远发展。这样就需要逐步完善林业行业协会，把一家一户的林业生产组织起来，既不打消林业生产的积极性，同时又联合农户发挥规模优势。针对各地区生态林业的特点，可以建立林下经济组织，组织农户开展多种经营，使林业行业协会成为政府与农户或是林业经营者之间的桥梁，把政府的宏观政策快速传输给林业经营者，建立多层次、多组织形式的行业协会，如生产、技术、质量、资金等协会，还可以根据林业经营方向及林下经济的发展建立林业行业协会。政府要鼓励林业企业协会在信息共享、技术服务、产品销售、行业自律、权利维护等方面发挥积极的作用，在林业法律法规的完善上要充分听取林业行业协会的意见。林业行业协会，作为政府和农户的桥梁，要积极开展技术培训活动，研究技术措施，解决林业纠纷，保障林业经营者的合法权益。还可以通过资本联合、生产要素入股成立股份公司，放大群体优势，提高与大型林业企业和政府的谈判优势，降低销售成本，促进生态林业的多效益发挥，增加农户的收入。

应建立金字塔式管理。林业产业行业管理是林业产业中各级管理者对不同层级的管理客体通过决策、组织、领导、控制、创新等职能，协调他人活动、实现既定目标的活动过程，具体表现为政府管理林业产业的职能和组织体系、政府管理林业产业的方式、政府与林业企业之间的关系，制定林业企业之间与社会其他组织之间、团体之间的制度、准则和机制等。林业产业行业管理整体水平决定着林产品生产、管理、营销等具体的实践活动的方式，也制约着林产品的生产效率，同时也影响着林业产业结构升级的质量，关系到林业产业的发展健康程度。从广义上看，我国林业产业行业管理是一个多维度的、多层次的管理单元互动的综合管理系统，这一管理系统是由林业产业的政府管理、行业协会组织的自律性管理和广大林业企业的自我管理三部分构成的，在形态上它是一个典型的金字塔形，政府管理在最上层，行业协会组织自律性管理居中、承上启下，林业企业自我管理在最下层，是整个行业管理的基础。从我国独特的国情与林情出发，企业自我管理属于微观层面的企业自我激励和约束的范畴，所以尽管企业自我管理在理论上属于林业产业管理体系的组成部分，林业产业行业管理仍主要指政府管理和行业协会组织自律性管理。

转模式、换理念，协会作用逐渐凸显。在中华人民共和国成立初期，我国林业产业基本处于无序状态。我国大部分主要林区都是自主管理的，地域分界不明显，管理混乱、森林砍伐无度，可以说当时我国的林业产业是在一片迷茫中逐渐摸索发展的。改革开放以来，林业产业管理部门的职能几经调整，党和国家对林业产业的发展重视程度逐渐提高，我国林业产业行业管理已实现从无序向有序发展。林业可持续发展的理念主要包含经济能力、社会合力、生态支持力。人们已经意识到了森林效益和价值的多重性，从而也认识到了保护和管理森林以获得其多重价值的重要性，并着手进行森林管理，实现由经济效益优先向生态效益优先的转变。由政府绝对主导模式向由政府与协会共管的模式转变初现端倪。随着我国林业产业的快速发展，国际林产品市场竞争日益加剧，林业产业行业协会组织的作用越来越凸显，政府管理与行业协会自律性管理逐渐结合起来。2007 年，经民政部批准，国家林业局正式成立中国林业产业协会，这标志着国家对林业产业的重视。林业产业协会是介于政府和产业组织之间的角色，是林业产业和林业企业发展的重要推动力量。林业产业行业管理模式和管理理念发生了重大转变。林业是一项重要的公益事业和基础产业，建立比较完备的林业生态体系和比较发达的林业产业体系，是党中央赋予各级林业行政主管部门的神圣使命。林业产业管理机构建设是林业产业体系建设的关键环节，对于推进林业产业发展具有不可替代的关键作用。林业产业的发展需要通过合理的组织，实行专业化生产，各专业化部门在整个生产过程中形成有序的产业链，并形成互动关系，而林业产业行业协会组织是不可缺少的重要环节。

少活力、缺竞争，可持续发展受制约。林业产业不同于其他行业，一直以来，林业产业都需要在生态建设和经济发展的平衡中求发展。因此，在我国林业体制改革实施的过程中出现的问题，严重制约着林业产业的可持续发展，对林业产业行业管理产生了严重影响。首先，我国林业产业行业管理体制改革长期滞后，林业产业秩序紊乱。以国有林区为例，存在政府职能交叉、多头管理、缺位与越位并存等诸多问题。林业产业管理体制游离于社会主义市场经济体制之外，缺乏活力和竞争力。其次，我国林业产业行业管理运行机制僵化，管理体制缺乏活力。由于林业管理体制改革起步较晚，我国林产品市场条块分割、各自为政的问题仍然突出，特色林业区域经济发展缓慢，林下经济发展未引起足够的重视。再者，我国林业产业还面临投融资渠道不畅、政策不健全的问题。虽然林业产业对外资有着较强的吸引力，民间资本也十分充裕和活跃，但由于政策的原因，我国林业企业融资渠道单一，基本上靠林业企业自身滚动发展，这对林业产业发展十分不利。资金不足，已成为制约林业产业发展的一个重要"瓶颈"。最后，还有人才管理机制不健全、管理方式与手段落后，以及行业协会组织发挥"桥梁与纽带"作用的外部环境不理想等问题存在。一方面，政府职能转移和观念转变还不到位，需要加快转移有关政府职能，真正发挥行业协会的"桥梁、纽带"作用；另一方面，协会与政府之间缺乏通畅的沟通渠道，应在出台涉及行业发展的重大政策措施前，主动听取相关行业协会的意见；最后，政府邀请协会提供服务缺乏规范，希望政府尽快完善对协会所提供服务的政府采购制度，对协会向政府部门提供的研究报告、调查资料、数据分析等含有的大量无形知识产权，给予充分的尊重和保护。

政府帮、协会助，"七要"推动行业繁荣。要树立全新林业产业管理理念，确立以"政府管理、行业自律、市场导向、企业参与"为核心的林业产业管理机制。因此，新时期的林业产业行业管理从思想理念到组织结构都要进行全面的调整。要创新林业产业行业管理模式，建立健全推进林业产业发展的组织领导体系。首先，林业产业要建立推进自身发展的领导机构；要制定全国林业产业发展规划，建立林业产业发展工作目标责任制，加快林产品市场法律、法规建设，改革审批制度，提高监管水平，逐步建立统一开放、竞争有序、发展规范的现代林业市场体系，为林业事业和林业产业的发展、繁荣创造条件。各地、各有关部门要按照林业产业发展规划，从自身职能特点出发，分解任务、落实责任，切实做到思想认识到位、组织领导到位、任务分解到位、责任落实到位；另外，要建立激励机制和建立健全林业产业管理机构。要建立完整的林业产业资产管理、监督体制。在整个文化产业资产中，国有林业产业资产数量庞大、人员众多、地位重要，管理好、运用好国有林业产业资产，可以说是整个林业产业发展的关键所在。要加快林业产业投融资体制改革进程，积极推进林业产业投融资体制改革，加快建设林权贷款的合作机制、完善林权管理的服务机制、探索小额贷款的扶持机制。要加快推进人才强林战略，助力"双增"目标实现。理论研究给予林业产业发展以智力支持，教育机构奠定林业产业长远发展的人才基础。要培育林业产业龙头企业，实施品牌战略，促进林业产业化集群尽快崛起。培育龙头企业是发展林业产业化经营的关键。技术创新是林业产业化的灵魂所在，在很大程度上，龙头企业市场开拓力度的强弱，直接关系到林产品品牌培育的成败；而制度创新是激发企业活力和调动要素生产力的最重要因素之一，对林业产业行业管理建设起着至关重要的作用。因此，要坚持市场自愿的原则，辅以必要的行政手段；国有林业产业集团，要通过进一步吸纳各类社会资本，在企业体制、运行机制和管理制度方面，率先与国际接轨；鼓励具备条件的国有或国有林业产业集团与产业资本、金融资本互相融合，实施"走出去"战略，参与国际竞争，打造我国自己的跨国林业企业集团。要积极推动林业产业相关行业协会和社会组织充分发挥职能优势，完善行业自律，不断强化企业与政府、企业与社会的纽带桥梁作用，鼓励和支持各相关协会和社会组织加强行业自律建设，制订行业自律行为公约，督促会员加强品牌建设。发挥新闻媒体和社会大众的监督作用，大力开展对相关法律法规和标准的宣传教育，深入开展绿色消费宣传志愿服务活动，鼓励社会各界积极参与、营造全社会共同推动绿色消费局面。

五、林业项目建设

国家实施的林业重大工程、林业重点工程等大项目，有助于带动黑龙江平原林业发展。自 1978 年国家实施"三北"防护林工程至今，已实施至第五期工程。这一工程的实施，使黑龙江省 73% 的土地被三北防护工程所覆盖。经过 30 多年的发展和建设，现已完成 $243.4×10^4 hm^2$ 的山川绿化，其中人工造林 $211×10^4 hm^2$、封山育林 $14×10^4 hm^2$。人工造林中包括农田牧场防护林 $42.3×10^4 hm^2$，水土保持林 $57×10^4 hm^2$，防风固沙林 $51.4×10^4 hm^2$，护路林 $11.5×10^4 hm^2$，水源涵养林 $22×10^4 hm^2$，护岸林 $5.8×10^4 hm^2$，其他防护林 $21×10^4 hm^2$。黑龙江前四期工程建设按照科学发展和当地的实际，部署了不同的发展重点，取得了各具特色的不同成效。这项工程的实施，有效地遏制了风沙的蔓延，使黑龙江西部地区的森林覆盖率由 4.3% 提高到了 12.8%，沙区造林面积达到 28 万 hm^2。黑龙江省环保局的数据显示，从第三次、第四次荒漠化检测情况来看，1999 年到 2009 年这 10 年中，黑龙江省完成沙土建设 4.09 万 km^2，治理水土流失面积 463 万 hm^2，有效地庇护了农业的生产。据计算，农田防护林使主栽农作物平均增效 15% 以上，年增产粮食 23.8 亿 kg。三北工程的实施，在改善生态环境、增加农民收入的同时，为黑龙江生态省的建设作了巨大贡献。由此可见，国家重点项目、大项目、大工程的带动，可以有效带动两大平原地区林业的发展。

六、林业科技合作共建模式

应根据黑龙江两大平原农业综合开发试验区现实条件，构建试验区生态林业科技合作共建机制。通过这一机制的构建，将林业科研单位、林业教学单位、林业主管部门、林业推广机构以及农户和林业企业联合起来，形成有机整体，将林业科技成果、林业相关政策送到林业的田间地头，让这些成果和政策结合农户的需求迅速转化应用。具体可以从以下几方面开展：

（一）创建林业科技示范园区

结合林场的建设，由科研单位出技术、出成果、出管理，县里出林，采取公益性、场化等多种方式建立不同层次的林业科技示范林区，每个林区都涵盖品种、肥药、抚育技术、管护措施对比与展示等功能，以林间博览会、新成果发布会、标准化技术现场会等形式，集中展示黑龙江省乃至全国最新林业科技成果。

（二）兴办林业科技专家大院

以林业推广结构为依托，建立专家大院。县财政给予每个专家大院配备必要的物资和设施，设立独立的专家值班室、咨询培训场所。配备电脑、多媒体等现代演示系统，开通林业科技"110"热线电话，组织各部门工作人员常驻，解答有关林业的各种问题。知名专家和县里的林技人员混合编队、轮流值班，全天接待农民前来咨询。

（三）谋划林业科技致富项目

以推动县域经济发展和增加农民收入为目标，集中组织林业科研院所和高校以及林业主管部门的各学科专家深入各县,与县里共同研究推进林业高新技术和林业信息化工程建设,以科技牵动结构调整,帮助各县进行主导产业规划与发展,以科技致富项目的形式组织农户参与林业建设。

(四)实施农民培训工程

实施农民培训工程、农村科技带头人和新型农民培训工程、乡村干部培训工程,对农民、乡村干部、基层林技推广人员进行培训,对林业科技示范户进行有针对性的科技培训。为了便于农民学习、掌握科技知识,可组织科技人员编写"口袋丛书""明白纸"等通俗易懂的科普图书、音像资料免费发放给农民,供其学习。

(五)选派林业科技副县长

由省委组织部牵头组织,引导涉林院所和学校等,通过竞争上岗、双向选择、组织把关的方式,选派年富力强、综合素质高的林业专家或林业科技人员,下派到各县担任挂职科技副县长,期限 3 年,具体负责全县林业科技帮扶工作,省财政可以酌情配备专项资金以支持,在林业科研单位与林业生产一线架起技术输送的通道。

这种"五位一体"的林业科技推广和共建模式的建立,有助于走出一条科技支撑林业发展的希望之路。这条道路的核心是引导、鼓励科技人员进入林业生产经营的经济建设主战场,将教学研究与生产实践相结合,使教学科研牢牢扎根于林业生产需求、扎根于农民群众,使科技成果推广、转化无缝对接,科技服务零距离指导。林业科技合作共建,可以使科研和林业生产需求结合得更加紧密;可以建起科技与农民对接的直通车,提高农民林业生产的科技含量;可以激活农业科技推广体系,加快成果推广速度;可以提高农民科技素质,推动结构优化调整,促进农民增收。(图 10-1)

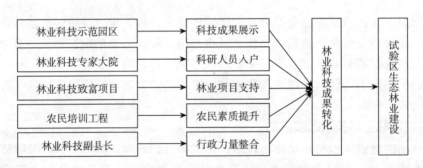

图 10-1　林业科技合作共建"五位一体"模式

本章主要对黑龙江两大平原农业综合开发试验区生态林业建设服务体系的构建进行了阐述与分析。对试验区生态林业建设服务的主体、内容进行了分析,分别从林业科研与推广体系、森林资源保护体系、投资中介服务机构、林业行业协会、林业大项目建设等方面进行了阐述。提出以林业企业为核心,将林业科研单位、农户及林业企业联合起来,组成林业产学研的有效组织形式;创新性地提出构建林业科技示范园区、林业科技专家大院、农民培训、林业致富项目以及林业科技副县长"五位一体"的林业科技合作共建机制,以林业科技创新为驱动,提高科技成果转化效率,为试验区生态林业建设探索模式与道路。

第十一章　试验区生态林业建设体系的保障措施

本章主要对黑龙江两大平原农业综合开发试验区生态林业建设体系的保障措施进行了研究。主要从思想保障、以试验区生态林业资金投入为主的经济保障、组织保障、科技保障和法制保障等方面进行阐述。

第一节　思想保障

一、加强生态防护意识宣传

黑龙江两大平原农业综合开发试验区处于黑龙江平原地区，经过多年的开发，原有的天然森林已踪迹全无，生态屏障消失殆尽。伴随着工业化步伐的加快、经济增长的推动，各类自然资源消耗速度很快。当前，这两大平原地区，风沙灾害依然，每年初春四五月份沙尘暴等恶劣天气侵袭；松嫩平原土地沙化趋势尚未完全得到遏制，尤其齐齐哈尔西部地区沙化趋势未减，原本紧张的耕地红线被不断逼近；三江平原地区湿地退化，造成洪涝灾害发生，自然水循环系统受到影响。这一系列的生态现状要求我们增强对生态忧患意识的宣传。

习近平同志指出：要加强生态文明宣传教育，增强全民节约意识、环保意识、生态意识，营造爱护生态环境的良好风气。这一重要论述指出了生态文明宣传教育的重要意义、重点内容和目标要求，为加强生态文明宣传教育、推进生态文明建设指明了方向。近年来，我国生态文明宣传教育总体上取得明显成效，但也存在一些问题，如一些地方和部门尚未形成自觉积极开展生态文明宣传教育的氛围，存在"说起来重要、干起来次要、忙起来不要"的现象，工作不扎实、不到位。要解决这一问题，应按照习近平同志的要求，突出重点、抓好落实，进一步加强生态文明宣传教育。

（一）着力增强"三个意识"

一是节约自然资源意识。通过生态文明宣传教育，让人们认识到很多资源是不可再生的，随着人口不断增长，加之存在浪费现象，石油紧张、矿物减少、淡水缺乏、粮食短缺等已经严重影响人们日常生产生活，直接威胁人类长远发展，从而增强节约资源意识，自觉养成节约一滴水、一粒粮、一度电的良好习惯。二是保护环境意识。通过生态文明宣传教育，让人们认识到片面追求经济增长、忽视环境保护必然导致环境灾难，如气候变暖、酸雨频发、土地荒漠化、海洋污染等，给人民生命和财产带来巨大损失；引导人们树立保护生态环境就是保护生产力、改善生态环境就是发展生产力的理念，坚持走可持续发展道路。三是改善生态意识。通过生态文明宣传教育，让人们认识到掠夺式地向自然界索取、无节制地排放废弃物，自然界承受不了，必然带来生态危机，最终危及人类生存发展；引导人们深刻理解人与自然相互影响、相互作用、相互制约的关系，自觉形成尊重自然、热爱自然、人与自然和谐相处的生态价值观。

（二）认真抓好工作落实

加强生态文明宣传教育，必须明确责任、抓好落实。为此，应健全相应的机制制度，强化监督检查。一是健全工作机制。形成政府主导、各方配合、运转顺畅、充满活力、富有成效的工作格局，各有关部门、社会团体要各负其责。在此基础上，赋予环保社会组织一定职能，发挥其在生态文明教育中的独特作用。二是强化监督检查。将生态文明宣传教育纳入主管、实施、协同部门及领导干部考核体系，制定明确指标，接受社会监督。加强对生态文明宣传教育开展情况的监督检查，及时解决问题、确保责任落实。三是规范教育培训。规范基础教育、高等教育阶段的教育，规范面向社会的培训；对被依法处罚的环境违法人员，可强制进行生态文明宣传教育培训。

对于生态环境现状的宣传，要充分利用各类媒体与渠道，将对环境影响有较大关切的人群作为宣传的重点对象。如在中小学课堂开设的地理环境课程加入实际的宣传片观看或是实地考察等活动；对于从事种植业的农户利用村委会、村图书馆、继续教育频道等播放和宣传生态环境的现状、危害等；定期请生态专家对于环保情况进行讲解，使保护环境的意识深入人心，使下一代人能关心自己成长生活的环境。利用各类协会、团体等组织，定期组织环境保护主题的宣传活动，利用世界环境保护日进行宣导。

二、增加林业防护功能诠释

森林是地球三大生态系统之一，对于生态环境的保护极其重要。林业是指保护生态环境、保持生态平衡，培育和保护森林以取得木材和其他林产品、利用林木的自然特性以发挥防护作用的生产部门，是国民经济的重要组成部分之一。林业是在人和生物圈中，通过先进的科学技术和管理手段，从事培育、保护、利用森林资源，充分发挥森林的多种效益，且能持续经营森林资源，促进人口、经济、社会、环境和资源协调发展的基础性产业和社会公益事业。但是森林的具体防护功能及作用，并非每个人都能了解。对森林的防风固沙、保持水土、净化空气、防风固碳等生态作用，要用浅显易懂、群众喜闻乐见的形式和内容进行宣传和教育。要针对学生、农户、林业企业、政府等不同层面的林业参与者以及生态环境的建设者，进行宣传和教育，使林业的生态防护作用深入人心。要利用现有的天然林公园、湿地公园、自然保护区等平台，使人们在休憩欣赏之余，真正体会到森林带给人类的巨大好处。这些生态展示平台可以在政府的财政支持下，适当降低门票等费用，吸引人们来切身感受和体会森林的重要性。

保护森林资源、改善生态环境，是生态建设的主要目标，也是林业建设的一项重要内容。各级党委、政府应正确认识和统筹好保护与发展的关系，牢固树立保护就是发展的观念，坚持建设与保护并重、数量与质量并举，认真贯彻落实《森林法》《中共中央、国务院关于加快林业发展的决定》等林业政策法规，严格执法守法，严格依法行政，依法坚决制止乱排乱放、滥砍滥伐、毁林开荒和乱占耕地、林地、绿地的现象，切实维护森林资源安全和林区社会稳定，不断巩固生态建设成果。要结合国家生态公益林项目和退耕还林封山育林项目实施，认真抓好退耕还林补植补造，搞好幼林抚育，防止森林火灾，防治森林病虫害，积极开展"退人还山"试点示范工作，使林业生态建设发挥出最大的生态、社会和经济效益。

三、贯彻可持续发展思维

人类的发展史是不间断的历史，人类的发展应该是可持续发展，在不影响后代人的基础上进行资源开发和利用。可持续发展的思维随着生态环境的不断严峻，已不断深入人心。对于可持续发展的思维，怎样强调也不为过。黑龙江两大平原地区是粮食主产区，对于国家粮食安全具有重要支撑作用，这个地区的可持续发展也关系着全国的可持续发展、关系着人类的粮食安全。在这个地区，可持续发展的重要性尤为突出。因此，要通过以下几个方法贯彻可持续发展思维：

（一）实现从片面思维向整体思维的转变

片面发展思维是顾此失彼的畸形发展思维，而整体发展思维则是强调各方面协调发展的思维。在过去相当长的时期内，我们的发展思维更多的是一种形而上学的片面发展思维，一些地方采用的发展方法是一种形而上学的片面发展方法，如把以经济建设为中心等于以 GDP 为中心，把"发展是硬道理"理解为"GDP 是硬道理"，片面追求 GDP 增长的数量与速度等。由于把发展简单等同于 GDP 的增长，于是在实践中就采用一种高投入、高消耗、高污染、低效益的经济增长方式。结果使得资源加速枯竭、环境急剧恶化，各种社会问题大量出现，从而严重制约和危害经济的全面协调可持续发展，应该说这样的教训是非常沉痛的。科学发展观纠正了长期以来单纯把经济增长作为社会发展的唯一目标的传统发展观，把社会发展看作是复杂的系统，从整体出发，全面兼顾系统构成的各个要素、结构、功能、环境，从它们的相互关系中把握社会发展的总体特征和规律。科学发展观强调经济增长与资源开发、环境保护、人口等的协调发展，并将这种协调发展纳入社会、经济、资源与环境的整体中去认识并实践，从总体上全面推进社会的发展和进步。运用整体思维讲发展，就是社会的经济、政治、文化的全面协调发展，就是物质文明、政治文明、精神文明、生态文明的整体推进，就是社会的整体发展和人的全面发展。同时还要着眼于对政府、企业、公民社会、公众的社会结构的全方位管理。

（二）实现从静态思维向动态思维的转变

由于系统的开放性，系统与外界不断地进行能量、信息和物质的交流，从而成为动态的活结构。系统处于运动变化之中，并随时间的流动和外界环境的变化而变化。社会发展是动态复杂系统，需要我们自觉应用动态观点认识和处理问题。动态思维要求破除急于求成的短期化思维，树立与自然和谐的持续性思维。短期化思维割裂质、量、度及其变化的内在关联，在发展途径的选择上往往走捷径、图省力，急于求成、急功近利，不惜对资源环境竭泽而渔，其结果导致了人与自然的困境与危机。而科学发展观则注重在质、量、度统一基础上坚持以持续性思维方法来把握社会发展。这就是说，健康的经济发展应建立在生态持续能力基础上，发展既要使人类的各种需求得到满足、个人得到充足资源，又要保护生态环境，不对后代人的生存和发展构成危害。具体来说，第一，在处理速度和效益的关系上树立持续性思维。必要的增长速度是科学发展观题中应有之义，但必须注重效益，不能只图快、不重质，要把握量与质的统一性。在保持较快发展速度的同时，应更加注重增长的质量和效益，更加注重产业结构调整、科学技术进步、资源能源节约、公共环境治理等，实现数量与质量、速度与效益的统一。第二，在处理增长与环保的关系上树立持续性思维。传统增长观在发展经济时往往以牺牲环境为代价，而科学发展观则重视把握经济发展的量变、质变与资源环境限度的和谐，即可持续发展。这就要求跳出那种"先污染、后治理""边污染、边治理"的发展模式，大力推行清洁生产、生态产业、循环经济。需要指出的是，政府要在环境保护这个质的规定性上发挥主导作用，把环境保护列为公共财政支出的重大领域之一，同时带动市场自主投入、企业积极参与，进而实现资源、环境与经济和谐统一基础上的可持续发展。

（三）实现从孤立思维向关联思维的转变

事物是普遍联系的，普遍联系是客观世界的基本特征，发展作为一种客观事物当然也不例外。任何一方面的发展都不是孤立的，而是与其他方面的发展相互联系、相互依存的。然而在过去相当长的时期内，我们更多地是运用孤立思维来看待问题。新时期中央提出的"五个统筹"就是运用关联思维来看待和处理城乡之间、区域之间、经济与社会之间、人与自然之间、国内发展与对外开放之间关系的产物。统筹城乡发展、建设社会主义新农村，是因为看到了城乡之间不可分割的联系，是为了克服城乡二元结构、促进城乡发展一体化、逐步缩小城乡差别、防止城乡差别不断扩大而采取的措施；统筹区域发展，是因为看到了区域之间的联系，是为了加速后进地区的发展，缩小区域发展差距，防止区域发展严重失衡而采取的措施；统筹经济社会发展，是因为看到了经济与社会发展的联系，是为了促进物质文明、政治文明和精神文明全面发展，防止因片面发展而造成社会主义制度结构性破坏而采取的措施；统筹人与自然和谐发展，是因为看到了人与自然之间的密切联系，是为了保持人在改造自然过程中不断改善自然环境，防止只向自然索取、不治理和保护环境而遭到自然报复而采取的措施；统筹国内发展与对外开放，是因为看到了国内发展与对外开放之间的联系，是为了把我国发展与经济全球化联系起来，既要充分发挥扩大开放对我国发展的促进作用，又要防止对外开放失度，使我国发展过分依赖外国、严重削弱独立自主和自力更生能力而采取的措施。从根本上说，"五个统筹"就是要站在对复杂社会综合思考的基础上，使自然系统和社会系统以及社会系统内部之间相互适应、相互促进，使政治、经济、文化相互协作、相互推动，从而形成结构合理、功能完备、速度相宜和效率兼顾的社会发展形态。

（四）实现从线性思维向非线性思维的转变

线性的特点是单一、均匀、不变，等等。以线性的观点来考虑问题，形成的是线性思维。线性思维强调事物的因果联系，以直线式的机械分析来思考问题，其结果是把事物和过程孤立起来，忽略了事物间的多样性和普遍性联系。长期以来，在线性思维的藩篱下，人们把社会发展等同于经济数量增长，这种思维定式引起的严重后果不仅是把发展简单化，而且会产生一系列的社会发展问题。非线性思维与线性思维恰好相反，非线性思维具有多变的方向。它包括非均匀的分布、可变的速度等，可以说世界本质上是非线性的。世界的非线性特性使得它必须以非线性思维来认识和把握。非线性思维强调事物的相互关联，强调从整体、多维的视角来考虑问题。社会发展是一个由人口、环境、文化、经济等多因子、多层次组织起来的非线性系统，特别是我国目前正处于社会发展转型期，各种矛盾交织在一起，社会发展中的随机变化或临界点将有可能引发所谓的"蝴蝶效应"。这就要求我们必须深入研究社会系统的非线性特征、表现形式、产生根源、作用机理、可能后果等。同时，更要在制度建设上下功夫，从而最大限度地发挥非线性的有利作用，尽可能避开或弱化其不利作用，以便探求社会发展系统的内在机理和实现途径，实现对社会实践复杂动态系统的适时调控与合理干预，引导其朝着更加和谐的确定目标迈进。

（五）实现从物本思维向人本思维的转变

物本思维方式把经济增长、物质财富的积累奉为社会发展的目的，而人则成为实现经济增长的手段和工具，从而颠倒了社会发展的手段和目的的关系，其结果必然是"物的世界的增值同人的世界的贬值成正比"。马克思、恩格斯反复强调："我们的出发点是从事实际活动的人。"实现人的自由而全面的发展，是马克思主义的最高价值追求。坚持以人为本，是科学发展观的核心。人是发展的实践主体和核心动力，中国的发展要依靠广大人民群众的积极参与；人是发展的根本目的和最高价值，中国的一切发展都是为了实现、维护和发展最广大人民的根本利益。坚持以人为本，就是要使发展为了人民、发展依靠人民、发展成果由人民共享。如果不坚持运用人本思维，不及时而清醒地强调和落实发展为了人民、发展依靠人民、发展成果由人民共享这个本质特征，发展的走向就有可能会偏离党的根本宗旨和人民的意愿。所以说，能否实现从物本思维向人本思维的转变决定着发展的性质、结果和意义，也决定着社会主义社会发展的前途。

第二节　经济保障

一、广开林业投融资渠道

（一）林业担保公司

中共中央、国务院《关于推进社会主义新农村建设的若干意见》中第 25 条规定，各地可通过建立担保基金或担保机构等办法，解决农户和农村中小企业贷款抵押担保问题，有条件的地方政府可给予适当扶持。目前在试验区内尚无林业担保公司机构林业中小企业或是农户的林业生产贷款受到影响，而林业担保服务公司又具有着其他的金融机构无法比拟的优势和特点，所以建立林业担保公司对于拓宽林业资金渠道具有重要作用。各级政府和相应的林业主管机构要鼓励林业担保公司的建立，在农户或林业中小企业与银行机构之间建立起具有沟通作用的林业投融资信贷平台，把银行、工商、林业部门、农户、中小企业有效组合起来。要深入调研中小企业和农户对于林业资金的需求，分析担保贷款资金的使用效率，建立起担保机构的信用评估机构和机制，成立信用担保委员会进行监督和检查，为农户和中小企业发展生态林业提供必要的资金保障。

（二）小额贷款

试验区内农户众多，农村人口占到一半以上的比例。2007 年林业权属改革开始至今，部分林业承包给农户经营，类似农地经营的一家一户林业经营也不断增多，造成分散经营的局面。由于农户情况不甚一致，对林业建设的资金需求也不尽相同，但总体需求较大。为了满足不同经营规模与经营水平的农户或是林业企业的资金需求，银行等信贷经济机构应该建立起满足不同层次需求的、能够支持农户或中小林业企业不同规模的资金需求的小额贷款机制。目前来看，各个银行尚未建立起林业专项贷款，与林业发展的资金需求相差甚远。加之林业生产周期长、经营风险大，与农业相比，投入在短期内不能得到回报和补偿，所以银行等金融机构都没有或不愿对林业进行投入和支持。所以，基于以上情势，要加快推进林业融资体制的改革，尽快建立起以林业小额贷款为主的小额贷款机制，还要根据各农户和中小企业的需求，开发适合的信贷产品，贷款期限根据林业经营特点要适当延长，打消林业经营者的顾虑。发达国家的一些做法可以供我们进行学习与效仿，对农户或中小企业林业经营贷款给予补贴或贴息贷款，为其提供便捷的贷款服务，降低贷款成本，激发他们贷款的积极性。

（三）森林保险

森林保险也叫林业保险，是为林业生产提供资金保护，以林木种植或是林木的保护、加工及与之相关的行为作为保险标的的机制。一般的经营方式为自愿投保的商业保险模式，可以归属为财产保险的一种。林业保险不同于一般的商业保险，因为其保险标的具有更为特殊的特点，即林业生产周期更长，生产更有不稳定性，受自然灾害影响的程度更大，经营更不稳定。所以，这一险种比其他险种经营管理难度更大，收益回收慢，一旦出现自然灾害赔付较高，一般保险机构都不愿进行林业保险经营。一直以来，我国森林保险尚未建立完善，主要依靠政府行政手段来化解风险，但伴随着市场经济的不断完善与发展，行政手段的作用不断弱化，对于林业保险的需求不断增加。当前，银行机构为了保全资产，要求借款人或贷款人对抵押或是林业资产投保，使得一些银行机构因为没有森林保险而终止了金融服务。所以，开展森林保险业务对于增强林业抵御经营风险具有重要的现实意义。首先，它能够一定程度上化解林业生产经营风险。林业的经营特点决定了它是一个投资大、回收慢、风险高的产业，森林保险的建立和完善能够有效缓解这些风险，增强林业经营者的经营信心，帮助其在发生自然灾害后迅速重建。其次，森林保险业务能够有效分散林业信贷风险压力，提振银行机构投资信心，为金融机构开展林权抵押贷款提供支持与保障。金融机构也要根据林业经营特点，有针对性地开发出符合林业经营的金融产品，建立政策性保险制度和林业发展的担保基金等，消除农户或中小企业经营的后顾之忧。针对经营者的特点，还要简化相关的办理手续，提高办事效率，帮助经营者深入了解森林保险的特点，鼓励其加入保险。

（四）林业税费政策

林业税费主要涉及的是育林基金，要根据国家相关政策，逐步减轻林业经营者的经济负担，实现真正的让利于民、还利于民。首先，要对育林基金的征收范围进行调整和归并。根据中央下发的相关文件，要把育林基金逐步返还给农户和林业经营者。还要把政府部门人员、林业主管部门、财政部门人员以及林业专家、农户组织起来，深入研究探讨和分析，根据不同地区的实际情况，研究切实可行的育林基金返还政策和机制，让农户享受这一惠民政策。对于林业生产基础设施的投入要不断增加。林业权属改革后，农户防灾的意识不断增强，生态林业建设不断加速，各类基础设施得到完备与完善，对于提高森林预防火灾、病虫害的能力，保护林业资源和人民生命财产具有重要作用。所以，建议把林业对火灾、病虫害、乱砍滥伐等的防护措施作为重点，建立政府的基本建设规划，保证投资到位，对基层乡镇的林业站基础设施和林业交通、供水、电力、沼气等基础设施加以完善，加快林业保障措施的建设速度，为农户或中小企业进行林业经营提供保障。

（五）林业融资

林业融资是指林业融资主体为了实现一定的林业生产经营目标，在林业生产经营过程中进行的融资活动的总称。林业融资涉及金融业、中介机构等相关行业。

林业融资中存在以下这些问题。

1. 林业融资环境差且投资的吸引能力不强 中国林业融资的市场化程度不高，除了客观上受经济发展水平限制外，主观上也与中国林业行政管理投资较为浓重的计划经济色彩有关。长期以来，林业发展的重点大多在老少边穷地区，交通、通信等基础设施相对滞后，经济条件差；社会对林业索取较多，劳动者素质相对较低，林业投资环境有待改善。另外，由于林业宣传力度不够，各级领导和人民群众对林业在生态环境建设中主体地位的认识不够、投资动力不足。

2. 林业融资水平低且融资渠道单一 长期以来，中国林业投融资主体主要是国家、地方各级政府和国有林业企业。近年来，林业发展形势喜人，不少地方出现了以股份合作、联营、私人等形式投资造林的大好形势，但是由于林业中小企业及农户自身的原因（如财务制度不够健全、担保实力较弱等），融资较为困难。营林建设资金主要来自国家预算内资金及国家、地方自筹资金，而企业自筹资金很少。因此，林业投资主体结构多元化的趋势虽然有所加强，但总体上林业投融资主体单一的状况没有得到根本改观，尚未形成完全多元化的林业投融资主体结构，从而造成投融资结构严重扭曲，资源配置不合理、不公平。从长远来看，不利于调动社会各界参与林业、发展林业的积极性。

3. 金融信贷产品不能满足林业生产的需要 贷款期限偏短，从各金融机构放贷的情况来看，大部分林业贷款期限都只有 1～3 年，贷款期限短与林业生产周期长的矛盾仍较为突出。贷款利率偏高，据了解，在担保贷款中，有的年利率已超过 10%。融资成本高已成为制约林权抵押贷款广泛开展的一个重要因素。抵押物范围偏窄。目前，各金融机构允许用于抵押的主要是用材林中的近成过熟林、中龄林，利用幼龄林、荒山荒地、经济林和绿化大苗等作为抵押物的较少。

4. 弱势群体贷款难问题没有得到有效破解 目前，虽然林权抵押贷款已达到相当的规模，但贷款的主要对象仍是林业企业、经营大户，由于存在贷款门槛、手续烦琐、机制不够灵活等诸多原因，作为林业生产主体的广大林农还未能享受到林权抵押贷款带来的融资便利。各地林农对金融需求旺盛，对开展林业小额贴息贷款工作十分欢迎。

5. 林业配套服务体系建设还不完善 有些林木资产评估机构运作不规范，存在林木价值高估的现象。全省尚未形成高效、专业的林权转让市场，一旦林业生产经营者无法按时还贷，林权变现困难的问题仍然存在。常见的森林病虫害、火灾、人为盗伐等因素都会使抵押的林木资产贷后管理难度加大，存在一定的风险。

林业融资主要有以下几种模式：

（1）政府信用贷款。由政府组织协调国家开发银行贷款，指定国有资产投资公司统借统还，林业中小企业及林农作为最终用款人使用贷款并偿还本息，当地农村信用社为委托贷款行办理贷款的发放和结算业务。

（2）"林权证"抵押直接贷款。借款人直接以林业资产评估中心出具的评估书、林业主管部门办理的《林权证》作为抵押，获得金融机构贷款。

（3）林业产业化龙头企业承贷。林业龙头企业与银行建立信贷关系，主要以企业所拥有的林场产权、林业企业控股权、土地房产或其他权益作抵押。

（4）森林资产担保公司。由担保公司为林业中小企业和林农提供担保，同时要求林农和林业中小企业以林权证或其他林木资产作为反担保。

（5）林农小额贷款。主要是农村合作银行结合农村贷款工作，借鉴农户小额贷款和农户联保贷款的做法，通过简化贷款工作手续，以林农联保方式发放贷款。

（6）"公司＋基地＋林农"模式。由龙头企业、林农共同出资组建产业发展担保基金。龙头企业分别与银行和林农签订贷款担保协议，银行按基金额度的1～3倍向协议农户发放贷款。

二、增加公共财政投入

应建立长期稳定的林业投入机制，并且随着经济的发展，投入的规模要稳定增长，加大对林业的扶持力度。具体工作主要从以下几方面开展：

（一）建立稳定的生态效益补偿制度

试验区生态林业的建设以提供生态效益为主，强调公益性，而公益性服务的提供者主要以政府为主，通过激励与引导机制，鼓励社会资本参与运营。要实施好国家和省级的生态效益补偿政策，在市和县两级政府都需要建立生态补偿制度，而且要随着经济的进步而提高补偿的标准与水平，投入的原则应为"政府为主，受益者合理承担，破坏者支付补偿"，从多个渠道和来源筹集生态效益补偿资金。

（二）建立林业投入补贴制度

对造林、抚育、保护、管理等有关林业经营活动的投入进行补贴，涉及防火、病虫害防治、林种改良等也要给予补贴。林业生态工程建设等重大工程的投入要纳入各级政府的预算范围内，给予优先保障。

（三）育林基金和集体林权改革费用

要逐步降低育林基金征收的比例及用途，各级政府需要把林业相关部门的行政事业性经费纳入财政预算范围内，有关集体林权改革的费用由政府承担，中央给予补贴。

（四）困难补助

对于财政有困难的贫困县，各级政府要给予帮助，尤其是偏远地区的林业基础社会建设更要作为补贴对象。

按照试验区林业建设的功能及其效益的发挥，可以将之划分为公益性质和商品性质。根据经济学的机理，公益林应该由政府进行供应，属于公共品供应；商品林属于私人物品，应该由个人供应。公共品的供应，通过生态效益的补偿完成，使林业产品外部问题内部化；私人物品的供应者，主要以农户及林业企业为主。所以，林业的投资主体也相应地分为政府的投资主体、非政府的投资主体。政府的投资主体就是政府本身，非政府的投资主体所涵盖的范围就比较广了，可以包括企业、个人、农户，更可以包括银行等其他投资金融机构。且这些政府与非政府投资主体的经营定位、发展的目标都不相同。二者需要不断地融合与合作，才能都得利、都获益，促进林业的健康发展。

三、引进国外资金

国外有一些机构从事着林业的经营与发展活动，这些机构也具有一些项目资金，帮助发展中国家发展林业。它们可以为试验区生态林业建设提供新的资金来源。外国资金的利用形式有以下几种：一是国外的林业经营机构或是外国商人直接投资林业生产；二是国际的金融机构或是林业经营机构进行援助投资。黑龙江省林业发展利用外资的情况并不乐观，以 2011 年为例，黑龙江省各地吸引利用外资项目仅 7 个，资金的总额度为 50 万美元（数据来源为黑龙江省林业厅）。为了吸引更多的国外资金投入到两大平原地区的林业发展中，黑龙江省也制订了很多吸引和利用外资的政策和措施，吸引的方向主要集中在工业原料林的基地建设、林业产业化的项目建设上。但是，黑龙江省目前的外资利用水平还是有待于提高的。究其缘由，现行的一些林业改造的项目针对外资的政策设计较少，没有考虑对外资的利用；已经建立的一些项目，主要是种苗的繁育、森林的抚育等，缺少高新林业加工的项目；另外，外资的服务机构设施不健全，没有灵活有效的服务机构；最后，一些地方的林业权属问题没有得到完全解决，也在一定程度上制约了外商的投资。

第三节　组织保障

一、人才引进与培养

黑龙江两大平原农业综合开发试验区的生态林业建设关系到农业、林业、管理、生态等各个方面，需要各方面的人才给予保证。从上面关于林业中介服务结构的分析可以看出，目前，该地区的林业从业人员基本都为农户，还有部分林业企业等集体组织。这些人员文化水平不高，从事体力劳动人员过多，高层次的经济规划人员、林业专业技术人员数量不多，而且从事繁重体力劳动的人员收入不高，林业参与积极性受到影响，高层次人才队伍不断流失。这些问题值得关注，需要树立人才资源第一的思想，把人力资源的开发与引进作为主要工作推进。

要制定和完善林业参与人员的基本保障和优惠政策，吸引和留住相关专业的人才；完善各类福利设施及制度和安全措施等。对于农户，要通过补偿等政策的支持，保持其参与林业生产的积极性，通过地方制定鼓励政策，进行林下经营，增加其收入来源与渠道；对于林业科技工作者，要通过待遇的稳步提高、工作环境的不断改善留住他们，应定期提高其工作津贴及补贴；对于林业科技的高层人才或紧缺人才，要通过政策和制度双重因素鼓励其到条件艰苦的地方工作；现有林业科技推广体系的工作人员要不断加强学习，提高层次与水平。

（一）全面加强林业培训工作

全面推进各级林业党政领导人才的培训，提高其科学判断形势、驾驭市场经济、应对复杂局面、依法行政和总揽全局的能力；切实加强公务员培训，提高其决策分析能力、科学管理能力和依法行政能力；普遍强化对县级主管领导和地县林业局长的专题培训，提高其决策和指挥能力；突出对基层林业技术人员的培训，提高其推广应用林业科技成果的能力；实施林农和林业技能人才培训工程，培养大批基层实用人才；切实抓好关键岗位人员培训，提高其管理水平和综合素质。启动实施六大林业重点工程配套培训项目，开展工程管理和技术培训，培养大批林业工程管理人员和技术骨干。高度重视经营管理知识培训，提高林业企事业单位领导干部的经营管理能力。加强林业职工转岗培训，促进就业和再就业。继续做好选派各类人才出国（境）培训工作。面向广大林业专业技术人员，开展以林业新理论、新知识、新技术为重点的继续教育。继续鼓励和支持在职人员参加学历教育，积极推动学习型机关和学习型单位建设。地方各级林业部门和各单位在积极派员参加培训的同时，也要切实抓好本地区、本单位的培训工作。

（二）大力发展林业教育事业

进一步落实共建林业高校的有关措施，继续加强对林业教育的协调和服务，重点扶持国家和部省级重点学科（专业）和重点实验室、工程中心建设，在科研项目立项、实习基地建设、学术带头人培养等方面提供便利条件，稳步推进林业高等教育的发展。做好林业职业教育发展规划，加强林业高等职业教育师资队伍培养和教材体系建设，加强实习实训基地建设，加大对林业职业学校的投入和对林科专业学生的资助力度，推动林业职业教育事业的大发展。继续实行定向招生、委托培养制度；研究制定减免学杂费等优惠政策，鼓励毕业生到林区就业和创业；积极探索实行大中专毕业生到林区志愿服务制度。加快急需紧缺人才的培养，重点培养一大批生态建设、工程管理、产业发展、经济管理和国际合作等方面的专门人才。广泛利用各种社会教育资源，通过合作办学、委托培养等多种形式，为林区和西部地区林业建设培养更多更好的专门人才。

（三）切实加强林业人才实践锻炼

加大各级林业党政领导人才的实践培养力度，把轮岗、交流和到基层锻炼、异地挂职作为开阔视野、磨炼意志、积累经验、增长才干、加速成长的重要途径之一；将党性强、综合素质好、群众公认的后备干部，放在重要的管理岗位进行培养；优先扶持理论基础扎实、创造性强、发展潜力大的优秀青年专业技术人才，主持和承担重点研究课题或工程项目；优先安排优秀青年专业技术人才在国内外进行考察、学习和学术交流，推荐他们到学术团体担任职务和参加学术交流活动。对新参加工作的大中专毕业生，应安排到基层单位锻炼 1 至 2 年。

加强后备人才队伍建设。着眼于林业事业的长远发展，建设一支数量充足、素质优良、门类齐全、结构合理的后备人才队伍，特别是各级林业党政领导干部和高级专家后备人才队伍。发挥老专家的传帮带作用，培养和使用好中青年人才。实施新世纪林业人才培养工程，通过科研课题、工程项目和林业政策与体制改革试验区建设，发挥重点学科、重点实验室、博士后流动站的作用，搭建平台，培养高层次后备科技人才。坚持公开、平等、竞争、择优的原则，严格执行公务员考录制度，各级各类事业单位也应积极探索建立考录制度，把大中专毕业生作为补充和扩大人才队伍的主要来源，优先录用有基层工作经验的人员，从源头上把住人才入口关。采取积极措施从各类高等院校，特别是知名的综合性院校吸收毕业生，不断优化后备人才队伍结构。

二、改变传统人才观

人才的引进可以提高政府职能，完善企业管理模式，引入先进科技成果，促进企业科学研发，推动经济增长，改善精神面貌，提高教育教学、文化素养、医疗卫生等多个领域多个方面的工作水平。现阶段由于地域、环境、经济等多方面原因，我国林业产业在人才方面有相当大的缺口，懂得林业资源经营和转型接续产业等的专业人才相对匮乏。因此，在人才的选择上要改变原有的以学历、职称衡量的旧标准，在新的市场经济环境下要树立正确的人才观念，选择有用的专业人才，高中低档人才相结合，善于引进人才，重视人才培养，提供充足的人力资源保障，这样才能更好更快地促进经济发展，加快经济转型步伐。

在人才引进方面，应重点从以下两个方面着手。第一，加大对专业人才的教育投资力度。为引进人才、留住现有人才，解决当地人员工资待遇低等问题，在各级财政部门的支持和引导下，应提高财政支持力度，设立人才资源开发专用资金，推进人才开发项目。这部分资金主要用于对高层次人才的引进和培养、人才开发工程实施和对有成就人才的奖励。第二，优化专业人才培训模式。大力培育与经济体制改革和产业结构调整相适应的，具有创新和研发精神的人才。鼓励企业通过与区域内高校和科研院所合作，培养适应区域发展的专业人才。其他应注意开展的工作有：

（一）加强高级专业技术人才队伍建设

要注重科技将才的培养。遵循学术带头人成长规律，完善培养选拔高级专家的制度体系，着力培养适应林业现代化建设需要的高层次人才，带动整个专业技术人才队伍建设。完善首席科学家、首席专家制度，建立健全特聘专家制度，培养造就一支学科门类齐全、在世界林业科技领域有较大影响、在国内保持学科优势的学术和技术带头人队伍；通过重点课题、重大项目和重点经费支持，加速中国科学院、中国工程院院士及其后备人才的培养；开展国家林业有突出贡献中青年专家的选拔工作；继续做好中国林业青年科技奖评审表彰工作。要直接掌握和联系一批全社会的林业与生态建设高级专家，注意发挥离退休老专家、老教授的作用。

（二）加强经营管理人才队伍建设

经营管理人才是林业生态建设和林业产业发展最重要的创业资源、创新资源和发展资源。充分利用市场机制和政府调控手段，发挥行业协会的作用，加强经营管理人才队伍建设，努力建立一支既熟悉市场经济和生态建设规律、懂经营、会管理，又善于发现、挖掘和转化林业资源，把潜在优势转化为现实优势的现代经营管理队伍，造就大批企业家和管理专家。

（三）加强基层实用人才和高技能人才队伍建设

基层实用人才是林业建设最基本、最直接的参与者，各级林业主管部门要根据实际，加强基层实用人才队伍建设，重点培养各类中高级技能人才和农村林业能人等实用人才，加快技师、高级技师的培养。发挥基层林业部门的主体作用，加强林业工作站和国有林场、苗圃、自然保护区人才队伍建设。基层林业工作站要努力做到站站都有大学生，空缺岗位应优先录用大中专毕业生；国有林场和苗圃要采取切实措施，大力引进大中专毕业生，不断优化人才队伍的结构。要高度重视和加强林农培训和职工转岗培训工作，提高广大林农和林业职工的科学文化素质和技术应用能力。

三、完善人才评价和使用机制

（一）完善党政领导人才的评价和使用机制

按照科学发展观和正确政绩观的要求，坚持群众公认、注重实绩的原则，完善干部政绩考核体系和日常考核制度，加强对党政人才的日常考核和定期考核，尤其是在重大事件中和关键时刻表现情况的考察，把考察考核结果作为任免和奖惩等的重要依据。进一步完善领导干部选拔任用制度，坚持公开、平等、竞争、择优的原则，大胆起用政治上靠得住、工作上有本事、作风上过硬，肯干事、能干事、干好事的干部；加大选拔任用优秀年轻干部的力度，使他们进入成长的"快车道"。研究探索从专业技术干部中聘用党政领导干部的条件和程序；实行岗位轮换制度；积极探索行政机关与生产经营、教学科研等企事业单位之间人员交流的制度。

（二）完善事业单位管理人才的评价和使用机制

参照党政领导人才的评价机制，建立注重实际效果、符合事业单位特点的人才评价体系。按照管人、管事和管资产相统一的原则，由主管部门公开选拔和聘用事业单位管理人才，探索实行事业单位领导干部动态管理。规范按需设岗、竞聘上岗、以岗定酬等管理环节，逐步做到干部能进能出、职务能上能下、待遇能高能低。积极探索实行领导干部职务任期制，建立和完善干部正常退出机制，增强干部队伍活力。

（三）完善企业经营管理人才的评价与使用机制

把林业企业经营管理人才，特别是高层次经营管理人才作为优化林业结构、促进产业发展的主要依靠力量。由出资人按照反映经营管理水平的财务指标、非财务指标和反映林业可持续发展要求的生态指标，评价林业企业经营管理人才，同时考察其在富余职工转岗安置、基本生活保障等方面的社会责任指标。要消除体制和政策障碍，对非公有制企业和公有制企业的人才一视同仁。积极探索个人自荐、群众举荐、组织推荐、社会招聘相结合和面向市场、公开招聘、择优录用的企业经营管理人才选聘制度，重点抓好大中型林业企业领导人才队伍建设。

（四）完善专业技术人才的评价和使用机制

深化职称制度改革，完善专业技术职务聘任（用）制，形成重能力、重实绩的评价标准，建立健全行业专业技术评价机制，推行林业专业技术资格评审制度；在营造林质量、森林资源资产评估、林木种苗等领域研究建立专业技术执业资格制度。推行林业重点建设工程技术责任制，由具备相应资质条件的人才担任工程建设各环节的技术负责人，并承担相应的责任。以推行聘用制和岗位管理制度为重点，深化人事制度改革，促进由固定用人向合同用人、由身份管理向岗位管理的转变。要切实解决非专业人员挤占专业技术岗位的问题。

（五）完善技能人才的评价与使用机制

完善技能人才职业资格证书制度，逐步建立统一标准、自主申报、社会考核、单位聘用的技能人才评价机制，加强职业技能鉴定工作。推行职业资格证书和学历资格并重制度。推行林农技术员和技师的评定工作，促进林农学科学、用科学。林木林地承包经营和林业工程建设中的种苗生产、造林施工、森林管护、病虫害防治等，应优先安排有一技之长的技术工人或林农负责技术工作，通过他们的示范带动和技术保障作用，提高周围林农的技术水平。

四、完善人才激励和保障机制

（一）建立良好的竞争激励机制

竞争激励机制是各项激励机制中较为管用、经济、有效的措施，能从制度上为解决能上不能下和论资排辈等问题提供原动力。应坚持公开、公正、平等的原则，在聘任、晋升、奖励、重点培养及带薪学习和休假、挂职锻炼、出国进修等方面，在综合考虑人才贡献和能力的基础上，通过提供均等竞争的机会，激励他们充分发挥潜力。

（二）进一步完善事业单位收入分配制度

结合事业单位改革，逐步建立起符合各类事业单位特点、体现岗位绩效和分级分类管理的事业单位薪酬制度。完善以按劳分配为主体、多种分配方式并存的分配制度，兼顾效率与公平，形成不同岗位间、各类人员间合理的工资收入分配关系，使分配向优秀人才和关键岗位、艰苦地区倾斜；探索实行事业单位岗位津贴、岗位工资、绩效工资等多种收入分配方式。积极研究科技成果入股、有偿使用等生产要素参与分配的形式，探索科技人员从成果转化、科技服务和咨询收益中提成的办法。

（三）完善林业奖励制度

坚持以精神奖励为主、精神奖励与物质奖励相结合的原则，建立以政府奖励为导向、单位奖励为主体、社会奖励为补充的人才奖励制度，对为林业事业做出突出贡献的各类人员，特别是长期在基层和生产一线做出突出贡献的人员进行表彰奖励。同时，加强对受表彰单位和人员的经验和事迹的宣传，用榜样的力量激励林业人才成长。

（四）进一步完善和健全社会保障制度

按照属地原则，积极完善事业单位福利和医疗、养老、失业、工伤等社会保障制度，加快福利货币化改革步伐，不断改善各类人才的生活待遇。对于体弱多病、劳动能力较弱的人员，要尽可能为其安排合适的工作岗位，给予其生活和医疗、养老保障。对于下派挂职锻炼和交流到艰苦边远地区工作的人员，要为其办理意外伤害保险。

五、加强继续教育

以能力建设为重点大力开展岗位培训和继续教育。黑龙江省已有林业专业岗位培训和继续教育的机构和体系，要在不断完善的基础上，积极开展岗位培训和继续教育，提高现有林业经营参与者的素质。应特别注意新兴产业技术工人的培训，如多种经营、森林旅游等，使林业经营管理队伍适应跨越式发展的需要。应大力发展各级林业教育，积极开发后备林业人力资源。在人才引进的同时，还应注意对人才的管理。应完善人才市场功能，构建人才市场服务体系，运用网络等先进技术手段实现各类人才资源市场的联网贯通。要充分发挥市场在配置人才资源中的基础性作用。应加大对人才的管理力度，才能做到"人尽其才"。应加强对人才市场的管理，在人才引进时，各级企事业单位应建立健全人才引进机制，谨防"鱼目混珠"的现象发生。

第四节　科技保障

一、鼓励科技创新

林业生产及经营活动已经不是传统意义上的林业经营活动，其更多的是以生态效益为主，充分发挥多重效益的职能。这就要依靠新技术、新工艺、新产品来满足市场的需要，提高林业的竞争力。应以科技为先导，积极推进产学研相结合，林科教结合是林业产业发展的基本特征。应鼓励企业自主创新，加快技术进步，以技术创新来优化林业产业结构和产业布局。当今世界的竞争，很大程度上就是技术的竞争。因此，在林业产业结构调整的方向上，应注重加大技术投入力度，以增加技术密集型产业的比重来优化布局，提高产业集中度，提高林业竞争力。

二、培养科技人才

加强人才队伍建设，加大人才兴林力度，引进先进的科技成果。引进高层次、高技能人才，有计划、有重点地培养和引进发展新兴产业急需的人才。生态效益、经济效益、社会效益的统一是林业可持续发展过程中追求的目标。推进清洁生产、生态效益、资源的综合利用，需要大量的创新性人才来引进和推广先进的新技术、新工艺、新理念。应鼓励林业科研单位、大专院校和科技人员，通过创办科技型企业、建立科技示范点、开展科技承包和技术咨询服务等形式，加快科技成果转化。

三、完善推广体系

加强林业技术推广体系建设，提高林业科技服务水平。采取各种方式，提高科技推广队伍人员的素质，稳定科技工作队伍。不断加强林业科技领域的国际合作，加快科技推广和应用。建立林产工业科技创新服务中心，以龙头企业为主体，建立高校和科研单位参与的产学研联合体，增加产品的科技含量，提高竞争力。

第五节　法制保障

一、加强相关林业立法

市场经济是法制经济，要进一步完善林业发展的法律体系，加强立法工作，做到各项工作有法可依、违法必究。以立法和制度形式规范市场行为，在公平、公正、公开和诚信的市场环境中进行生产。林业法规强调森林发展的可持续性，减少破坏和浪费，并作为促进森林可持续经营的一种市场机制、工具和手段，在世界范围内迅速被采用。只有建立法律体系，才能发挥法律的强制力，预防短期行为和急功近利的现象的发生，同时保证有限资源的合理配置，使资源的合理利用从开采、生产到消费、回收等每个环节都有法可依。应强化林业专项法律，建立健全森林资源流转制度、森林保护制度、林业工程规划，加快修订现行不适应市场经济要求的各项规章制度，建立相互配套的林业法规体系。

二、严格执行林业法规

要提高执法人员的职业素质，强化执法职能，健全执法组织机构，提高全民的法律意识。大力宣传各项关于生态、环境、资源的法律和规章，以立法形式协调林业的经济效益、生态效益、社会效益之间的关系。录用执法人员要有严格的标准，既要有政治素质，又要有业务素质，要经严格考核方可录用。要加强执法人员的学习和培训工作，做到执法人员知法、学法、懂法。执法人员对所从事的执法工作的范围、对象、权限、手段、权利和义务等内容，必须熟练掌握，并及时更新知识结构。应建立激励机制，定期开展评比活动，实行末位淘汰制，以各种方式调动工作积极性。应依法严厉打击乱垦滥占林地、乱砍滥伐林木、乱捕滥猎野生动物、非法经营加工木材等违法犯罪行为，保护森林资源。

三、完善林业法规执行监督体系

应建立行政执法监督体系。加强对行政权力的有效监督是依法治林的核心价值，随着依法治林的推进，如何对行政权力实行有效的法制监督、保障林业法律法规规章的全面实施，已经越来越重要。要确立法律在政府管理中的权威，建立完备的以可持续发展为宗旨的法律法规，预防生态林业生产的长周期性与可持续发展中因政府届际不公平而出现的政策不连续所造成的矛盾，加强立法，确保政府部门工作的连续性，逐步走向法治化行政。

本章构建了黑龙江两大平原农业综合开发实验区生态林业建设体系的保障机制，分别从思想保障、组织保障、经济保障、科技保障和法制保障进行了阐述和分析，保障机制的构建可以使试验区生态林业建设体系更加科学有效。

第十二章   研究成果总结

黑龙江两大平原农业综合开发试验区的建设，对于黑龙江"千亿斤粮食产能工程"实现、保障国家粮食安全、探索社会主义新农村建设，具有重要战略意义。试验区日益严峻的生态环境，不利于粮食增产增收，不利于区域可持续发展。生态林业的建设和发展可有效地改善该地区的生态环境，保护珍贵的寒地黑土资源，保障粮食生产，保障国家粮食安全，增加农民收入。本文在继承国内外有关研究成果的基础上，以生态林业理论、生态经济学等理论为支撑，运用经济学分析和面板数据模型等定性和定量分析方法，对试验区生态林业及其建设体系进行了研究。主要结论如下：

一、生态林业建设的研究意义

黑龙江两大平原农业综合开发试验区建设，从对国家粮食安全的保障角度来看，具有重要战略意义。根据黑龙江两大平原农业综合开发试验区生态林业现状和深入试验区农林业行政主管部门、科研部门进行实地调研的结果，应对试验区生态林业建设体系进行研究。

二、生态林业对农业具有保护作用

研究摸清了试验区生态林业等相关资源的本底数据，通过到试验区相关行政区域进行实地调研考察，了解生态现状，走访省级的农林业主管部门、试验区地方管理部门、农林业科研院所等获得试验区生态林业资源第一手资料，到农垦科学院获取林业建设对农业生产生态防护的相关课题研究情况和数据资料等方式，以客观的数据作问题的分析基础，通过对这些数据的分析，验证生态林业对农业生产的防护作用。

三、试验区生态林业建设存在问题

研究找到了试验区生态林业建设存在的主要问题。通过实地调研并对获取的数据进行分析，研究发现：林业建设水平不高是试验区生态及生态林业建设存在的首要问题，主要表现为林业资源存量不足、水土流失加剧、土壤沙化严重、林业资源质量不高。林业建设服务体系不完善是试验区生态林业建设存在的另一重要问题，主要表现为生态效益补偿不足、林权改革政策效果尚未完全显现、林业产业布局不合理、林业发展政策引导缺失、林业服务体系不健全。

四、确定了试验区生态林业对农业生产的作用

研究对试验区生态林业和对农业生产的生态作用进行了分析。研究通过获取的农业科研观测数据，对生态林业的生态作用进行了深入分析，发现生态林业的建设能够有效调节

农业生产的生态要素，改善空气与土壤的温湿度，调节农业生产的小气候，减小风沙灾害的影响，为农作物生长创造适宜环境；生态林业建设能够提高农作物产量，同时吸附绿色通道附近交通工具排放的有害气体，有效降低粮食受到污染的水平；生态林业的建设还有效改善了区域的生态环境，为人民生产生活提供了良好的生态保护。

五、找到农户参与林业生产的利益均衡点

研究对试验区生态林业建设的经济学机理进行了分析，设立了生态林业资源稀缺假设、参与者假设、参与者经济人假设、机会成本假设，进而发现：由于市场失灵的存在，生态林业产品——生态效益的供求存在矛盾，需要通过政府干预解决供求失衡问题；在经济学假设的基础上，对生态林业建设参与者之间的关系进了博弈分析，找到了农户参与林业生产的利益均衡点。

六、确认试验区生态林业建设影响因素的权重

研究引入面板数据模型，对试验区生态林业建设的影响因素进行了定量分析。首先运用德尔菲法，通过广泛的调研、座谈及讨论，确定了影响试验区生态林业建设的指标体系，结合调研得到的本底资源数据进行了数理分析。研究发现试验区生态林业的权属问题、粮食主产区的生态补偿问题、林业建设的资金投入问题以及林业社会化服务体系问题是制约试验区生态林业建设的主要影响因素，并对其进了线性回归分析，建立了回归方程，确定了各影响因素的权重。

七、构建了试验区生态林业建设体系

研究针对影响试验区生态林业建设的各项因素，构建了试验区"一体两翼"生态林业建设体系。"一体"即以林业产权制度为主的制度体系，建议导入农业生产经营责任制，以农业家庭承包经营为借鉴，进一步规范林地流转机制、完善森林资源评估及抵押体系、健全相关配套政策，结合宾县和鹤岗市林业建设情况进行了实证分析。"两翼"即以粮食主产区生态补偿为主的补偿体系和以林业社会化服务体系为主的服务体系：关于补偿体系，建议构建粮食主产区的生态补偿制度，通过对林业生态产品的价值补偿，激励农户、林业企业等参与林业生产；关于服务体系，从林业社会化的构成、服务的内容及对象进行了分析，分别从林业科研推广体系、森林资源保护体系、投资中介、行业协会以及林业项目建设方面进行了阐述，创造性地构建了林业科技示范园区、林业科技专家大院、林业科技致富项目、农民培训和林业科技副县长"五位一体"的林业科技合作共建模式，促进林业科技成果转化。

八、构建了以林业资金投入为主的试验区生态林业建设体系保障机制与措施

研究分别从思想保障、组织保障、资金保障、科技保障、法制保障等方面进行了阐述，系统构建了试验区生态林业建设的保障机制，保证生态林业建设体系的科学有效。

参 考 文 献

邱丽娜, 2012. 两大平原农业综合开发试验区应列入国家计划重点支持 [N]. 黑龙江经济报: 03-12: A02.

马云霄, 矫江, 2013. 两大平原彰显"极致效应" [N]. 黑龙江日报: 12-21-007.

贾治邦, 2009. 平原林业是维护国家木材安全的希望所在 [EB/OL]. 国家林业局网站: 09.28.

孙英威, 王文志, 2012. 加快建设松嫩和三江农业综合开发试验区 [N]. 经济参考报: 03-13-008.

贾辉, 2013. 实施两大平原现代农业综合配套改革试验大战略保障国家粮食安全促进增收惠民推动龙江大发展 [N]. 黑龙江日报: 04-16-001.

王永清, 2003. 国有林区可持续发展管理体制的调整与重构研究 [J]. 林业科学: (7): 19-22.

龙琳, 2012. 安徽生态林业崛起农业方方面面受益 [N]. 中国绿色时报: 3.28/001.

刘珉, 邢熙, 2009. 平原林增长的负外部性问题研究 [J]. 兰州学刊: (1): 145-151.

刘璨, 2004. 1978—2001年我国平原林业对农业的贡献测算与分析——以江苏省淮安市为例 [J]. 中国软科学经济论坛: (7): 45-52.

张晓星等, 2012. 基于主成分分析的平原26省林业发展水平评价 [J]. 中南林业科技大学学报 (社会科学版): 8 (4): 1-6.

刘珉, 唐忠, 2010. 平原地区林权制度绩效研究: 农户行为角度 [J]. 林业经济: (8): 59-S 63.

周莉等, 2012. 平原林业产业结构灰色关联度评价 [J]. 林业经济: (7): 108-112.

刘璨等, 2009. 苏北平原地区森林贡献与效率测算及分析 [J]. 林业科学: 41 (5): 8-13.

郭承亮, 2012. 当前平原地区造林绿化工作的难点问题和几点建议 [J]. 防护林科技: 4 (67): 56-57.

洪雪, 2011. "三北"平原林业生态工程建设中存在的问题及对策分析 [J]. 森林工程: 22 (4): 4-6.

王瑞金等, 2011. 关注平原林业 [J]. 中国林业: 2: 32.

刘建科, 2010. 浅谈农田防护林网建设存在问题与发展对策 [J]. 黑龙江农业科学: 9: 157-158.

刘广明, 2009. 非公益林生态效益保障的法理思考 [J]. 中国林业经济: 1 (94): 55-59.

刘广明, 2009. 试论非公益林的生态效益及其保障机制的构建 [N]. 国家林业局管理干部学院学报: 1: 47-52.

王良桂, 苏世伟, 2008. 江苏平原林权制度改革思考 [J]. 南京林业大学学报 (人文社会科学版): 8 (4): 55-58.

姜雪梅, 2012. 林权制度改革对平原地区林地经营模式影响分析-山东省林权改革调查报告 [J]. 林业经济: 10: 30-35.

王保民, 2012. 落实林木产权加快平原林业发展 [J]. 中国林业: 4: 16-18.

高拓, 刘珉, 2011. 平原地区集体林权制度变迁及绩效研究 [J]. 郑州大学学报: 1 (44): 74-76.

王真哲, 2012. 兴平平原地区集体林权制度改革初探 [J]. 陕西林业科技: 8 (4): 160-162.

王美等, 2012. 黑龙江省平原地区林业产业结构分析 [J]. 林业经济问题: 3: 269-273.

黎平, 曾玉林, 陈建成, 2011. 论我国生态林业建设方略 [J]. 绿色中国: 2: 29-31.

张哲理, 徐月忠, 2012. 生态林业建设及生态林业的发展趋势 [J]. 黑龙江科技信息: 20: 230.

周亮, 张展, 2011. 国内外生态林业可持续发展探析 [J]. 现代园艺: 13: 11.

赵树丛，2013. 全面提升生态林业和民生林业发展水平为建设生态文明和美丽中国贡献力量［J］. 林业
　　经济：1：3-8.

王源，2011. 如何维持我国生态林业可持续发展研究［J］. 中国新技术新产品：8：227.

余苏英，2012. 我国生态林业管理现状及改良策略［J］. 现代农业科技：10：226，241.

高鸿业，2000. 西方经济学大辞典［M］. 北京：经济科学出版社：995，396，1123-1124，941.

何炼成，2001. 中国发展经济学概论［M］. 北京：高等教育出版社：203-207.

陈栋生，1993. 区域经济学［M］. 郑州：河南人民出版社：18.

埃德加·M. 胡佛，1990. 区域经济学导论［M］. 北京：商务印书馆：48.

程必定，1989. 区域和区域经济学的研究对象［J］. 安徽财贸学院学报：3：55.

陆亨俊，2009. 关于生态经济［N］. 经济参考报：6.19/003.

张建国，吴静和，2002. 现代林业论（第2版）［M］. 北京：中国林业出版社：62-65.

诺思·道格拉斯，1994. 经济史中的结构与变迁［M］. 陈郁. 上海：三联书店，225-226.

卢现祥，2004. 新制度经济学［M］. 武汉：武汉大学出版社：144，145，196-197.

黑龙江省土地管理局，2012. 黑龙江土地资源［M］. 北京：中国农业科技出版社：307-309.

黑龙江省水务局，2012. 黑龙江水资源现状［M］. 上海：上海科技教育出版社：45-46.

陈金松等，2011. 黑龙江省生态省建设重点问题研究［J］，东北林业大学学报：91-97.

牟景君，宋学范，2011. 大手笔大气魄绘就大美龙江新蓝图——访黑龙江省林业厅厅长蔡炳华［N］. 黑
　　龙江日报：4.23/4.

牟景君，高作文，白梅，2013. 防护林建设成就齐齐哈尔平原林业［N］. 中国绿色时报：4.13：002.

王晨野，2009. 生态环境信息图谱-空间分析技术支持下的松嫩平原土地利用变化评价与优化研究［D］.
　　吉林大学博士论文：45.

孔凡斌，张万民，2007. 试论平原地区林业可持续发展的社会制约因素［J］. 江西财经大学学报：1：
　　9-11.

王玉芳，王雪东，2012. 黑龙江省林业产业集群发展对策研究［J］. 特区经济：6：234-205.

曹颖，万志芳，2012. 黑龙江省林业产业结构分析-基于偏离份额分析法［J］. 林业经济：11：104.

张晓星，吴铁雄，周莉，张宇清，2010. 基于主成分分析平原26省林业发展水平评价［J］. 中南林业科
　　技大学学报（社会科学版）：8（4）：3-4.

耿玉德，万志芳，2006. 黑龙江省国有林区林业产业结构调整与优化研究［J］. 林业科学：6：86-93.

郭承亮，王晓锋，王晓滨，2011. 当前平原地区造林绿化工作的难点问题和几点建议［J］. 黑龙江省林
　　业厅防护林科技：4：67.

牟景君，2012. 黑龙江乡镇林业站建设不留盲点［N］. 中国绿色时报：6.22/2.

朱廷曜，关德新等，2000. 农田防护林生态工程学［M］. 北京：中国林业出版社：78.

徐祝龄，马秀玲，周厚德等，1990. 黑龙港流域农田林网气象效应的研究［J］. 北京：农业大学出版
　　社：160-166.

王述礼，朱廷曜，孔繁智等，1989. 宝力地区农田防护林气象效应分析林网内的气候特征［J］. 东北：
　　东北林业大学出版社：204-211.

张劲松，孟平，宋兆民，高峻，2004. 我国平原农区复合农林业小气候效应研究概述［J］. 中国农业气
　　象：25（3）：52-62.

朱廷曜，关德新，1997. 农田防护林生态效益研究回顾与展望. 农业生物学研究与农业可持续发展［J］.
　　北京：科学出版社.

王广钦，樊巍，1998. 农田林网内土壤水分变化动态的研究［J］. 黑龙江农业科学：22（3）：285-293.

杨胜涛，张先江，孟宪辉，2001. 农田防护林对农作物增产的试验与简析［J］. 吉林林业科技：30（3）：

26-31.

黄宗文，刘志，王殿文，2002. 庄园式沙地防护林网的防护效益分析 [J]. 防护林科技：3：6-8.

李秀江，杨春花，秦淑英，2000. 农田防护林体系的效益及评价方法 [J]. 河北林果研究：15 (1)：89-94.

温莉莉，梁淑娟，杨扬，2009. 关于黑龙江省平原绿化的调查与思考 [J]. 防护林科技：4 (91)：86-88.

申云霄，2012. 平原地区农户参与林改的意愿分析 [D]. 华中师范大学博士论文：86.

刘丹君，2010. 农区林业产权制度改革研究 [D]. 山东农业大学博士论文：51.

童文杰，2013. 生产要素、产权与林业经济：基于 C-D 模型的检验 [J]. 林业经济：4：123-125.

栗克彩，2005. 对我国现行林业基金制度的分析 [J]. 林业基金：(3)：36.

胡家浩，2011. 完善农村合作经营体制建设社会主义新农村 [J]. 科技与经济：(5)：40.

谢学军，2010. 基于农民收入结构视角下的农民增收问题研究 [D]. 东北林业大学硕士论文：42.

韩嘉彬，2012. 从生态文明建设着手建大美龙江 [N]. 黑龙江日报：12.14/11.

王建华，2012. 平原地区林业发展建设对策探讨 [J]. 森林经理：11 (16)：12-14.

崔培毅，2012. 加快平原绿化步伐构筑平原林业新格局 [J]. 新疆林业：5：21.

潘焕学，陈建成，2010. 外部效应与林业产权改革研究 [A]. 中国技术经济研究会林业技术经济专业委员会，4：432.

白世秀，2007. 林业投资主体多元化问题探讨 [J]. 理论研究：(8)：4.

陈大夫，2006. 环境与资源经济学 [M]. 经济科学出版社：24-25.

左旦平，2007. 论林业基金制度体系的理论构建与发展 [J]. 林业经济：(11)：47.

刘璨，2010. 森林资源与环境经济学研究的几个问题 [J]. 林业经济：(2)：23.

刘峰，刘宁，张志宏，2008. 平原林业育林基金征收工作初探 [J]. 安徽林业科技：2008 (2)：39-40.

孔凡斌，张万民，2009. 试论平原农区林业可持续发展的社会制约因素 [J]. 江西财经大学学报：(13)：9-11.

刘德弟，2011. 市场经济下林业社会化服务体系建设研究 [J]. 技术经济：(2)：24-26.

蔡加福，2011. 建立健全我国农业社会化服务体系的对策思考 [J]. 福建论坛：(5)：65.

王华，温萍，候秀岩，2011. 双城市平原林业功效调查报告 [J]. 科技创新导报：32：121.

冷清波，2010. 江西省林业社会化服务需求调查与分析 [J]. 江西林业科技：(6)：49.

郭成亮，牟景君，2012. 三北工程筑就大美龙江浓重底蕴 [N]. 中国绿色时报：8.28：A01.

郑世错，2013. 推广杨树团状造林促进平原林业又好又快发展 [J]. 林业实用技术：2：4-7.

张智光，2010. 绿色江苏现代林业发展保障体系研究 [C]. 平原林业论文集：87.

金霞，2009. 林业投融资模式创新问题的探讨 [J]. 经济参考：78.

王良桂，苏世伟，2008. 江苏平原林权制度改革思考 [J]. 南京林业大学学报（人文社会科学版）：12 (8)：55.

刘萍，2009. 对跨世纪林业利用外资的几点思考 [J]. 林业经济：(9)：45.

North, Douglass C., and Robert P. Thomas, 1973, The Rise of the Western World: A New Economic History, Cambridge University Press, Cambridge UK：164.

Geoffrey・M・Hodgson, 1993. The Economics of Institutions [M]. Edward Elgar Publishing Limited, UK：466.

Hamilton Walton, 1932. Institutions. [M]. Edward Elgar Publishing Limited：296.

Elster J., 1989. Social norms and economic theory [J]. Journal of Economic Perspectives：3 (4)：100.

Witt U., 1989. The evolution of economic institutions as a propagation process [J]. Public Choice：62

(2)：155-172.

ConstanzaR. , Cumberland J. , Daly H. , et al, 1998. An Introduction to Ecological Economics ［M］. St. Lucie Press：(5)：253-261.

Costanza R. , 1989. What is ecological economics? ［J］. Ecological Economics：1 (1)：1-7.

Vitousek P. , Enrich A. , Matson P. , 1986. Human appropriation of the products of photosynthesis ［J］. Bioscience：(36)：368-373.

Pearce D. , Barier E. , 2000. Blueprint for Sustainable Economy ［C］. London：Earthscan Publishing Ltd：205-220.

Brooks KN, Gregersen HM and Folloitt PM, 1995. Policy measures to increase agroforestry's contribution to sustainable land use ［J］. Draft policy brief. EPAT/MUCIA/USAID, University of Minnesota, St. Paul. MN, USA：3pp.

Alegre JC and Fernandes ECM, 1998. Runoff and erosion losses under forest, low input agriculture and alley cropping on slopes ［J］. In：TropSoils technical report, North Carolina State University, Raleigh, NC, USA：pp 227-228.

Huntley B J. , 1982. Southern African Savannas ［M］. Springer Berlin Heidelberg：pp 101-119.

Cunningham A B, Mbenkum F T, 1993. Sustainability of harvesting Prunus africana bark in Cameroon ［J］. People & Plants Working Paper, Paris, France：28pp.

SUBLER, UHL, 1990, JAPANESE AGROFORESTRY IN AMAZONIA-A CASE-STUDY IN TOME-ACU, BRAZIL ［J］. pp Columbia University Press, New York, USA：152-166.

Gilmour D. A Fisher R. J, 1998. Evolution in ecological forestry：contesting forest resources ［M］.

Donald A. Messersehmidt, 1995. Rapid Appraisal for Ecological Forestry：The RA Process and Rapid Diagnostic Tools ［M］. Russell Press, Nottingham, UK.

Charnley S, Poe MR, 2007. ecological forestry in theory and practice：where are we now ［J］ Ann Rev Anthropol：36：301-336.

Crow S, Danks C, 2010. Why certify? Motivations, outcomes and the importance of facilitating organizations in certification of ecological forestry initiatives ［J］. Small-Scale Forestry 9 (2)：195-211.

Arnold J E M, 2001. Forests and People：25 years of Community Forestry ［J］. FAO, Rome.

Benneker C, 2008. Dealing with the state, the market and NGOs：The impact of institutions on the constitution and performance of Ecological Forestry in the lowlands of Bolivia ［J］. Dissertation Wageningen University, The Netherlands.

De Pourcq K, Thomas E, Van Damme P. , 2009. Indigenous ecological forestry in the Bolivian lowlands：some basic challenges for certification ［J］. Int For Rev：11 (1)：12-26.

World Wild life Fund, UNEP, 2000. LjvingplanetRePort2000 ［C］. Gland, Switzerland：WWF International：1.

Canadel & Noblel, 2001. Challenges of Changing Earth：Global Change Open Science Conference ［C］. Trends in Eeology and Evolution, 1 (16)：664-666.

J. R. McNeil, 2000. Something New Under the Sun ［J］. New York：Norton, 334-336.

D. Bromley, 1990. The Ideology of Effieieney：Searehing for a Theory of Policy Analysis ［J］. Journal of Environmental Economics and Management, (19)：86-107.

Stigler, G J, 1961. The Economics of Information ［J］, Journal of Political Economy, Vol. l69. No. 3, PP. 213-225.

致　谢

　　本书在编著过程中，得到了同济大学新农村发展研究院张亚雷教授、石惠娴副教授、秦同娣老师和常州市行政学院王书可副教授的大力支持。在书籍出版过程中，得到了中国农业出版社副社长刘爱芳女士和责任编辑吕睿老师的帮助。同时，图书出版得到了国家重点研发计划"绿色宜居村镇技术创新"重点专项"东南产村产镇减排增效技术综合示范"项目"产业园区废弃物梯次利用模式构建研究"课题（项目编号：2020YFD1100402-5）的资助。在此，一并深表感谢！